古典文獻研究輯刊

初 編

潘美月・杜潔祥 主編

第4冊

張壽鏞及其《四明叢書》研究

徐 小 燕 著

國家圖書館出版品預行編目資料

張壽鏞及其《四明叢書》研究／徐小燕著 — 初版 — 台北縣永
和市：花木蘭文化工作坊，2005〔民 94〕
序 1＋目 2＋193 面；19×26 公分（古典文獻研究輯刊 初編；
第 4 冊）

ISBN：986-81554-8-5（精裝）
1. 張壽鏞－學術思想－目錄學 2. 私家藏書－中國 3. 叢書－
中國－現代（1900-）

029.78   94018862

ISBN 986-81154-8-5

9 789868 115484

古典文獻研究輯刊
初 編 第 四 冊   ISBN：986-81554-8-5

張壽鏞及其《四明叢書》研究

作　　者　徐小燕
主　　編　潘美月　杜潔祥
企劃出版　北京大學文化資源研究中心
出　　版　花木蘭文化工作坊
發 行 所　花木蘭文化工作坊
發 行 人　高小娟
聯絡地址　台北縣永和市中正路五九五號七樓之三
　　　　　電話：02-2923-1455／傳真：02-2923-1452
電子信箱　sut81518@ms59.hinet.net
初　　版　2005 年 12 月
定　　價　初編 40 冊（精裝）新台幣 62,000 元

張壽鏞及其《四明叢書》研究

徐小燕　著

作者簡介

徐小燕，東吳大學中國文學系學士、碩士。　現爲東吳大學秘書。發現中國文學的美，就開始堅持走自己的路。　一路走來，跌跌撞撞的，但是能自由自在地吸吮著文學養分，就感覺很幸福。　曾助編大專國文用書，四書分類題庫等。

提　　要

　　〈張壽鏞及其《四明叢書》研究〉旨在探討浙江近代藏書家張壽鏞先生及其所編輯之《四明叢書》。全文共八章。

　　第一章「緒論」，說明研究動機、目的、方法及範圍。

　　第二章「張壽鏞生平及著述」，敘述其家世、生平、交友、事業及其著述。張壽鏞先生畢生致力於教育事業，主張廢書院，興學堂，以「學傳身不死」爲教育理念，故於五卅慘案發生時，旋與王省三先生，捐地、籌款創辦光華大學，誓言收回教育權，於中國教育史爲民間辦學之模範。又積極地訪羅鄉邦文獻，輯爲《四明叢書》以表彰先哲，津逮來學。抗戰期間，不忍文獻凌替，遂與蔣復璁、張元濟、鄭振鐸等組織「文獻保存同志會」，肆力搜訪，搶救文獻。

　　第三章，言「張壽鏞之學術思想」，分別以「濟民用世之民生思想」、「史以致用之史學思想」、「求復本心之教育理念」、「知行合一之實踐哲學」闡述之。

　　第四章，「張壽鏞之藏書」，以其藏書之源流、徵訪，整理及其特色，利用與藏書最後歸處作爲本章論述之主軸。

　　第五章《四明叢書》之輯編」，分別從緣起，及其選刊版本之準則，選定之版本及其特色探討。

　　第六章以「《四明叢書》之內容及其出版情況」論收書內容，輯編此一叢書之時代意義，及其輯印出版之情形。

　　第七章「《四明叢書》之價值」，分別從保存鄉邦文獻及壽鏞先生於圖書文獻學上之成就論述之。

　　第八章以「時代之見證，文獻之衛士」爲張壽鏞先生一生志業及其編印《四明叢書》作一總結。

目
錄

自　序

　　江浙自來即爲藏書之鄉，尤以四明地區更有「文獻之邦」美稱。四明，自東晉以還即爲人文淵藪之地，迄宋以後，更爲文化高度發展的地區，第一部叢書《百川學海》，即爲宋人左圭所輯，其中輯有州人鄭清之及高似孫的作品，可見四明人藏書、輯書之歷史悠遠，而左圭亦爲輯刻州人作品開風氣之先。清中葉以後，輯印地方性叢書蔚然成風，如宋世犖《臺州叢書》、胡丹鳳《金華叢書》、伍崇曜《嶺南叢書》、陶福履《豫章叢書》、王灝《畿輔叢書》等，尤以浙江地區人文薈萃，郡縣之間互相攀比，此一風氣至民國時期依然盛而不衰，而其所屬各州郡多刻有一州一郡之書，《檇李叢書》、《湖州叢書》、《武陵往哲遺著》、《吳興叢書》、《臺州叢書後集》、《續金華叢書》、《敬鄉樓叢書》等近三十種，獨四明地方闕如。洎左圭之後，歷元明清三朝數百年，其間鴻彥碩儒輩出，「以始刱叢書之地反不如他州郡，鄉人、士君子雖或有志焉而未之逮也。」張壽鏞有感於此，即以傳承文化之精神，殫精竭慮地羅致鄉邦文獻，一一精校，並繕寫序跋，以誌四明學術之發展。

　　近年來，叢書學已爲學術研究重點之一。研究叢書，不僅有助於地方文獻之保存，亦爲瞭解當地學術文化、風俗民情之第一手資料。夫以《四明叢書》之津逮來學，而專論者鮮矣！顧感念張壽鏞先生之高風亮節，以及其對於國家財政之盡心用意、光華大學之培育人才，地方文獻之刊布流傳爲論，撰爲此編，希冀於先生之事功有所啓發、俾逮後學之研究。

　　本論文探文獻分析法，以原始資料進行隸類，排序。以先生著作（如自述年譜、《約園雜著》、《約園雜著續編》、《約園雜著三編》、《詩史初稿》、《史學大綱》等）爲經，其他相關資料（如《張壽鏞先生傳》、方志、目錄版本學專著、圖書文獻學史專著、期刊論文等）爲緯，加以分析、隸類，歸納，並撰先生傳略以爲述介，言其生平、交游、事業及其藏書、著作，探究其學術思想，並析論《四明叢書》之編輯之意義，其收書特色、文獻價值等，凡此上述，悉以所見文獻資料中爬梳彙理所得。

　　本論文得以順利完成，感謝丁師原基的悉心指導，張壽鏞先生哲嗣張芝聯教授不辭辛勞，提供寶貴資料。口試期間，又蒙劉師兆祐、黃師兆強給予極多的指正與意見，使論文更臻於完善，特此謹誌謝忱！

徐小燕於外雙溪東吳大學

第一章 緒 論

　　古籍叢書是我國古代文化之匯集與總結，對於古籍之保存與流布具有特殊作用，為研究歷代政治、經濟、文化等各種領域之重要資料。何謂叢書？李春光於《古籍叢書述論》中歸結各家說法，提出：

　　　　叢書，即是以一種書為基本單位，依據一定的原則和體例，把兩種
　　以上的多種著作匯編為一新的書籍集合體，並題以總名〔註1〕。

　　叢書內容兼具四部，張之洞就認為：「叢書最便學者，為其一部之中可該群籍，蒐殘存佚，為功尤鉅。欲多讀古書，非買叢書不可〔註2〕。」強調叢書之利用為研究學術最直接而有效之工具。研究叢書，不僅對於叢書中所蒐羅之典籍有進一步之認識，對於文獻學、目錄學等專門學科，甚或對於文化史之研究都有著非常重要之意義。

　　本論文係以張壽鏞先生及其所輯《四明叢書》，以研究動機與目的、研究方法及研究範圍等三節說明探討之方向。

第一節　研究動機與目的

　　《四明叢書》為寧波學人張壽鏞先生所編輯，乃四明地方文獻中卷帙最多，內容最為豐富之大型叢書。它對於瞭解四明地區之文化歷史、經濟發展、地理環境等有著其他類叢書無可取代之作用與價值。另一方面則以其為一部綜合性之叢書，呈現出時代遞嬗，文化精神等各層面多元之風貌。

〔註 1〕李春光，《古籍叢書述論》（遼寧書社，1991 年）頁 2。
〔註 2〕張之洞，《書目答問・古今人著述合刻叢書目》下小序。

四明之爲府稱，乃因境內有四明山。南宋黃鼎撰《乾道四明圖經・序》說：「明之爲郡亦久矣，在古爲餘姚之墟，在漢爲會稽之境，逮唐武德中而即鄧置縣，開元中而即縣爲州。山有四明，洞有梨洲……〔註3〕。」因而稱之爲明州。宋寧宗即位後，升爲府，管轄所在有鄞縣、奉化、慈谿、定海、昌國與象山六縣。四明地區自宋以後，向爲文化高度發展之地區，第一部叢書《百川學海》，即是由四明人左圭所輯，其中即輯有州人鄭清之及高似孫的作品，可見四明人藏書、輯書之歷史悠遠，而左圭亦爲輯刻州人作品開風氣之先。

《四明叢書》所收爲四明地方遺書，四明人輯地方著述早在明朝，即有戴鯨輯《皇朝四明風雅》四卷，而後有清人胡文學輯《甬上耆舊詩》三十卷、全祖望輯《續甬上耆舊詩》一百四十卷，然其性質如同專門性類書，而其份量亦十分有限，此與地方叢書之輯編無法相擬，且難以與其他性質叢書並駕齊驅。左圭之後，歷元明清三朝數百年間，四明地區鴻彥碩儒輩出，而專心訪羅地方文獻，敬恭桑梓者，唯張壽鏞先生。壽鏞先生以浙江地區人文薈萃，其所屬各州郡多刻有一州一郡之書，獨四明地方闕如，「以始刱叢書之地反不如他州郡，鄉人士君子雖或有志焉而未之逮也〔註4〕。」本著保存文獻、傳承文化之精神，將其蒐羅之藏書一一精校，並繕寫題跋，以誌四明學術之發展，殫精竭慮，爲歷來藏書家少見。故《四明叢書》之出版，陳漢章言：

> 四明學術爲清代鉅公碩儒所稱頌（原註：如阮、張二文達及章實齋、胡墨莊等），然亦僅知有慶曆五先生〔註5〕、陸門四君子〔註6〕暨東發、深寧、充宗、季野、謝山、徵居而已，此書出而浙東之學彪炳於寰宇，矜式於全國，奚翅爲四明來學有所興起哉〔註7〕！

又言：

> 自左氏後六百有餘歲，而張君爲之終條理焉。今第一集二十有四種殺青竟矣。嗣是而廣至數十百集，非又張君守先待後之心與爲無終窮者耶？

蓋先生積四十年之收藏，耗費鉅資，以約園所藏，印行《四明叢書》，藉以闡

〔註3〕宋・張津等撰，《乾道四明圖經》，中國方志叢書第573冊，成文出版社。
〔註4〕陳漢章《四明叢書・序》，見《四明叢書》第一集。（台北：國防研究院、中華大典編，1966年）
〔註5〕慶曆五先生，係指楊適、杜醇、王致、樓鑰、王說。
〔註6〕陸門四君子，又稱淳熙四先生，爲楊簡、沈煥、袁燮、舒璘，皆爲乾道年間進士，從陸久齡學，故稱之。
〔註7〕陳漢章《四明叢書・序》，見《四明叢書》第一集。

揚四明學術，尋幽探微；其精神洵以爲後學之典式，其述作亦足以繼往聖之學。
先生嘗言：

> 歷年之所蓄都二百餘種，有批校本焉、有精鈔本焉、有稿本焉、有
> 普通寫本焉。余旣幸而得此，若不爲之闡揚幽緲，苟一零落，後人安知
> 更有此書存者乎？余積年本有題誌，此五年中，講學餘間，汲汲焉更爲
> 補綴，所以爲此者，聊誌其書之淵源，然世之君子讀我題跋，腐朽發光
> 得所，所見或喜其跋而追求其書，共相鈔錄；或擇其善者思雕印以廣其
> 傳，則世必不譏余爲慳藏，目余爲獻珍炫而諒余印斯編之意，亦所以述
> 其業，傳其書也〔註8〕。

歷代藏書家多視其藏書爲珍品，鮮少與人共享，更遑論將其刊刻印行，然有
清一代之藏書家卻樂於刊行藏書，並以「叢書」名之，如盧文弨《抱經堂叢書》、
鮑廷博《知不足齋叢書》等，此等叢書大抵是以個人收藏爲主，並未以地區而別
其性質。搜訪地方文獻，彙刊以爲叢書者，始於明天啓年間所刊之《鹽邑志林》，
至清同治、光緒年間則大盛，此間大量地方叢書出現，一方面展現了藏書家對於
鄉邦文獻之重視，另一方面則爲藏書家對於藏書精神之發揚。鄭振鐸說：

> 余不喜收故鄉文獻，以其過於偏狹，有「鄉曲」之見也；尤惡稍稍
> 得志，便事編刊鄉里叢著。友人滕固，以介紹希臘羅馬及德國文化爲職
> 志，與余有同嗜。及其任職南京，久不相聞問。一旦相見，乃出所刊寶
> 山文獻諸籍見貽，余頗怪其染時習之深。近從事「文學考」之纂輯，乃
> 知地方諸文集之重要，後稍稍收之。然實浩如煙海，不能以一人之力、
> 一地之資，蒐羅其百一，聊備其所當備耳〔註9〕。

劉尚恒在《古籍叢書概說》〔註10〕一書中談到地方類叢書：

> 地方類（或稱郡邑類），是指匯集某一地區的歷代或同一時代不同姓
> 氏著者的各類著作的叢書。始於明代萬曆間樊維城《鹽邑志林》，到清代
> 中晚期後，此類叢書刊刻增多，按其收錄範圍有專輯一省著述的，如《畿
> 輔叢書》、《湖北先正遺書》、《安徽叢書》、《雲南叢書》；有專輯一郡一邑
> 著述的，如《常州先哲遺書》、《臺州叢書》、《金陵叢書》、《涇川叢書》、《仙
> 居叢書》等等。經濟、文化發達的江浙一帶，地方叢書刊刻尤多，僅浙江

〔註8〕《約園雜著三編・自序》（收入《民國叢書》，第96冊，上海書店出版，國民叢書
　　　編輯委員會，1992年）。
〔註9〕鄭振鐸，《劫中得書記》（台北：木鐸出版社，1969年11月），頁54。
〔註10〕劉尚恒，《古籍叢書概說》（上海：上海古籍出版社，1989年12月），頁51。

一省就有《金華叢書》、《續金華叢書》、《湖州叢書》、《臺州叢書》、《武陵往哲遺著》、《紹興先正遺書》、《檇李叢書》、《吳興叢書》、《敬鄉樓叢書》等近三十種。此類叢書對於保存和傳播地方文獻，爲功尤巨。

足見地方性叢書之編纂，不僅有助於地方文獻之保存，亦爲瞭解當地學術文化、風俗民情之第一手資料，彌足珍貴。

《四明叢書》收書數量是歷來叢書中最爲龐大，且詳考精校，如此一部鉅作，長期以來卻罕有學者加以發潛探幽，津逮來學。誠如張壽鏞先生所言：「藏書而不能讀，讀而不能用，何必藏書？」而藏書又能刻之，對於發展地方文化、闡揚學術研究之貢獻甚爲深遠。「收藏家之心理，念物希之可貴，愈有惟我獨有之虛榮者也。然書在藏家，正如鳥入籠中，其結果，必不免於死亡。故善愛書者，惟有公諸天下，任人抄印，若己有財力，致力翻刻，則汲古閣主人、知不足齋主人之功，豈在著述等身之學人以下也〔註11〕？」收藏家能愛書以德，刻書以德，澤被後人，張壽鏞先生當之無愧矣！

邇來，研究叢書之學者專家日益增多，然卻未見於《四明叢書》之鑽研，且近人論述張壽鏞先生者亦屈指可數，約略計有劉紹唐主編之《民國人物小傳─張壽鏞》〔註12〕、蘇精〈張壽鏞約園〉〔註13〕、鄭偉章《文獻家通考─張壽鏞》〔註14〕，任繼愈主編之《中國藏書樓─張壽鏞與獨步齋》〔註15〕，日人山內正博〈張壽鏞思想〉〔註16〕、張康源等〈張府君壽鏞行述〉〔註17〕以及紀念張壽鏞先生逝世五十年所編《約園著作選輯·紀念文選》〔註18〕諸編；近日由北京圖書館出版

〔註11〕陳登原，《古今典籍聚散考》（台北：河洛出版社，1979 年 5 月），頁 533～534。

〔註12〕劉紹唐主編《民國人物小傳》（台北：傳記文學出版社，1981 年 12 月）第四冊，頁 266～268。

〔註13〕蘇精，〈張壽鏞約園〉，見《近代藏書三十家》（台北：傳記文學出版社，1983 年 9 月），頁 141～150。

〔註14〕鄭偉章，《文獻家通考》（北京：中華書局，1999 年 6 月），下冊，頁 1477～1479。

〔註15〕任繼愈主編，《中國藏書樓》（遼寧人民出版社，2001 年 1 月），下冊，頁 1749～1751。

〔註16〕日·山內正博〈張壽鏞思想〉，張芝聯譯。見《約園著作選輯》（北京：中華書局，1995 年 4 月），頁 469～473。

〔註17〕〈行述〉一文係由先生之六位公子共同執筆，筆者輾轉得自張芝聯教授提供之家刊本複印。該本別有，呂思勉撰〈張詠霓先生創辦光華大學記〉及馮貞群述〈編輯四明叢書記聞〉兩文。

〔註18〕《約園著作選輯》（北京：中華書局，1995 年 4 月），本選輯爲紀念先生逝世五十週年前夕，由其哲嗣張芝聯教授就先生著作，擇選菁華印行。該書分爲兩部分：一爲先生著作選輯，二爲紀念文選。紀念文選部分，除友人、學生、子女之感懷文章外，另收錄有介紹、評論之文章，如日·山內正博撰〈張壽鏞思想〉；蘇精撰〈藏書家張壽鏞約園〉；瞿嘉福撰〈張壽鏞及其《四明叢書》〉等。

《張壽鏞先生傳》〔註 19〕，其中論述先生之家史、從政、創辦光華、編輯《四明叢書》以及其學術思想等，體例完備，然就傳記而言，僅爲資料收集與編排，對於「研究」鮮少發明〔註 20〕。而論及《四明叢書》者，計有丁良敏《四明叢書》考評〉〔註 21〕、瞿嘉福〈張壽鏞及其《四明叢書》〉〔註 22〕、另有駱兆平〈張壽鏞和約園藏書〉〔註 23〕諸篇論文，惟介紹性質居多，尚未專論先生與其《四明叢書》作全面性之探究。是故本編以「張壽鏞及其《四明叢書》之研究」爲主題，一則述先生行誼，明白其爲國家、爲民族鞠躬盡瘁、死而後已之精神，一則以表彰先生於學術、教育、藏書、校書及出版事業之成就。

第二節　研究方法

　　張壽鏞先生於近代財政、教育、出版事業地位粲然可觀。本論文採文獻分析法，以原始資料進行隸類，排序。以先生著作（如自述年譜、《約園雜著》、《約園雜著續編》、《約園雜著三編》、《詩史初稿》、《史學大綱》等）爲經，其他相關資料（如《張壽鏞先生傳》、方志、目錄版本學專著、圖書文獻學史專著、期刊論文等）爲緯，加以分析、隸類，歸納，並撰先生傳略以爲述介，言其生平、交游、事業及其藏書、著作。更申說先生於民國初年對於國家財政之輔弼；教育事業中奮然創辦光華大學培育人才；爲蒐羅古籍，保存地方文獻數端，以闡述先生之學術思想及其貢獻。凡此上述，悉以所見文獻資料中爬梳彙理所得。

　　由於台灣地區度藏先生之圖書及相關資料甚少，對於裒輯先生著作是一大難

〔註 19〕俞信芳撰《張壽鏞先生傳》，北京圖書館出版社印行，2003 年 4 月一版。

〔註 20〕《張壽鏞先生傳》出版後，陸續有評論文章，如張注洪撰〈《張壽鏞先生傳》評介〉（《歷史檔案》，2003 年 4 月）；周有光撰〈懷念敬愛的張校長—讀俞信芳《張壽鏞先生傳》〉（《群言》，2003 年 6 月）；張小林撰〈關於張壽鏞及《張壽鏞先生傳》〉（北京社會科學院《近代史資料》）；洪廷彥撰〈「致良知兮愛我中華——讀《張壽鏞先生傳》」（《京聯通訊》，2003 年 5 月）。這些文章咸以爲《張壽鏞先生傳》，具豐富之史料，廣收博引，且能彰顯先生對國家社會之貢獻，有歷史與文獻之價值。然筆者以爲傳記資料以史料爲主，集腋成裘，利用完整之史料表彰先生行誼，然相對於深入之思想探究與《四明叢書》文獻歷史價值均有待琢磨。

〔註 21〕丁良敏撰《四明叢書》考評〉，見《圖書館研究與工作》，1991 年第二、三期，頁 101～103。

〔註 22〕瞿嘉福撰〈張壽鏞及其《四明叢書》〉，見《東南文化》，1992 年第一期。頁 118～119。

〔註 23〕駱兆平撰〈張壽鏞和約園藏書〉，本文係由網路上所得，
http://www.libnet.sh.cn/magzine/98-2/mu98-2-12-52.htm.

題。筆者爲期資料翔實豐富，曾親赴北京大學拜訪壽鏞先生哲嗣張芝聯教授，不僅獲得先生著作影本，更對其生平事蹟、待人處世等均有所收穫。

另於先生文獻學之研究，則以探究《四明叢書》爲主體，且以台灣目前可見之兩種版本爲底，一爲國防研究院與中華大典編印會於民國五十五年（1966）合作出版之「大典本」（以下簡稱大典本），及新文豐出版公司於民國七十七年（1988）所出版者（以下簡稱文豐本），大典本僅印六集，然爲對中國大陸開放以前，台灣可見之版本；文豐本則匯印八集，計有三十冊，當屬目前《四明叢書》之全璧本，以此爲本論文探究之所據。

針對各集之總序及跋語、並以各書之序跋，詳述《四明叢書》輯刊之過程，內容、特色等，並闡發先生蒐羅鄉獻、光耀枌榆之盡心，校讀考徵、補遺輯佚之用力。

第三節　研究範圍

本編除敘述先生行誼外，並論《四明叢書》之成書經過，出版過程及評議其文獻價值。是編之作，擬分上、下兩篇，別作八章，上篇首章緒論，表明研究動機、目的、方法及研究範疇；第二章述先生家世、生平及交游，論其事業、著述，以求知人論世；第三章探究先生之學術思想；下篇第四章以先生之藏書爲旨，敘其始末、內容，進而分析其特色；第五至七章溯源《四明叢書》編輯之過程，洞察選刊、輯印之準則，並就其時代、分部、論其收書特色，剖析其內涵，並紹介目前版本情況及其價值；第八章以「時代之見證、文獻之衛士」爲題，總結張壽鏞先生及其《四明叢書》之成就與貢獻。

地方叢書是以收一地人之著述爲主，而往往兼收地方掌故，故具有地方文獻之價值。又一爲「叢書」之名，則有保存與整理古籍之貢獻。潘銘燊於〈宋代私家藏書考〉〔註24〕，提出私人藏書之有功於學術文化者有五：

一、保存圖書，流傳後世。
二、綴輯零編，裒輯遺文。
三、校讎眾本，是正舛誤。
四、借閱流通，嘉惠學林。
五、刊布善本、輯印叢書。

〔註24〕潘銘燊，〈宋代私家藏書考〉，華國第六期（1971 年 7 月）。

上述五項，張壽鏞先生集於一身。藏書而讀書，而綴補而讎校，更以刻書嘉惠地方，津逮後學，其存墜緒之茫茫，旁搜遠紹之精神，至老彌堅，寔爲後學典範。

第二章　張壽鏞生平及其著述

　　張壽鏞先生是我國近代著名之教育家、藏書家及出版家。所創辦之光華大學孕育不少國家棟梁，而其蒐羅藏書，出版鄉邦文獻《四明叢書》，皆曾對近代教育、出版事業有著相當重要之影響。

　　本章擬以家世、生平、交游、事業、著述等面向，一窺先生對保存古籍、出版叢書、獻身財政、奉獻教育之成就。

第一節　家世、生平與交游

一、家世

　　張壽鏞，浙江省鄞縣（今浙江省寧波市）人。先生係出身於書香世家。其先祖，於漢溯自張良，於唐淵源於張九齡，於宋則言宰相張知白〔註1〕。先生於《寸

〔註 1〕於〈追遠〉詩四首（《約園雜著續編》卷六，頁2），先生言：
　　「相韓五代，歸漢一朝。素書黃石，遇邳之郊。功成身退，羽翮雲霄。留侯赫赫，我惟其苗。」（之一）「七歲知文，聲名赫濯。社稷自任，賢奸遠矚。我祖曲江（原註：曲江諱九齡），文獻（原註：曲江諡文獻）云足。深衷卷舒，至理堪樂。（原註：曲江詩云深衷能卷舒，又云至理焉可替。）」（之二）「豈倦處劇，而樂洙沂。（原註：文節公諱知白，求領國子監，帝曰，豈倦於處劇耶。）乃心朝廷，眾望咸歸。平章門下，中庸發揮，懿歟文節，祖澤宜追。」（之三）「聿來胥宇，卜言其廬。（原註：文節四世孫諱襲自滄洲遷蘇。子籲自蘇來鄞時，明州被大寇，官還富庶補其籍也。）古雲雷洞（原註：諱用和，為文節七世孫，生宋徽宗時，居雲龍磧古雲雷洞也。）枝葉茂如。悠哉水閣，娛客一壺。（原註：諱宣儀，為文節十三世孫，因門臨碧水，構水閣，時號水閣張。鄭清之題以聯曰，潮到荻江，九曲繞山，臨水閣萬重朝）。綿延廿世，清德余余。（原註：雲龍支之地房，我敦本堂，派所自出居鄞城，則以守鍾公為始祖，自文節溯之凡二十世。）」（之四）可見其追述先祖之脈絡。

草廬贈言・後序》:「維我張氏,宋相文節公後也〔註2〕。」而陳培庚於所撰〈給諫張肖荓先生傳〉〔註3〕中提到:「曾祖忠豪,祖孝達,父福祐皆以慈善著聞。」先生言:「高祖考忠豪公雅善……,曾祖考孝達公益承先志務行善道,……我祖考福祐公既承先世行善,之後雖家道中落猶勉承先志,每有義舉輾轉告貸以赴。……(柴太夫人言)回憶汝祖母苦日與汝祖父廉而好施,汝曹他日能自樹立,宜嗇於己,無嗇於人。」壽鏞先生秉此,樂善好施,福澤四方,謹於言,敏於行,畢生矢志刊行《四明叢書》,敬恭鄉梓。

　　宋宰相張文節公知白及其族裔張煌言,父親張嘉祿,皆清廉自守,盡忠至孝之人,對先生性格之塑造,影響極深。先祖行誼足堪表率,一門忠烈,茲舉其犖犖大者,略述其行誼,紹介先生家世梗概。

(一)張知白(961~1028)

　　張知白〔註4〕,字用晦,諡文節。滄州清池人。自幼好學,爲端拱二年(989)進士。先後任解州推官、直史館、參知政事、尙書工部侍郎、而仁宗即位後進尙書右丞,以工部尙書同中書門下平章事、集賢殿大學士。著有《御史台儀制》六卷、〈鳳衾箴〉、〈論周伯星見〉、〈咸平五年上眞宗疏〉等〔註5〕。

　　文節公雖位居宰輔,然其正直性情、悲天憫人之襟懷卻在在表現出其不凡之氣度。於政治理念上,文節公以爲「人君當修德應天,而星之見伏無所繫。」上陳治道之要,表明爲政之法。宋眞宗因此對群臣言:「知白可謂乃心朝廷矣!」陝西飢荒,文節公不僅發放倉廩,更親力募民出粟救濟。一切以國家人民爲重,「未嘗爲身謀」。曾言:

> 吾今日之俸,雖舉家錦衣玉食,何患不能?故人之常情:由儉入奢易,由奢入儉難。吾今日之俸不能常有,身豈得常存。一日異於今日,

---

〔註2〕先生於〈校訂清池張氏世系圖表〉(張蒼水集附錄八,見《四明叢書》第二集)、〈寸草廬贈言後序〉、〈寸草廬奏稿序・傳〉中都有提到張知白,及其世系,並於案語中言:「始祖文節公居滄州清池縣,其孫襲位侍郎,謫居蘇州,遂家焉。厥後以兵亂播遷,世系遂不可考。而始遷於鄞,居武臺山之鄔谷,築室於城,則自端一府君始。」清池宗譜世系原圖及原案語,取雲龍譜、青石譜相互印證而得。

〔註3〕見《四明叢書》第二集,《寸草廬贈言》附錄。

〔註4〕張知白之生卒年係依據張秀民〈宋張文節公(知白)年譜〉(《文獻》2001年1期)。其生平事蹟乃以《宋史》(《宋史・張知白傳》,卷三百一十,鼎文書局)記載爲據。

〔註5〕《御史台儀制》六卷,見《宋史・藝文志》;〈鳳衾箴〉、〈論周伯星見〉、〈咸平五年上眞宗疏〉皆見宋史本傳記載,其中〈論周伯星見〉可見於《續資治通鑑長編》卷五十三、〈咸平五年上眞宗疏〉可見於《宋名臣奏議》卷卅六。

家人習奢已久不能頓儉，必致失所。豈若吾居位去位，身存身亡如一日乎〔註6〕？

文節公一生澹泊名利，公私分明，「愼名器，無毫髮私，常以盛滿爲戒，雖顯貴，清約如寒士。」慈善待人，嚴以律己，足爲後世子孫之典範。

（二）張煌言（1620～1664）

張煌言，字玄箸，別號蒼水，浙江鄞縣人。煌言爲文節公廿五世孫，明崇禎舉人，爲中國文學史上一位傑出之軍旅詩人，然而其人卻未曾因詩名而流傳。誠因煌言爲一堅貞之民族鬥士，史傳中未見其名，益以有清二百餘年間，始終視其詩文爲違禁，僅有手抄稿本輾轉，直到光緒廿七年（1901），章太炎根據甬上張氏鈔本排印了張煌言詩文，此一民族英雄之作品始眞正與世人見面。

煌言自幼聰慧，不僅能詩，又兼習武，十六歲時補縣諸生，時天下多故，朝廷欲以武功爲重，諸生於經史之外，須加試騎射，煌言因習武之故，挽強弓，三箭皆貫革，學政大奇，以爲此人不可多得。廿三歲時以鄉試中舉人。生性直爽，豪氣干雲，時兵部員外郎錢肅樂於南明弘光年間（1645）以鄞縣爲據，起兵抗清，煌言以一介書生毅然參與起義行列。於抗清過程中，煌言與富平將軍張名振並肩作戰，屢遭失敗，然卻能越挫越勇，記取教訓，迭有戰績。其於驚心動魄之戰事中，不僅鍛鍊驍勇之軍事才能，亦激發其高尚之民族情操與氣節。

另一支抗清軍旅爲鄭成功所率領，然而在戰略上，張、鄭二人意見紛歧，煌言主張乘勝追擊，沿長江反擊清兵，鄭成功則已萌生偏安思想。思想指導行動，二人隨後各自爲政，鄭成功選擇偏安台灣，而煌言持續抗爭，連妻兒被清兵逮捕，以此要脅投降，仍不爲所動。1662 年，桂王失敗被殺，鄭成功病死台灣，魯王離去人世，清兵日日緊迫，煌言無奈解散軍隊，自己隱居於象山難田懸喬。次年，被叛徒出賣，不幸被俘。隨後被押解至寧波，再至杭州，煌言始終神情自若，態度從容，當被押赴刑場時，他舉目遠眺湖山，大聲說道：「好山色！」遂口賦〈絕命詩〉一首：「我年適五九，復逢九月七，大廈已不支，成仁萬事畢〔註7〕。」慨然就義，時年四十五。先生於〈張蒼水集序〉〔註8〕中說：

蒼水先生，書生也。當明亡時不過一舉子耳，乃膽新彌壯，茹雪自甘，義幟縱橫，凡二十載。其言曰：「所爭者，天經地義；所圖者，國恤

〔註6〕〈司馬公訓儉〉，轉引自《四明叢書》第五集，《宋元學案補遺》卷三，頁82。
〔註7〕〈絕命詩〉收於《采薇吟》，見《張蒼水集》卷四。
〔註8〕〈張蒼水集序〉，見《約園雜著》卷四，頁20。

家仇；所期待者，豪傑事功、聖賢學問。」嗚呼！漢之武侯足以擬之。

足見先生對其推崇。而於史傳未予記載，先生則言：「清修《明史》號稱詳備，雖甬上四烈婦亦爲之，列傳而獨於蒼水先生遺之，史臣之不職也。」又言：「顧其行誼雖不錄於《明史》，而見諸私家著述者美矣備矣！」

煌言著有《冰槎集》，匯文四十一篇，詩集《奇零草》與《采薇吟》，各有詩作三百一十四首，四十一首。於其作品中充滿愛國情懷與英雄氣概：「寧進寸，無退尺，寧玉碎，毋瓦全，其素志然也〔註9〕。」「生比鴻毛猶負國，死留碧血欲支天。忠貞自是孤臣事，敢望千秋青史傳〔註10〕。」此一強烈之民族意識塑造出其偉大之鬥士形象，黃宗羲即以文文山比之，皆爲千載人物也。其詩文集由壽鏞先生據其族裔張世倫所藏海濱遺老高允權本稽諸譜乘輯之，重新編次，以《張蒼水集》稱之，計九卷，其後附錄年譜、傳略、及家族事蹟、張氏世系圖表等八卷，編入《四明叢書》第二集中。

（三）張嘉祿（1845～1900）

父親張嘉祿，字肖荐，號受百。光緒三年（1877）進士，官授翰林院編修、監察御史、兵科掌印給事中，「爲學貴實踐，尤好宋儒書」，其思想受王應麟影響極深，嘗語先生：「深寧學問豈盡心於文字者，蓋將以明道也。《困學紀聞》一書於君子小人消長之幾，人心風俗維繫之故，言之最切，吾是以致力於斯，汝輩誌之〔註11〕。」斯人斯書爲其一生精神所在。著有《困學紀聞補注》三十卷、《小謨觴館文集註》四卷、《寸草廬奏稿》二卷並編有《寸草廬贈言》十卷〔註12〕。

嘉祿公因早年喪父，且家中三世單丁，父親臨終交代：「若善撫之，勿令失學。」母親督促勤學，然其茹苦含莘，卻不見嘉祿公成家立業即逝世，爲此，嘉祿公把書齋命名爲「慕歐廬」，又感念母親「雖祁寒暑雨一燈課讀弗輟也。」繪製「秋燈課讀圖」，徵求詩文，碑傳、題跋等，並一一抄錄，共得詩文十卷，嘉祿公感慨言之：「吾道德文章何敢望歐公。」遂將「慕歐廬」改名爲「寸草廬」，乃有感於「寸草春暉」之意，而詩文即以「寸草廬贈言」命之，對此，壽鏞先生記詩爲念〔註13〕。

〔註9〕〈答曹雲霖監軍書〉收於《冰槎集》，見《張蒼水集》卷五。

〔註10〕〈將入武陵二首〉收於《采薇吟》，見《張蒼水集》卷四。

〔註11〕〈困學紀聞補注後序〉，《約園雜著續編》卷二，頁23。

〔註12〕〈思父〉（《約園雜著續編》卷六，頁3）之四：「舉凡三變，漢宋奚分，始攻詞藻，謨觴堪欣，（原註：先註彭青湘小謨觴館文集。）繼箋困紀。（原註：補注王伯厚困學紀聞。）秋水蒼雲（原註：袁清容、王伯厚詩云秋水孕雙蓮，又云乘鶴叩蒼雲。）晚期經世，大道升聞。」此詩中迷及父親問學的過程及成就。

〔註13〕〈思父〉之一：「機聲雪屋，秋燈課書。相依形影，忽悲忽娛。念母勤閔，益勵諸

甲午戰爭時，嘉祿公以其鮮明耿直個性，曾多次上言，慷慨上書參奏李鴻章樞臣誤國，又於乙未年（1895）訂立「馬關條約」時，聯合同道，竭力反對投降，力爭不可簽約。

　　竊以倭人犯順，殘我屬國，逼我陪都。凡在臣民各懷滅此朝食之憤。前聞有議和之說，旋即停止。仰見皇上天威獨斷，小丑指日可平。乃進忽傳諭旨，以張陰桓、邵友濂為全權大臣，詣倭乞和，舉朝震驚，同聲悲憤。不知何人敢為皇上主此議者，恐大事從此去矣。日來傳聞，倭意不願邵友濂，指明李經方前往。夫堂堂中國，偶因兵事小挫，遂屈體於蕞爾之邦。至於我之遣使由彼為政，彼氣愈驕，我顏愈報。夫今之降心相從者，必首曰：償兵費也。當三空四盡之秋，求萬盈千之款，雖竭四海生靈之膏血不足以給之。財匱力盡，怨叛將興，邊隅之患方殷，內訌之禍又起。其足致危亡者一：倭既得我兵費，益將厚集師徒，增修戎備，是為虎傅翼，助敵自攻。倭當窮餓，我尚不支。縱令富饒，勢將焉御？其足致危亡者二：而議者猶恐賠費為未足也，則必割地以媚之。我之疆宇有限，彼之貪壑無涯。所謂：抱薪救火，薪盡而火不止；以肉餵虎，肉盡終必噬人，其足致危亡者三：且他國見我之易與也，援均沾之例，競相效尤。今日某國要某省，明日某國要某府，明年又俄法換約之期，勢必乘機要挾。一倭尚不敢較，百倭更復奈何。坐使二萬里完善之山河一朝破碎，其足致危亡者四……〔註14〕。

嘉祿公板蕩忠臣，「是一位正色立朝的臺諫典型」，深知家國存亡之際，不能坐看喪權辱國之舉，字字懇切，句句針砭。然而，朝廷拒絕力諫，仍於當年割地賠款。時嘉祿公遂乞假歸去，杜門不出二年。

觀其一生，「起家清貧，事母至孝，自入詞垣，閉門深居，不以干人日，肆力於學，居臺諫十年，章數十上，知有國家，知有人民而不恤其他，斯其忠愛，秉於天性，又豈沽名釣譽者所能望哉〔註15〕？」時刻以國家人民為優先，誠為「忠愛深則利害忘，明利淡則得失輕」，以養身、齊家、砥品、勵學之傳家寶，予子孫以孝弟、忠恕為終身受用之資產。

居。為我先考，慕歐名廬。（原註：先名書齋曰慕歐廬，後改為寸草廬。）」。

〔註14〕見《寸草廬奏稿》卷一，《四明叢書》第七集。

〔註15〕見〈四明叢書第七集序〉，《約園雜著續編》卷五，頁1。

二、生平

張壽鏞，字詠霓，號伯頌，別號約園，生於清光緒二年（1876）五月廿九日，於民國卅四年（1945）病逝於家中，享年七十歲。先生一生處於中國近代最爲艱困之時期，內憂外患接踵而至，時有庚子之亂、八國聯軍，國家搖墜如落葉。民國之後，軍閥割據，日寇侵華，百廢待舉，建國尤艱。先生在此時代洪流中，仍能沈穩應對，掌握脈動，洞悉潮流，一心以國家財政爲先，人民生計爲先，精心建構國家財政藍圖，營營奔走教育改革創新，終其一生，以讀書、藏書、教育、出版爲職志，未曾須臾離也，病榻之時仍不忘殷殷囑咐「復興中華」、「復興光華」。

先生出於書香世家，自幼承庭訓，飽飫經史，其學問秉先人之志一脈相承，繼而發揚光大。由於父親甚喜宋儒書，故先生所學以宋儒學說爲根柢，尤以陽明學說影響至深。嘗言：「一生爲人不蹈小人一途者，皆陽明先生之學之賜也〔註16〕。」不僅如此，於陽明「致良知」、「知行合一」學說之闡發更爲鞭辟入理，於《約園雜著‧王學發揮》一卷中計提出〈良知篇〉、〈知行篇〉等篇〔註17〕探究陽明學說之根本道理，由儒家道性善入門，層層剖析良知之所由來及其所處，先生不談空言，務求篤實爲之，其言致良知之功夫「逃不出學養二字，周旋師友，優游歲月，八字包涵得一切學問，時時求慊於心，包涵得一切修養。」而此一切學養皆不能拋卻事物來求，亦反對多聞多見而求之。又說：「知在能行，各人所處不同，就所處者即知即行便是大學問。」求學問不因人而異，能知能行才是大學問，此等務實之學，須於理論之外，求得與生活密切相息，方能悟出此番灼知眞理。而在〈讀劉靜修敘學書後〉一文中言：「（劉靜修）先生曰：士人往往以《語》、《孟》爲聖賢問學之始，而不知《語》、《孟》實聖賢之成終，所謂博學而詳說之，將以反說約也。聖賢以是爲終，學者以是爲始，優游諷誦，涵泳胸中，雖不明了，以爲先入之主可也。壽鏞嘗以高深之《論語》課弱小之孫輩，處處以日用倫常最淺顯者引導之，而孫輩亦能悟焉，蓋以《論語》作小學讀，亦先入爲主之意。」將知行哲學實踐於生活中。又言：「諸子百家皆有益於振頹起弊，而折衷於孔子，而得其中道焉。」又說：「研究過去之言論必當適應今日之需要與挽救未來之狂流，乃爲

〔註16〕〈王學發揮〉，《約園雜著》卷一。

〔註17〕〈王學發揮〉一卷中共計有〈良知篇〉、〈知行篇〉、〈心理篇〉、〈眞性篇上〉、〈眞性篇下〉、〈誠意篇〉、〈立志篇〉、〈是非篇〉、〈本原篇〉、〈總論篇〉等十篇文章，皆以闡明陽明學說眞諦爲要旨，由人心一念討眞假，以致良知爲學問之根柢，進而瞭解即知即行即是大學問，本乎良心而求物理，則良心可見，物理可見，如此方能發揮眞性情，復能本誠意，立善志，明是非，格物致知，此乃家齊國治之本也。不以陽明事功求陽明之學，應以陽明之學求其事功也。

有益。」再一次強調「致良知」三字之眞諦，乃賢愚皆能有所領略，正可相互印證先生能知能行，即知即行之恆常毅力。

先生宅心仁厚，秉性剛直皆端賴於父母言教身教之嚴謹。其於〈先妣柴太夫人事略〉言：

> 先考每寄家諭，必以所求言論稼穡艱難，諄諄提命，先妣節衣縮食，以勤儉爲子女率，時時舉祖母昔日苦節，以告子女〔註18〕。

又：

> 汝父居官清廉，無絲毫奉外之入，……一切結奧援通聲氣者，汝父不爲也。吾願汝曹效之，垂老治學，以爲學無止境，至死信天，以爲天不負人，吾更願汝曹莫負先志也。盛衰者，時也；志氣者，千秋也。志氣則雖衰而必盛，無志氣則雖盛而必衰，汝父之能自立者，志氣也。……汝等居官宜思官所以爲民也，發號施令一不中肯，民受累矣！職無大小，宜盡其分，吾之不願以家累汝曹者，懼汝曹之爲非分之求也〔註19〕。

「清廉不做非分之求」是雙親對於子女之訓誡，先生謹守於心，並能以此教導手足壽鏡「君子宜安命」〔註20〕，所謂「安命」，先生謂「不做非分之求也，若分所應爲之事，一切委之於命，是自暴自棄也。」以「不作非分之求」安身立命，父母耳濡目染之教誨，先生將其踐履於日常生活中，與手足互勉，與學生惕勵，其於光華大學附屬小學開學典禮上說：

> 小學爲國家基礎，而附小又爲大學之根本，「知行合一」爲本校校訓，希望小朋友亦能即知即行，作新時代的少年公民〔註21〕。

先生作爲，只在「良知」二字，不爲利祿所惑，不爲淫威所屈，遇有不平之事，即據以力爭，求其公允。曾爲太和卡誣良爲私案力諫，其詩云：

> 不折五斗腰，言爲督郵踐。王學重良知（原註：始治陽明學），昧良吾知免。彼哉實顛倒，是非今已緬。買棹正陽關，友朋在勸善。莫令草野冤，宜使佞人遠。斯冤如不明，我亦不復返。高談四座驚，交深言敢淺〔註22〕。

誠如所言：「莫令草野冤，宜使佞人遠。」待人敦厚溫柔，處事剛正不阿，其秉性正直可見。又言：

〔註18〕〈先妣柴太夫人事略〉，《約園雜著續編》卷八下，頁11。
〔註19〕〈先妣柴太夫人事略〉，《約園雜著續編》卷八下，頁13。
〔註20〕〈季弟壽鏡小傳〉《約園雜著續編》卷八下，頁18。
〔註21〕〈申報〉民國十七年九月五日十二版〈光華大學附屬小學行開學禮〉。
〔註22〕〈秋風〉二首之一，《約園雜著續編》卷六，頁12。

行行水與陸，景光何曠絕。古鎮名朱仙，精忠永不閒。老柏無北枝，斯冤久堪雪。遐想岳家軍，一門義氣結。西湖廟峨巍，墓乃衣冠設，風波亭已敚，何如茲可悦。遺恨宋室難，千秋仰壯烈。景行又低徊，歲寒松柏節。百年同死生，立名在愚拙，嗤彼求浮榮，薰猶由此別〔註23〕。

先生對於「生死」及「名節」之看重，其擇善固執，堅定不移之處世哲學，就如同張芝聯教授所說：

不論父親如何自謙，他在舊學術傳統中不僅是文人、學者，而且是通才，對經學、史學、哲學、文學無不涉獵。這樣的通識是舊時代的產物，如今已經不可多得了。但我認爲父親眞正可貴之處並不在於學識之淵博，而在於他接受了中國傳統文化中的精髓，在爲人處事的大是大非上堅貞不移，言行一致〔註24〕。

言行一致之態度，於治學及輯編《四明叢書》之過程中，吾人體會更爲深切。先生問學保有其一貫之定見，而此定見乃建立於客觀、公正之立場上。其實事求是之精神，不僅要求學問要與時代前進，更要釐清本原，針對各家論點，非不以鄙夷對待，且兼容並蓄。於討論墨子時，即說：

唐代的韓愈批評墨子說是：『孔子必用墨子，墨子必用孔子，不相用不足爲孔墨。』宋代的黃震卻一反其說，主張：『孔子必不用墨子，墨子必不用孔子。』我倒是贊成黃東發的說法，不贊成韓文公的，這並不是因爲黃東發是寧波人，和我是同鄉的關係，而是因爲孔墨兩家各人有各人的時代性，各人有各人的出發點，不能夠勉強合同的〔註25〕。

於狼煙四起，強敵環伺之時局中，先生仍致力於文獻之搶救，戮力奔走。哲嗣於〈行述〉中有此紀錄：

自日寇入侵大江南北，文物多淪爲煨燼，又或爲所攘竊。府君目擊心傷，爰合有志之士，建議政府，購求諸家所藏珍本。雖敵偽環伺，而府君不爲所攝，先後得書萬數千種，於保存文獻，爲力實至劬也〔註26〕。

〔註23〕〈岳廟〉，《約園雜著續編》卷六，頁 12。於此詩下先生註曰：由皖入汴道經朱仙鎮，謁岳廟。此爲先生於光緒廿九年應順天鄉試，於路途中，經過朱仙鎮岳王廟時有感而作。該年太和分卡忽有誣良爲私案，先生據以力爭，因調沫河口司榷。旋即赴河南應試。〈秋風〉二首即寫當時心情。而經過岳王廟時，有感於岳飛被人陷害，忠良不見，冤屈難雪的心情而作此詩。

〔註24〕張芝聯，《約園著作選輯・前言》，頁 2～3。

〔註25〕〈讀墨子的方法〉，《約園演講集》第二講，頁 10。

〔註26〕〈行述〉，由張壽鏞先生兄弟等所撰。自刊本。

而刊刻《叢書》一以收羅鄉邦文獻，傳承學術，一以以振奮愛國情操，喚起民族意識爲己任，編刊出版歷經十幾寒暑，經濟困頓，而先生不爲所迫，仍一意完成，其堅忍之氣慨，誠一發聾振聵之警鐘。

量能容人，寬以待物，故於理財能見體民心，因勢利導，於治學能廣納吸收，不拘成見。先生以寬容之精神、擇善之態度，剛柔並濟，極其所能，成就其一生不朽之功業。

三、交游

先生質性耿烈，慎擇友朋，其自言：「生平何自隘，不復廣交遊〔註27〕。」其下註曰：「自中年擇交最慎，但自覺黑白太分也。」是非善惡太過分明是先生對自己個性之註解。正因此一黑白分明之秉性，益以知行合一之哲學，造就先生於從政時期能義無反顧，肩負社稷財政重擔，而後戮力奔走教育志業之強烈意識，於烽火漫天之年歲中，惟剛正不阿者能鞠躬盡瘁，任重道遠。

歷經詭譎多變之時局，先生仍能力挽狂瀾，除具備堅韌之性格，與其交游亦有著相當密切之關係。諸如興學推展教育之主張、刊行地方叢書之理念，均與朋友互相切磋，魚雁往返；於古籍之蒐羅與保存上，與馮貞群、鄭振鐸等討論頗多；教育理念之推展則與族裔長輩張讓三及捐地創辦光華大學之王省三多所商量。當然於出版《四明叢書》時，陳漢章、夏同甫、毛价臣、忻紹如等人均慷慨提出建議，相互請教。以下遂就馮貞群、鄭振鐸、王省三等，分別敘述，以明先生交游之梗概：

（一）馮貞群（1886～1962）

馮貞群，字孟顓，一字曼孺，號伏跗居士、成化子、妙有子。因「幼而喪父，老而喪子」，故晚年又自署爲孤獨老人。原籍浙江慈谿，從先祖遷居寧波。

馮貞群於光緒年間補寧波府學生員，其後參加同盟會，辛亥革命之後，曾經擔任寧波軍政分府參議員。於民國廿一至卅一年間（1932～1942），任鄞縣文獻委員會委員長，從事文獻保存之工作，並主持重修天一閣，編著《鄞范氏天一閣書目內編》，在「倭寇窺鄞，警報日聞」之環境下，「伏處危城，校印斯目」，又參與《四明叢書》之編輯。民國卅六年（1947）主持《鄞縣通志》編纂，用心於「人物」、「藝文」兩編之修輯。後又擔任浙江省文史研究館館員、寧波市人民代表會

〔註27〕〈述懷十三首〉之三，《約園雜著續編》卷六，頁25。

議特邀代表、政協委員、文物管理委員會委員，對於表彰先賢，保護文化之工作不遺餘力。

其藏書多達十萬餘卷，以「伏跗室」爲名。「伏跗室」初名「伏柎齋」，爲從叔馮君木據王延壽〈魯靈光殿賦〉中「狡兔跧伏於柎側」句義而命名。伏跗室中有善本三百多種，且多留意於正統著作，以史籍與文集居多。該藏書於1962年捐贈於國家，藏於天一閣。

馮貞群爲一著名之藏書家，並且還是一對古籍文獻深有鑽研之學者，長於校堪、考訂，具有豐富之版本與目錄學知識。清光緒卅一年（1905）廢科舉，廢書院，興學校之行動如荼展開，許多藏書人視古籍已無是處，書籍多輾轉四散，而此時馮先生卻用心於訪求有用之書，藏書多有徐時棟「煙嶼樓」本，陳氏「文則樓」本，即可說明。遇有脫落毀壞者，均加以整理修補，對於脫頁殘卷者，亦多方購抄，今存《伏跗室藏書闕頁記》即當時爲求一善本、足本，蒐羅書籍所耗費大量時間與精神之紀錄。其所藏書不僅皆經手披閱覽，精心批校，並有題跋，而經整理輯收於《四明叢書》者，有唐賀知章《賀秘監集》、明周容《春酒堂遺書》、明馮京第《馮侍郎遺書》、王翊《王侍郎遺著》、明黃潤玉《海涵萬象錄》之考證等，而叢書中所收錄之典籍亦多有以伏跗室之藏書校補，明錢肅樂所撰《錢忠介公集》、明魏耕《雪翁詩集》皆是。

刊行《四明叢書》，出於馮貞群自藏鄉哲先人之遺著有五十六種之多，且先生爲收書撰寫序跋，亦多與其商討校讎及收羅群書之記錄，如於〈會稽典錄序〉言：

> 壽鏞嘗以叔寧著《晉書》五十六卷既不可得，而湯氏求輯其殘佚得
> 一卷，竊欲師其意，商諸馮君孟顓則以原書體例茫然，未悉其緒，雖從
> 事而猶未敢自信也〔註28〕。

於〈編輯《四明叢書》記聞〉中，馮貞群將編輯叢書始末詳盡敘述，益可彰顯先生極力保存鄉獻，表彰先哲，沾漑後學之用心。同時顯見二位先生深厚之情誼即建立於讀書、愛書、藏書之共同嗜好。

《四明叢書》之編輯乃爲二人共同之經歷。前後九年魚雁往返，未曾斷絕，叢書七集刻成。先生於〈編輯《四明叢書》記〉論及：「馮君孟顓助我尤多。」又於《四明叢書》凡例中道出：

> 是編之刻雖由壽鏞發起，而吳興張君秉三首先贊助，惟發願在十餘
> 年以前，其時張丈讓三猶在相與勸勉，其繼則馮君孟顓、張君于相、張

〔註28〕〈會稽典錄序〉，《約園雜著續編》，卷五，頁7。

君苞盦、張君伯岸，最後則忻君紹如專任其事，而孟顒助我尤多。

對馮貞群於編輯叢書之付出，先生銘感五內，尤以「孟顒助我尤多」，令人充分領受先生對其至切之情感。日後因倭寇侵仍，物資貧乏，交通阻塞，二位先生遂中斷聯繫。民國三十五年（1946），先生捐館次年，馮貞群始與先生家人溝通，然此僅能獨悵然而已矣！

（二）鄭振鐸（1898～1958）

鄭振鐸，號西諦，筆名郭源新。光緒二十四年（1898）生於浙江永嘉。五四運動中與瞿秋白等人創辦《新社會》月刊，宣傳反封建思想，反帝國主義，民國元年（1912）更成立「文學研究社」，同年於商務印書館擔任編輯工作。曾任燕京大學、北京大學教授及暨南大學文學院院長等職。

鄭振鐸爲一盛名之藏書家，然其藏書並非爲藏書而藏，其言：「完全爲了自己的研究方便和手頭應用所需的。」《劫中得書記·新序》中說：

> 誰都明白：文獻圖書是進行科學研究的必需的工具之一。過去，圖書文獻散在私家，奇書異本，每每視爲珍秘，不輕示人。訪書之舉，便成爲學士大夫的經常工作。……有的人玩郵票，有的人收碎磁片，有的人愛打球，有的人好聽戲，好拉拉小提琴或者胡琴。有的人就不該逛逛書攤麼？夕陽將下，微颸吹衣，訪得久覓方得之書，挾之而歸，是人生一樂也。

正因爲訪書爲人生一大樂趣，鄭氏訪書之足跡遍及海內外。《劫中得書記·序》中說道：

> 余聚書二十餘載，所得近萬種，搜訪所至，近自滬濱，遠逮巴黎、倫敦、愛丁堡。凡一書出，爲余所欲得者，苟力所能及，無不竭力以赴之，必得乃已。典衣節食不顧也。故常囊無一文，而積書盈室充棟。

不僅縮衣節食，更甚者舉債以償，或售他書而易之，鄭振鐸愛書與藏書之執著與壽鏞先生不分軒輊，此段文字亦同時傳眞其對藏書之熱衷。鄭氏不特爲藏書家，亦是一目錄學家、版本學家，對於藏書書目之整理，版本之擇選十分重視，云：

> 版本、目錄的研究，雖不就是「學問」本身，卻是弄「學問」的門徑。未有升堂入室而不由門循徑者，也未有研究某種學問而不明了產於某種學問的書籍之「目錄」、「版本」的。而於初學者，這種「版本」、「目錄」，尤爲導路之南針，照迷的明燈。有了一部良好的關於某種學問的書

籍目錄，可以省掉許多人的暗中摸索之苦〔註29〕。

　　張之洞《書目答問‧略例》：「讀書不知要領，勞而無功。知某書宜讀，而不得精校精注本，事倍功半。」目錄書之彙理乃讀書治學之門徑，辨別古籍眞僞之指導。故鄭氏對所收集之清人文集，編制《清代文集目錄》，不僅超越北京圖書館所編《清代文集篇目索引》甚多，且裨益於研究之用，而於所藏寫下之題跋，大都收錄於《劫中得書記》、《西諦題跋》之中。詞曲、小說等藏書，更爲鄭氏鍾愛，「余收書始於詞曲、小說及書目〔註30〕。」尤以《脈望館鈔校古今雜劇》幾經名家收藏，但後來不知去向，鄭氏得知其散出後，立刻奔走籌措資金購置，方能免於戰火與敵手，同時也爲我珍存難得之孤本，嘉惠後世學者。

　　鄭氏學識淵博，對於文學、藝術、歷史等亦多有研究，尤其是在文學史、俗文學史之研究上有極大之成就。著名《插圖本中國文學史》、《中國俗文史》即出於鄭氏之手。抗戰期間，許多寶貴文獻毀於烽火之中，或爲外人所奪，鄭振鐸對此痛心疾首，於是蟄居上海〔註31〕，默默爲文獻保存工作而努力。其言：

　　　　然私念大劫之後，文獻凌替，我輩苟不留意訪求，將必有越俎代謀

　　者。史在他邦，文歸海外，奇恥大辱，百世莫滌〔註32〕。

　　時正值蔣復璁〔註33〕、葉恭綽〔註34〕等人發起組織「文獻保存同志會」，鄭振

〔註29〕鄭振鐸，〈中國小說史料序〉，《鄭振鐸全集》第六冊（河北：花山文藝出版社，1998年），頁730。

〔註30〕鄭振鐸，〈清代文集目錄序〉，《鄭振鐸全集》第六冊（河北：花山文藝出版社，1998年），頁940。

〔註31〕鄭振鐸，《劫中得書記‧新序》中說：「一九四一年之後，我離開了家，隱姓埋名，避居在上海的『居爾典路』。每天不能不挾包入市，以示有工作。到哪裡去呢？無非幾家古書肆。」（台北：木鐸出版社，1982年5月）

〔註32〕鄭振鐸，《劫中得書記‧序》（台北：木鐸出版社，1982年5月）。

〔註33〕蔣復璁（1898～1990）浙江海寧人。字美如，號慰堂。民國十二年（1923）北京大學哲學系畢業。民國十九年（1930）派赴德留學，攻讀哲學及圖書館學，同時於圖書館中客座館員，奠定日後爲圖書館效力的基礎。回國後任中央圖書館籌備處主任，當時多方奔走，影印《四庫全書》珍本，籌措經費，進行圖書交換，使館藏圖書得以大量增加。民國廿九年（1940）中央圖書館正式成立，任首任館長。抗戰時期，於上海淪陷區搶救珍貴古籍，大陸淪陷後，大批文獻在其參與之下來台。四十三年（1954）年出任中央圖書館館長，五十四年任故宮博物院院長，蔣先生管理圖書館及故宮博物院長達三十年，對於我國圖書館事業的發展及文物保存貢獻卓著。

〔註34〕葉恭綽（1881～1968）廣東番禺人。字裕甫，又字譽虎、玉甫，號遐庵、矩園，早歲留學日本，北洋時代任交通部長，民國十二年（1923）應孫中山先生之邀，出任財政部長。對日作戰時間避居香港，返回大陸後，任中國文史館館長、國畫院院長。工書法，由顏眞卿、趙孟頫入手而取百家之長，自辟畦徑，行書沉雄樸藏，自言：「必須脫出羈絆，不爲近三百年八股性之字學所籠罩，方可以言書法。」而對於詩

鐸即毅然加入。當時決定搶救古籍之主要地區在上海，其次為香港，上海方面由
鄭振鐸負責，張壽鏞、徐森玉、何炳松等人協助。「同志會」先後收集了安徽劉世
珩、玉海堂、廣東莫伯驥五十萬卷樓、常熟瞿氏鐵琴銅劍樓、江寧鄧氏群碧樓、
嘉興沈氏海日樓、盧江劉氏遠碧樓、順德李氏泰華樓，以及浙江吳興劉氏嘉業堂
和張氏適園之大批善本，總共有 4864 部，48000 多冊，普通線裝書 11000 多部。
而於收購過程中，日本人不斷地橫加干擾，更增加當時搶救文獻工作之困難與艱
辛程度。此等躓礙之處於鄭氏與先生往返書信中處處可見。如同鄭氏所言：「這工
作做得很秘密，很成功，很順利，當然也免不有很多阻礙與失望〔註35〕。」

　　基此共同信念，二人魚雁來往歷時兩年（民國廿九、卅年間），主要在於商討
文獻收購事宜，對於選刊準則、價格議定等皆反覆推敲，幾番思量，甚至於收書
之書目多經過先生、蔣慰堂、張元濟〔註36〕（菊生）等目錄版本學家之圈定，如
此為古籍文獻之保存，奠下極為重要之根基，且免於兵燹之損。鄭氏之書信記錄
已全部印出〔註37〕，共有二六九封之多〔註38〕，書信之中可見渠等搶救文獻之積
極。龔自珍說：「狂臚文獻耗中年」，正為其寫照。後來先生回憶：

　　　　詠霓先生的好事和好書之心也不下於我。我們往往是高高興興地批
　　閱著奇書異本，不時的一同拍案驚喜起來。在整整的兩年的合作裡，我
　　們水乳交融，從來沒有一句違言，甚至沒有一點不同的意見。詠霓先生
　　不及看"升平"而長逝，我因為環境關係，竟不能撫棺一慟，抱撼終生，

文考古，亦具深詣。所藏書畫，文物極富，均獻給各地文博部門。
〔註35〕鄭振鐸，〈求書目錄序〉，《鄭振鐸全集》第十七冊（河北：花山文藝出版社，1998
　　　年），頁 137。
〔註36〕張元濟（1867～1959），字筱齋，號菊生，浙江海鹽縣人。光緒十八年（1891）進
　　　士，授翰林院庶吉士。主張維新，戊戌變起，奉旨「革職永不敘用」，遂往上海發
　　　展，尤致力於文化事業。光緒廿八年（1902）進入「商務印書館」，在商務任內為
　　　搶救文獻不遺餘力，創建涵芬樓。主持編輯《四部叢刊》，又編《續古逸叢書》，校
　　　勘《百納本二十四史》，出版《東方雜誌》、《教育雜誌》等。著有《校史隨筆》、《涵
　　　芬樓燼餘書錄》等，對我國圖書館事業以及文物保存流傳，有其不刊之功。
〔註37〕書信部分，已成書者有《鄭振鐸書簡》（上海：學林出版社，1984 年）、《鄭振鐸先
　　　生書信集》（上海：學林出版社，1992 年），本文所參閱者為《鄭振鐸全集》第十
　　　六卷「書信」，（河北：花山文藝出版社，1998年），該卷收有致有劉哲民、張壽鏞、
　　　徐森玉、趙景森等友人信函，尚有家書，及「編輯通訊─答讀者」等三部分。
〔註38〕鄭振鐸致張壽鏞之書信於民國廿九年間，計有 140 封，民國卅年間有 129 封，共計
　　　269 封。鄭振鐸言：「書賈們便一天天來得多……我家裡的「樣本」堆得好幾箱。
　　　時時刻刻要和詠霓、菊生、柏丞諸先生相商，往來的信札，疊起來總有一尺以上高。
　　　─這些信札，我在「一二八」以後，全都毀去，大是可惜。惟我給詠霓先生的信札，
　　　他卻為我保存起來。」可見信札之得以彙整成冊賴先生對友朋用情之專深。

不忍見我們所得的書，謹以此"目錄"奉獻給詠霓先生，以爲永念〔註39〕。」

書信之中，亦有二人對於購書之欣喜，與心情之分享。鄭氏若遇有生平喜愛之小說、詩詞曲等，想據爲己藏，即將此轉達先生所知：「《初白庵詩評》等三種，擬自購；我搜藏「詩文評」已有十數年，故頗想留下《初白庵》等書（筆者按：此信寫於民國廿九年二月廿六日）。」又如：「趙萬里先生寄來俞大猷校輯之《續武經總要》四冊，天一閣藏，人間恐無第二本。得之大喜！俞氏書之獲得，或即征「倭」得。勝之先聲也！（筆者按：此信寫於民國廿九年六月三日）」對於光華於烽火之中，鄭氏亦與之鼓勵，言：「在辛苦艱難之中，奮鬥締造，有大成功，乃是一偉大之事業也！敬祝光華不朽！（筆者按：此信寫民國廿九年六月六日）」。可知二人不僅在文獻保存有共同職志，且能互相砥礪，彼此關注。

我重要圖書今日尚能於中國土地上繼續傳承與發揚，則「文獻同志會」之功勞極大，而鄭先生與壽鏞先生之辛勞極多！如鄭氏所言：

> 我輩之工作，完全爲國家、民族之文化著想，無私嗜，無偏心，故可得好書不少，且眼光較爲遠大，亦不侷促於一門一部，故所得能兼「廣大」與「精微」。但望此宏願能實現也。此願如能在炮火中實現，則保存民族文化之功力，較梨洲、子晉、遵王、堯圃更大矣！……大抵經我輩如此一收羅，重要之書，流落國外者可減至最低度；甚至可以做到：非經我輩鑑定認爲不收，可任其出國外，余皆可設法截留。蓋賈人重利，以此法禁其外流，較之禁令似尤爲有實效也。然此半年來，心力已交瘁；所費時間尤多。先生所費心於此者亦已極多。但覺此事於國有利，故尚可敢言「勞」也。（按：此信寫於民國廿九年六月廿九日）

（三）王豐鎬（1858～1933）

王豐鎬，字省三，晚號木堂，上海人。爲清末之外交能才，於光緒十六年（1890）擔任薛福成出使英、法、義、比四國之翻譯人員，在英期間，入格林威治大學攻讀，並補正式隨員。光緒廿一年（1895）畢業回國，隨即爲盛宣懷延攬協辦文案。後又隨蔡均出使日本，任橫濱總領事。光緒廿八年（1902）補江南鄉試，中舉人，復隨考察政治大臣出使歐美，回國後入端方幕下，同年編纂《九國鐵路志》。

王省三與先生相交廿有八年，情深篤實。其個性耿直不爲人屈，先生與之共事，益知其個性是「道相同，相爲謀」也。故於聖約翰大學乙事上，二人齊心戮

〔註39〕鄭振鐸，〈求書目錄序〉，《鄭振鐸全集》第十七冊（河北：花山文藝出版社，1998年），頁139。

力，省三捐地百畝，先生籌募校款，二人秉持「收回教育權」的堅定理念完成創辦「光華大學」的歷史使命。

先生與王省三交往始於光緒卅一年（1905），先生時年卅，王省三長其十八歲。認識初始，王省三於政績、警政、外交等皆有相當不錯的表現，先生以此為非尋常之人，更有企慕之情。後先生任浙江財政司長，與當時擔任外交職的王省三往還甚密。先生對於當時徵收「捲煙稅」乙事據以力爭，以致遭同事嫉妒，傾訴於渠，誰料其言：「若以此去官豈不光榮？而終亦就範爲各省所創。」先生會心一笑。

因甲子內釁〔註40〕，二人同年去官，即相偕徜徉海上，把酒談心，討論時事：

> 以爲國事蜩螗，人才疲茶，內訌未已，外侮迭乘，與其躊躇於補牢，毋寧綢繆於未雨。百年大計莫如教育，教育之權操之於人，此而不救，雖有一二外交能手，何裨於國，因欷歔久之〔註41〕。

此事之後，民國十四年（1925）發生聖約翰學生離校情事，學生悲憤悽慘之情狀，令人心痛，時王省三爲學生家長，即慨然捐出法華鄉地數十畝以爲創校之基。先生且喜且驚曰：「君曰君儉者也，而慷慨如彼何耶？」王曰：「往歲所談，子豈忘之乎？收回教育權，固吾志也。」足見王氏對於教育之用心，對於國家主權之認同。

對於王省三見義勇爲，慨然之舉，先生言：「我何辭其艱辛。」光華大學成立之後，先生即以光華爲己任，時刻以王省三之志勉之。王氏病逝於民國廿二年（1933），當時先生傷心至極！曾言：

> 光華大學長存，則君爲不死矣！尤憶君言，惟我與爾責不容貸，懇切殷勤，君何忍而舍我哉？夫繼君之志者，豈惟我一人，光華同學以及百執事與夫同情於光華者，皆有責焉〔註42〕。

先生以「壯志酬知己」的心意經營光華大學，以慰王氏；其後迭經戰亂，光華仍於兵燹中屹立不搖，即爲二人情深厚意之明證。

第二節　仕宦生涯、教育與出版事業

張壽鏞先生是著名之財政專家、藏書家、教育家及出版家。其前半生貢獻於

〔註40〕甲子（民國十三年，1924）年內釁，九月，蘇浙搆兵，直奉二次戰爭，直系失敗，於是年十一月段祺瑞任臨時執政。
〔註41〕〈王省三先生誄〉，《約園雜著》卷六，頁10。
〔註42〕〈王省三先生誄〉，《約園雜著》卷六，頁11。

中國之財政事業，從政過程以辛亥革命以前，北洋軍閥時期，國民政府時期等三個階段為區分〔註43〕。辭官之後，專心辦教育陶毓人才，不少國家之菁英份子為光華大學畢業生。其愛書而藏書，搜訪地方文獻，並精校，題跋，進而輯刊《四明叢書》，傳布四明文化，發揚鄉邦文化，功績卓著。

　　本節擬就仕宦生涯、教育事業、出版事業等事蹟，探究先生用行舍藏之用世哲學。

一、仕宦生涯

　　有清一代，八股取士為仕宦之途，時人對於科舉制義仍孜孜矻矻，不遺餘力。先生並不熱中功名，他自稱「往往借題發揮，不肯偶落恆溪。」光緒二十三年（1897）鄉試未中，卻受到有識之士之賞識。雖仕途不順，然先生謹秉嘉祿公囑咐，不做非份之求。於捐官一事上，即可看出。

　　　　讀書將問世，科第悅親顏。廿歲擷芹藻，兄弟小同年（原註：秀才同科時謂之小同年，余與仲弟同歲入泮。）孳孳為黽勉，捷戒終南山。（原註：時先公居京曹極清苦，外舅欲為我捐一京官，聊已相助，余謂恐非無父所願，偶言之，果遭斥責）養砥與齊勵，八字錫銘言。（原註：書養身砥品、齊家勵學八字詔小子）〔註44〕

　　「養身、砥品、齊家、勵學」，乃傳家之訓，為先生治學修身之指針。嘉祿公過世後，困於環境，先生不得不開始工作，肩負家計。由京返家後，即與仲弟、季弟隨侍在側，事親至孝，柴太夫人則訓曰：「讀書不必在家，汝父十五而授徒，汝等宜各籌所以謀生〔註45〕。」先生於是充文案於上海製造局。〈橐筆〉〔註46〕詩中所描述當時生活景況。

　　　　無父今何怙，晏子有楹書。書拼不足惜，母在養何如。讀禮才半載，橐筆春申衢。摳衣謁余公，道義交不疏。（原註：時余晉珊年丈官蘇松太道）顧謂故人子，我宜策為紓。鶺枝許我借，棲息二年餘。（原註：在製造局二年餘）女

〔註43〕俞信芳，《張壽鏞先生傳‧從政》（北京圖書館，2003年4月），頁27～161。
〔註44〕〈述懷十三首〉之二，《約園雜著續編》卷六，頁25。〈四明叢書第一集後序〉，先生提到：「先君子所以教壽鏞者養身砥品、齊家勵學。」又於〈六十年之回憶〉一文中又追述「父親剛雋不諧於俗，廿年京曹清白傳後，嘗書養身砥品，齊家勵學八字以教余小子。易簀之日又執余小子手曰：堯舜之道孝弟而已矣！夫子之道中而已矣！言訖而瞑。我所以終身銘之而無敢忽！」足見父親庭訓之嚴，影響至深，亦為先生一生清廉自持，謹言慎行之準則。
〔註45〕見〈先妣柴太夫人事略〉，《約園雜著續編》卷八，頁12。
〔註46〕〈橐筆〉，《約園雜著續編》卷六，頁11。

四子斯育，（原註：長子康源，壬寅正月十二日生，又命名星聯）兄弟且同居。（原註：時
仲弟、季弟與我同居）月饌十六兩，無車食有魚。（原註：時月薪十六兩，由寓至局必徒
步，而食未嘗無魚也）慈親安貧儉，樂不困境拘。淒其桂墅里，（原註：時居桂墅
里）依然寸草廬。（原註：昔先祖母秋鐙課讀，先君嘗繪圖並編寸草廬贈言）

　　上海製造局文案爲先生服務社會之墊腳石，隨後兼任水師學堂採辦。光緒廿
九年（1903），又應好友方啓南之邀，赴正陽關擔任穎岸分銷，深切瞭解基層人民
生活之困苦，是以民生爲主之思想，成爲其日後仕宦生涯之指導原則。

　　光緒廿九年（1903）七月，先生應順天鄉試，九月揭榜，中第卅三名舉人，
次年應會試，不售；即以仕宦爲先，從政任差。「甲辰冬，以知府需次蘇州」，乃
撰〈始仕〉〔註47〕詩中記錄此人生第一件大事。

　　　　祇爲博升斗，非以誇軒冕。始將治譜學，豈肯舊書燔。邯鄲初效步，
　　借宅申衙前。多情天水子，一居月三圓。同鄉輒來往，授餐詩賦還。奉
　　檄點軍額，誓可對皇天。一時譏笑者，書生亦少年。又命考苛微，奔走
　　不敢閒。埋輪守家教，此心金石堅。學優乃可仕，日復事硯田。例參逢
　　三八，早起而早眠，博學兼文士，乃逢陳畸園。

又於〈六十年之回憶〉一文中說道：

　　　　甲辰冬，以知府到蘇省。第一椿差使是派赴巡房營點名、發餉。房
　　營本爲舊式軍隊，見之已極不滿，旋又派赴常備軍點驗，於是更爲鬱鬱。
　　當點名之時，並形式亦不完全。我於是正文以外，更附夾片，密陳於巡
　　撫及營務處。謂：軍尚新而氣已暮，國家歲糜巨餉，養此不可恃之兵，
　　深爲惋惜。且難保無臨時雇充之弊。時營務處主政者爲朱竹石廉訪，毅
　　然派員密查，果發現缺額情弊。將常備軍統帶撤任查辦。我初出茅廬，
　　不顧一切，而當時處置認眞猶可見也〔註48〕。

　　先生於處理事務之態度，爲一公是公非之鮮明形象，無疑予當時清末腐敗之
政治現象一強烈抨擊。從光緒卅年（1904）至辛亥革命（1911）間，於江蘇八年，
歷任仕學館提調、警察局提調、淞滬釐局提調等，且於布政司衙門專管財賦和人
事之文案工作，新政文案，先生從此等工作中累積經驗，特別是與財政有關之職
務，爲後來接任財政事業奠定紮實之根基。

　　民國之後，先生前後出任浙江財政司司長、財政廳廳長、湖北財政廳廳長滬

〔註47〕〈始仕〉，《約園雜著續編》卷六，頁13。
〔註48〕〈六十年之回憶〉，見《約園著作選輯・自述》（張芝聯編，北京中華書局，1995
　　　年），頁385～386。

海道道尹、江蘇財政廳廳長、財政部次長等職，在仕宦生涯中以國家財政為己任，大力整頓、用心規劃，開源節流，在國家艱困時期，仍能破釜沈舟，轉虧為盈。但亦遍嘗官場文化之辛酸，在掌理財政廿多年之後，民國廿年（1931）終於辭官，他說：

> 辛未以後盡辭職守，於時專心一力，今人與居者在光華大學；古人與稽者在《四明叢書》〔註49〕。

專心地從事他生平第三快事：辦教育〔註50〕，並將蒐羅之鄉獻整理出刊。

二、教育事業

教育事業是發揚文化之重要基礎，更是國家興盛之根源。孫中山先生說：「革命的基礎，在於高深的學問。」教育為推動革命之動脈，為奠定學問之磐石，為治理國政之針砭。唯有教育之涵養，方能提高人民素質，穩固文化根基，進而創造安定之社會，富強之國家。

對於教育，先生十分熱衷。光緒卅一年（1905），寧波郡守喻兆蕃有志於廢書院，興學堂，當時先生即極力參與，此標舉著先生對於教育事業之熱忱。同年廢除科舉制度，師範、法政及縣高等小學亦於該年設立，對於寧波閉塞之學風，先生頓時有撥雲見日之慨，而興奮之情溢於言表，其詩曰：「忽然天開朗，學子咸陶陶〔註51〕。」於教育之執著，誠以教育為百年大計，攸關民族興衰存亡：

> 百年在樹人，十年在樹木。菁莪茁沚阿，梗梓生深谷。良匠善陶成，盎盎朝曦浴。試看古君子，善豈一身獨〔註52〕。

> 莫爭今古文，在明經大旨。漢唐宋大儒，學傳身不死，所尚非新異，厥修在踐履。我欲挽狂瀾，詩書差可恃〔註53〕。

先生欲力挽狂瀾，以為僅讀書可恃，且不求獨善其身，更能以詩書沾溉來學之精神，正是先生讀書、藏書進而辦教育之強力後盾。先生嘗言：「余書生也。」

〔註49〕〈四明叢書第六集後序〉，《約園雜著續編》卷四，頁24。

〔註50〕由哲嗣張芝聯教授處得知，先生最不喜與人談論「理財」一事，尤不喜人稱其為「理財專家」。先生言「第一快事」為中舉，「第二快事」洞房花燭，先生與夫人蔡瑛女士，「菷組糟糠同氣味，書聲唄韻總神仙」，鶼鰈情深，「生平第三快事」為光華大學之成立。光華的同學曾說：「張校長生平三大快事，做官不在其列。」

〔註51〕〈仕學〉，《約園雜著續編》卷六，頁13。

〔註52〕〈述懷十三首〉之六，《約園雜著續編》卷六，頁25。

〔註53〕〈述懷十三首〉之十一，《約園雜著續編》卷六，頁25。

〔註54〕其哲嗣張芝聯先生說：「書生，沒有不重視教育的，得天下英才而教育之，一樂也。這是儒家的傳統，宋明大儒無不是大教育家。」此番註解，更襯托先生書生報國之宏願。「學傳身不死」，教育事業即是此一宏願之實現。

參與教育活動，不如興學辦教育更能發揮弘揚文化精神之目的。先生嘗言：「余自清季主廢書院，即有意興學。」光華大學之成立是先生以爲生平第三快事〔註55〕，而其過程之艱辛及其苦難之時代背景，都足以爲中國教育史上增添一筆光榮之紀錄。張芝聯教授則謂：「父親與光華大學的關係卻是既有必然性，也有偶然性〔註56〕。」必然性在於先生對於教育工作之不遺餘力，偶然性則由於歷史事件之引導推動，促發先生興學救國之強烈意願。

民國十四年（1925）發生「五卅慘案」，震驚中外，先生當時爲喚醒民族自尊，以讀書人繼往聖絕學，開萬世太平之襟懷，并以知行合一之理念，創辦光華大學，一生致力於此教育志業。民國廿年（1931）辭去財政部政務次長一職後，更專心致力於教育及問學。其於〈退休〉詩中云：

> 在昔漢廷疏，長揖儲君去。此去非鳴高，欲遂讀書趣。聊反仲由言，業豈藉官舉。社稷與人民，典墳乃師傅。深愧漆雕開，未信登仕路。茫茫三十年，不堪回首顧。甘受腐儒譏，所怕善財譽。己巳離潤州，辛未辭政務。一身便覺輕，朝朝對湘素。狂簡況堪裁，王學良知悟。但尋問學塗，不爲子孫慮。復我謝良朋，錦衣以絅著〔註57〕。

「辛亥革命以後，民國初年流行一首〈卿雲歌〉，其中有兩句歌詞採自《尙書》：『日月光華，旦復旦兮。』上海有兩所中國人自辦之著名私立大學，一所是復旦大學，一所是光華大學，兩校校名都取自這首〈卿雲歌〉。復旦、光華，象徵著復興中華，反抗帝國主義宰割和奴役的愛國主義精神〔註58〕。」

光華大學之成立正彰顯著學生愛國行動〔註59〕所帶領出保有民族情操之共

〔註54〕張壽鏞，〈樂天錄〉，收錄於《約園著作選輯·自述》，頁391。

〔註55〕〈光華二首〉，《約園雜著續編》卷六，頁21。第一首言光華大學於六月成立及其成立的過程；第二首：「金榜與洞房，人生惟兩喜。賓朋聚一堂，恍如少年事。（原註：余於光華成立以爲生平第三快事）自我涉官塗，不復存此意。翰林未可求，學臺今忽值。所期光國華，名駒千里駛。誓將與終身，中途豈棄置。」足見先生對於光華大學之用心，是與終生之志業。

〔註56〕見張芝聯所寫《約園著作選輯·前言》。

〔註57〕〈退休〉，《約園雜著續編》卷六，頁24。

〔註58〕湯元丙、趙家璧、馮和法、王慧章，〈張壽鏞先生的業績〉，收於《約園著作選輯·紀念文選》（張芝聯編，北京中華書局，1995年），頁430～431。

〔註59〕民國十四年聖約翰大學學生對於日本人傷害同胞事件，於五月卅日在上海租界提出

識。先生曾言：「有願斯有緣」，而於聖約翰事件之前，王省三即與先生商討設立新校事宜，如今對於學生發生如此重大情事，而王氏當時又身爲學生家長，旋即慨然應允，將土地六十畝，作爲建校之用，因緣際會地成就光華大學之創辦。當時商請余日章主持、委朱經農、趙晉卿二位協助，希冀新校及早成立。

然僅有校地仍難以成立新學校，於是由「約翰大學暨附屬中學離校學生善後委員會」函請王省三、錢基博、朱經農、趙晉卿、孟憲承、徐季龍等爲新大學籌備委員，徵求意見後，再進行募款。當時先生即慷慨捐贈。隨後，王省三及其夫人共同發表〈致委員會函〉，說明其捐地之用心，

> 鄙人……竊嘆吾國係獨立自主國家，教育知識，本不應仰人鼻息，受人奇辱。昔年洞察外交形式，早倡收回教育權，以增進國民國家觀念之說，……吾江浙習與外人司染較深，較多視爲紆緩不切之談，深自感慨。今睹此情形，益證收回教育權之必要。鄙人一介寒儒，雅不敢矜奇立異，願效古人毀家紓難之意，……願擬以大西路私產先人墓餘地約百畝，貢獻於建設大學暨附屬中學永遠之用。……

「收回教育權」爲王省三之理想，亦爲先生極力奔走之動力。唯有教育能救國，「籌百年之大計兮，信根本在樹人。」儘管困頓，亦務必讓中國人自辦之大學成長茁壯。此期間擘劃之艱辛，募款籌建校舍之過程，先生說道：

> 方其經營之時，狂奔疾走，呼號相及，借甲償乙，補屋牽蘿，托缽題緣，自忘愚癡，熱情者一呼便應，冷嘲者識爲多事。於是財無分於公

嚴正的抗議，被英帝國逮捕了四十餘人，而後群眾聚集要求釋放被捕者，但卻遭英國巡補的開槍射殺，對於手無寸鐵的學生而言，其義憤填膺極矣！當時死傷人數頗多，即爲「五卅慘案」。張壽鏞先生等人曾向其時與內務部致電說明，認爲學生之舉並非暴動，並極力與領事館商切釋放在押學生。而參與活動之學生亦於當日向當時聖約翰大學報告目擊情形，即遭校長卜舫濟的怒斥，驅出校門。六月一日，學生向校方提出罷課，六月二日發出電告，並表明「懇各界奮起協力抗爭已報國權。」愛國心切。六月三日卜校長對於學生聚集圖書館前，降半旗，唱國歌，向受害者致哀的行動，趕至現場干涉，並沒收國旗。六月四日，學生以爲其藐視中國甚矣！刊登〈聖約翰大學暨附屬中學學生聲明脫離宣言〉，其中言道：「且學校既定放假一星期，何以忽令全體同仁即日離校？同仁受此奇辱，忍無可忍，不禁同聲痛哭。後議決以全體永遠脫離該校，誓不再來。當由同仁一一簽字，再來者神人殛之，以示我國民之真精神。涕泣陳詞，諸希各界鑒察。」此爲光華大學之所成立之前奏曲也。對於光華大學成立之導因，於多篇文章，〈張詠霓先生創辦光華大學記〉（呂思勉）、〈矢志教育就國，盡瘁振興光華〉（俞振基）、〈愛國教育家張壽鏞校長〉（楊友仁）（以上三篇可參見張芝聯先生編《約園著作選集・紀念文選》）、《張壽鏞先生傳・創辦光華大學》等皆有詳盡之敘述，筆者於此不再贅述，僅簡要說明學生愛國行動之始末。

私，事兼理於鉅細，訪求師範登門鞠躬，考訂章程專家是賴，以知行合
一相激勵，昭然相示，以肝膽締造之艱，非身歷其境者，不知也〔註60〕。
又說：

　　　　若扶植基於大本大原，臻斯校於盡善盡美，永久而不敝，使國人皆
　　曰：深沈純摯之愛國觀念由光華啓之者，以無負約翰離校師生之義勇，
　　以無負王先生興學之德志且無負今茲紀念。則凡教於光華，學於光華與
　　夫海內外志士之贊助光華，而使收回教育權之光華發榮滋長則皆與有責
　　焉〔註61〕。

　　光華大學成立後，先生接任校長，朱經農擔任教務長，教學分文科、理科、
商科與工科四門，並特別重視學生之品德教育，諄諄教誨，以知行合一惕勉。第
一屆學生畢業時，先生贈言：

　　　　一、崇尚氣節；二、培養博大之局量；三、維持艱苦之操守；四、
　　有群無黨；五、作事爭人先，成功居人後〔註62〕。

　　沈昌煥〔註63〕曾說：回憶畢業那年，校長送他兩句話，一是「活動不要太多，
事情要一件一件做」；二是「謙虛謹慎，戒驕戒燥」，成為他生活中的座右銘。

　　光華大學誕生於風雨飄搖之年代中，它「是一面反帝愛國的旗幟，是我國近
代教育史上重要篇章〔註64〕。」「教育史家將為締造光華大學鞠躬盡瘁的張壽鏞先
生，與創辦復旦公學的馬相伯先生，及創辦南開大學的張伯苓先生同列為我國民
間辦學、對教育事業作出重要貢獻的愛國教育家〔註65〕。」先生愛國，愛學生，「以
學校為家庭，視青年皆子弟」，循循善誘，殷殷期勉，冀以造就具有高尚人格與學
術兼備之中堅份子，將來能服務國家社會。

三、出版事業

　　壽鏞先生為綿長國家文化之用心及典籍保存之盡心，就是推展文化教育的無

〔註60〕〈光華五週紀念書序〉，見《約園雜著》卷六，頁42。
〔註61〕〈光華五週紀念書序〉，見《約園雜著》卷六，頁42。
〔註62〕轉引自俞信芳《張壽鏞先生傳・創辦光華大學》，所據為〈申報〉民國十五年六月
　　　　五日第十三版「光華舉行一週年紀念會」。
〔註63〕沈昌煥（1913～1998），江蘇省吳縣人。民國廿二年（1933）畢業於上海光華大學
　　　　政治系，曾擔任中山大學教授、外交部政務次長、外交部長以及總統府秘書長、資
　　　　政等職，為中國近代傑出的資深外交家。
〔註64〕俞振基，〈矢志教育救國，盡瘁振興光華〉，《約園著作選輯》，頁474。
〔註65〕俞振基，〈矢志教育救國，盡瘁振興光華〉，《約園著作選輯》，頁474。

形力量。於《約園雜著續編‧述懷》之八云：

> 藏書如不讀，滋味那知長。琳瑯廿萬卷，槧刻不尋常。取之自怡悅，
> 聊作饋貧糧。編目猶非易，盡讀豈渠央〔註66〕。

問學所求乃以經世致用爲最終目標，開創一番成就，若書藏而不讀，讀而不用，誠讀書人之悲也。蓋先生之藏書除一己之賞心閱讀外，更冀由典籍之收藏，萃取先人智慧，保留文化寶藏，延續民族精神。其言：

> 世之君子讀我題跋，腐朽發光得所，所見或喜其跋而追求其書，共
> 相鈔錄；或擇其善者思雕印以廣其傳，則世必不識余爲偬藏，目余爲獻
> 珍炫而諒余印斯編之意，亦所以述其業，傳其書也〔註67〕。

先生於辭政之後，即用心致力於教育及出版《四明叢書》。《四明叢書》預計出版十集，然至先生臨終時，第八集仍未刊印，但這並不損害先生在出版事業之功勞。實際上，第八集已於民國三十七年印行。至於第九、十集，迫於當時局勢，先生捐館而停止刊印〔註68〕。

出版事業對先生而言，乃傳承文化最爲直接之工具，是故其不辭辛勞，花費鉅資，抄錄、校讎、出版。然籌措資金之過程困難重重，經費短絀使人憂心，當時心情，言道：

> 我的心願，現在剩得甚少，祇有兩件事，第一件事是如何將光華大
> 學辦得完完全全……，第二件事，即爲編《四明叢書》十集，我積二十
> 年功夫，搜到鄉邦文獻不下四百餘種，就我已刊之四集，約百種。然已
> 化費至二萬金以外，再刻六集，非再有三萬金不可。現在經濟已形拮據，
> 不知能畢我願否〔註69〕？

雖處經濟窘迫之困境，仍堅持輯印五至七集，蓋先生深切以爲刊印《四明叢書》，正可緊密結合中國人民，賦予眾人精神武器，用以抵抗強權之掠奪。

> 儘管這部書祇是個人志向的實現，但它產生了巨大的效果，它喚起
> 人們的意志，並賦予他們以精神武器。且不說延安的共產黨中國，我們
> 可以想像即使在窮鄉僻壤，準備精神武器的工作也在加強，它日益把人

〔註66〕〈述懷十三首〉之八，《約園雜著續編》卷六，頁25。
〔註67〕《約園雜著三編‧自序》
〔註68〕余於拜訪張芝聯教授時，得其證實寧波市已將《四明叢書》第九、十集擬目找出，並計畫出版，此舉不僅完成壽鏞先生遺志，更爲鄉邦文化之傳承挹注新力量。
〔註69〕〈六十年之回憶〉，見《約園著作選輯‧自述》（張芝聯編，北京：中華書局，1995年4月），頁385～386。

們思想引向反對帝國主義侵略的目標。然而大多數日本人民對這一事實
的價值與意義都毫無所知。日本終於在一九三七年七月七日在蘆溝橋開
始軍事行動〔註70〕。

此段文字不僅諷刺日本帝國主義之侵略，同時肯定輯編《四明叢書》於戰
火狂肆之時局中，發揮力挽狂瀾之作用，團結人民之凝聚力，對國家做出最爲
眞切之奉獻。

第三節　張壽鏞之著述〔註71〕

張壽鏞先生之著作，以民國廿年（1931）辭政爲分界，可以明顯看出，任我
政府時多以財政文牘爲主，專力辦教育後，則以學術論著、詩文雜著等闡述學術
觀點、抒發情志之作品爲多。本節擬以專類區別，論述先生傳世之著述。

一、財政文牘

（一）《浙江最近財政說明書》〔註72〕

不分卷，二冊。此書分歲入、歲出兩部分，歲入門有田賦、厘金、雜稅捐、
雜收入四類；每類又各分款目，每款又分沿革、表、收入、稅率、辦法，最後
又有說明。歲出門分外交、內務、財政、教育、司法、陸軍、農商、特支等八
類，每類各有沿革、支出、分配表、辦法等項。今藏於華東師範大學。

（二）《約園理財牘稿》〔註73〕

〔註70〕日·山內正博〈張壽鏞思想〉，該文發表於第二十九屆國際東方學大會（1973 年 7
月在巴黎舉行），引文爲轉引自張芝聯教授譯成中文之「法文摘錄」。《約園著作選
輯》（北京：中華書局，1995 年 4 月），頁 469～473，即印製「英文提要」、「法文
摘錄」兩部分。

〔註71〕本節所述張壽鏞先生著作，係以冠先生名爲之，如爲後人、弟子所選輯者則不予紹
介。張芝聯先生於所編輯之《約園著作選輯》中將先生著作分別以「儒學」、「鄉獻」、
「史學」、「教育」、「財經」、「詩」及「自述」等七個部分呈現。本節所撰之著述內
容，均載記其版本狀況，若爲台灣不可見者或他求未見者，則以《張壽鏞先生傳·
學術思想》作爲節選及轉引之根據。另俞信芳將先生傳世作品以辭政前後分期爲兩
大類，「前期多爲財政方面的公牘文件、策令；後期多爲文學著作、學術論說及爲
光華大學及其附中學生作的演講稿。這前後二期的分界線，是在先生辭政前後。而
後期的著作數量之多，範圍之廣，在同時代的學者中罕與倫比。」（《張壽鏞先生傳》，
北京圖書館出版社，2003 年 4 月），頁 256。

〔註72〕參閱俞信芳先生著作，筆者無緣目驗。

不分卷，共一冊。此書當是於民國八年（1919）刊行〔註74〕。著錄民國四年至七年（1915～1918）間之公牘文一百十五篇，其後附有〈浙江討論財政答案〉、〈籌辦浙省菸酒公賣意見書〉、〈整理預算建議案〉、〈三聯單採運土貨擬令各關局設立稽核簿按季列表報部案〉、〈詳為考察各屬土宜臚陳振興實業辦法請賜檄道行縣次第籌辦以盡地利而裕稅原文〉等五篇，皆為先生任內所陳之意見，對於財政政策之制訂與施行具有建設性。《理財牘稿》最能體現先生於經濟財政之見地。其言：

> 竊謂為政之道貴識大體，理財之學務揭本原，此《大學》生眾食寡，為疾用舒之精義。《管子》所謂，食足貨通，然後國實民富也。若徒暴斂苛捐，刑驅勢迫，疲民以逞，竭澤而漁，攘奪民財以為國用，烏足以言理財，更烏足以知財政。……理財之難，……歷任司財政者，因預算出入相懸過甚，又不得不增籌收入，以資應付。壽鏞蒞鄂之始，外察閭閻之情狀，故已吸髓敲骨，而內覘國庫之盈虛，則又捉襟見肘，於是殫精竭思，求所以足國足民之道。一面綜核名實，嚴杜侵漁，一面培養稅源，屬禁苛取，本是而行，效乃漸著〔註75〕。

先生之財政主張，本著儒家「節用而愛人」之精神，「藏富於民」，達到「足食、足兵，民信之矣」之境界。《約園理財牘稿》今藏北京大學圖書館。

（三）《發起江蘇江北沿海信託集團農場計畫草案》〔註76〕

不分卷，三冊。民國廿一年（1932）出版。計畫草案由先生發起，為任江蘇財政廳廳長時所撰。今藏於上海圖書館。

二、學術論說

先生最早之學術作品應屬《皇朝掌故彙編》，此書為先生於光緒廿六年（1900），公餘閱讀曾國藩、胡林翼、林則徐等人所做之政書，與二弟壽鎬、友人張存祿、宋文蔚、嚴日祇等共同編纂而成。

〔註73〕余於造訪張芝聯教授時，由張教授協助借閱該書並影印複本。
〔註74〕《約園理財牘稿》扉頁有先生小影一幀，胸配勳章二枚，當是民國八年（1919）所攝，推論此書應為民國八年刊行。且此書並非先生自刻，於〈蒞鄂〉詩中有：「一冊《理財稿》，意在古人師。」下註：魏頌唐為余編三年中在鄂《理財牘稿》，余訂立規程，多取古人不擾民之意。可知，此編為魏頌唐所彙集整理成冊。
〔註75〕見〈約園理財稿序〉，該序寫於民國七年（1918）九月。
〔註76〕乃參閱俞信芳先生著作，筆者無緣目驗。

（一）《皇朝掌故彙編》（《清朝掌故彙編》）

一百卷，此書計有「內編」六十卷、「外編」四十卷，此編纂輯之經過，先生說：

> 庚子（1900）遭父喪，自是不得不謀衣食，會余晉珊先生任上海道，委我充江南製造局文案，……公暇每日看書，當時所看者如曾國藩、胡林翼、林則徐各種政書，又與友人纂編清代掌故，我所編者爲外交門，謂之外編〔註77〕。

是編爲有清開國下迄於今（光緒年間）之「列朝聖訓及臣工奏議，自三通外續輯嘉道咸同四朝掌故，迄今日頒行之新政，歷年交涉之成案，按綱分目，按目編年，用是聖典則昭垂爲致治保邦之式。」彙編之內容及用意清晰，亦爲後世治國之借鑑。至於形式，以「內編」、「外編」呈現。內編係以六官爲綱，雖庶務不止於六官，然卻不出於六官之列，乃以帝系冠首，其次爲吏政、戶政、禮政、兵政、行政、工政。外編以記外政，首列外務部，而以和會、考工、榷算、庶務四司爲綱，而以各國立約年月考弁首，皆考徵實事，詳加條理。

清光緒廿八年（1902）由北京求實書舍排印出版。台灣則收錄於「近代中國史料叢刊三編」。另揚州廣陵古籍刻印社於 1987 年印行時更名爲《清朝掌故匯編》。

（二）《詩史初稿》

十六卷，首一卷，二冊，民國卅一年（1942）五月，約園自刊活字本。

對於治六經，先生首先談及：「我近來正感覺著《詩》有重編詩史的重要，注意於史的方面的觀察〔註78〕。」又說：「讀《詩》而可知世變矣〔註79〕。」可見建立一套以史爲觀點之《詩經》導讀，爲先生治史所致力之方向。《詩史初稿》即是在此動力下撰寫而成。先生自序：

> 詩何爲而作也，感發懲創而已矣！三百十一篇中美者少而刺者多，非以亂日多乎？亂而思治，天心然，人心亦然也，然天心實本於人心。四始肇於文王，夫文王固生於紂之世也，江漢汝墳且別有天地哉！天不改其爲天，地不改其爲地，爲之者，人也。今嘵嘵曰，今之人，古之人，古亦人也，今亦人也，紂亦人也，文王亦人也，紂不能合乎天而文王能

〔註77〕〈六十年之回憶〉，見《約園著作選輯‧自述》（張芝聯編，北京：中華書局，1995年），頁 385。
〔註78〕〈六經綱要〉，《約園演講集》第三講，頁 16。
〔註79〕〈絜齋毛詩經筵講義序〉，《約園雜著續編》卷二，頁 19。

之，於是天人應矣！詩者，求天人之應者也。

於歷史之觀察，先生有其獨到眼光，不因人云亦云，不因剛愎自用，而能以宏觀之角度，客觀之觀察，於沈潛中領悟歷史「知古鑑今」之意義。卷首之〈年表〉輯入《北京圖書館藏珍本年譜叢刊》中，得以彰顯學術成果於當代。該書今藏於中央研究院傅斯年圖書館。

（三）《約園演講集》〔註80〕

一卷，約園演講集之一，民國卅年（1941）約園活字本。此為先生於民國廿七年（1938）至民國卅年（1941）間，為光華學生演講之集結，其講題範圍以國學研究之方法為重。此書共計八講，分別為〈中國文化沿革及研究文哲之方法〉、〈讀墨子的方法〉、〈六經綱要〉、〈諸子綱要〉、〈漢學綱要〉、〈魏晉學術綱要〉、〈南北朝學術綱要〉、〈唐學術綱要〉等，乃以各朝學術為綱，研究方法為緯，將中國學術之精神面貌以簡要卻深刻之描述。今藏台灣大學圖書館。

（四）《經學大綱》〔註81〕

不分卷，未刊印。約園演講集之二。經學乃儒家學問之正統，《經學大綱》是先生分享讀經書之心得。張家鳳於〈史學大綱識〉〔註82〕中說道：「壬午秋，張師詠霓於閉戶研經之餘，欣然為養正〔註83〕諸同學講授《經學大綱》，每來復日群會於約園，夫子懷悲憫之忱，吾儕堅向學之志，家鳳忝列門墻，親承謦欬，願有紀焉，計夫子講授經學歷十二次，舉凡十三經精義來歷沿變，以及研究之方法無不詳為闡述。」可見《經學大綱》計有十二講。

雖無法得知講授經學之實際內容，然於先生所著〈六經綱要〉以及《約園雜著續編》所錄〈讀孝經〉、〈讀詩經〉、〈讀論語〉、〈讀大學〉、〈讀中庸〉、〈讀孟子〉、〈讀書經〉、〈讀春秋〉、〈讀三禮〉、〈讀周易〉等十篇著作中，當可得知先生之經學思想之脈絡。

由讀經之次第，即可看出先生喜愛誦讀《詩經》之程度，亦可看出其閱讀所

〔註80〕《約園演講集》由張芝聯教授提供，筆者影印複本。
〔註81〕先生於《諸子大綱》，首言：「經學、史學既已講畢，今更及於諸子。」雖此書未刊印，然可見演講集之次第當無誤，《經學大綱》為第二集。
〔註82〕《史學大綱》，頁85。
〔註83〕抗戰時期，光華大學嚴重受挫，後於成都籌設光華分校當作掩護，停辦光華。光華停辦時改以「誠正文學學社」、「格致理商學社」容納原有光華學生，附中則託以「壬午補習班」為名，張壽鏞又於自家中藉「養正學社」之名，為學生講課，「養正諸生」即指此。

依循方向。雖《經學大綱》未刻印，同時亦無存稿，然我們仍可從《詩史初稿》一書中得知先生對於經學入門之重視。

（五）《史學大綱》

約園鉛印本，不分卷，二冊，為約園演講集第三種。

「治國之方不一綜厥，大端曰政治、曰社會、曰外交、曰教育、曰經濟、曰財政、曰農工商，揆之以地理，貫之以學術，如斯而已。」因此，書中有層次地分論史之源流，介紹廿四史，旁及正史之外之各體例史書，並酌以地理學、政治學、社會學、教育學、經濟學、財政學、農學、工商學等分述歷史之演變，以古衡今，以今見古，求其脈絡，及可以為借鏡之法。該書今藏於台灣大學圖書館及中央研究院史語所。

（六）《諸子大綱》

不分卷，一冊，為約園演講集之四。民國卅三年（1944）約園活字版。《諸子大綱》計有十二講，第一講為論述諸子源流；第二至八講則分別講述九流十家及其他周秦諸子；第九講論及漢之諸子；第十講，魏晉諸子；十一講則討論南北朝隋唐諸子；十二講論說宋元明諸子。為先生於民國卅二年（1943）至卅三（1944）年間對學生之演講。講述諸子，先生之用意在於：

> 道術何由而裂耶？道術之裂，蓋係於末度而不明於本數之故也。吾為此懼，敢大言曰：諸子百家之說不辨，則孔子之道不尊。欲辨諸子百家之說，亦睹其心之公與私，為一時與為萬世而已，而其要則在取所，見祛所蔽，凡利焉而不勝其害，得焉而不勝其失者，則放而絕之也。因宜意有兼明，志在救世，政教合一，適得而幾。

為救世，凡事在取所上要能權衡，要以公、以利，為大眾、為萬世而想，雖諸子百家各有其術，然其思想與時代是否相稱，真理愈辨愈明，只有公益於眾，方能用世。該書今藏於台灣大學圖書館。

（七）《文學大綱》〔註84〕

不分卷，未刻稿。為約園演講集之五。

〔註84〕《文學大綱》為未刻稿，據俞信芳僅列其目錄觀之，其內容為針對文學之解釋、起源、融合、變遷、檢討，並對文學與文字、文物、文籍、文派、詩賦、詞典、小說、金石、科學、哲學、文獻文化等之關係進行說明。由於是未刻稿，同時張芝聯教授說：家中未有，因此筆者亦無從得知詳細內容，故僅列其名。

（八）《四明經籍志》

五卷，未刊本。然此書已列入《四明叢書》第九、十集擬目中。此為對四明地區經籍之彙理，先生從從陳漢章之建議，仿焦竑《國史經籍志》之例，匯錄府縣藝文志，分隸四部，考其源流，編撰為《四明經籍志》五卷。他在序中說道：

> 余以四明經籍散見於郡縣各志者，檢查非易，宜匯為一志，於是仿焦竑《國史經籍志》例，取各志所著者，分經史子集，類例之而著其所自，重複者刪之，錯誤者正之，合數人之力，歷五年之久，始成初稿。

經籍目錄之整理是一項艱辛之工程，耗時之長，耗費之重，皆考驗編輯者之耐心與毅力，然此目錄完成不僅提供後學者研究之脈絡，亦可由此志中掌握四明地區經籍著述之發展及其沿革。

三、詩文雜著

（一）《遊蜀草》〔註85〕

三卷，計一冊。民國廿七年（1938）九月約園活字版。是年，先生抵成都主持光華分校開學典禮，遊青城、遊峨眉，前後有七十九日，境之所觸，皆發為詩，名之為《遊蜀草》。於付印後又撰寫序曰：

> 憶辛亥（按：清宣統三年，1911）秋，岑西林使蜀檄余皆未果也，忽忽二十八年，余六十三歲矣，乃得　攬川蜀東南之勝，豈非天耶？諺云：老不入川，意有所懼乎？夫有所懼則寸步難行矣。…（中略）…歐陽子曰：物聚於所好，而得於有力者之彊。余曰：物聚所好則有之必得於有力者之彊則非也。事成於所志能無懼而已矣，無懼之力勝於有力，能無懼即所好聚之矣。

先生於耳順之年，仍能秉知行合一，篤行無懼之意穿越自古「難於上青天」之蜀道，此一矢志不移，孜孜以求之精神即為先生畢生行事無畏無懼之動力。

（二）《約園雜著》〔註86〕

八卷，民國廿五年（1936）約園自刊版。此書為先生六十歲生日，子女為其祝壽之禮。先生於自序言：

〔註85〕《遊蜀草》由張芝聯教授家中取得並影印備存。該編亦已編入《約園著作選輯》第六編中。

〔註86〕《約園雜著》、《約園雜著續編》、《約園雜著三編》，筆者所見者為收入於《民國叢書》（上海書店，1922 年），第九十五、九十六冊。

余曰余之文字本不足存，顧意之所至，往往有自適其適者，汝輩爲
余收拾之，余願足矣！憶宋人許梅屋自刻所作曰《獻醜集》，且曰與其藏
醜而人窺笑，禁笑而人愈笑，孰若獻醜之，笑之爲快也。余不懼人笑，
笑然後可以言學，然汝輩宜彙而存諸笥，俟余自定或可使人不至大笑庶
余醜亦可少減。……余藏書十萬卷，嘗謂藏書而不能讀，讀而不能用，
何必藏書？余讀所藏書，有所得必有記，斯記即待理之一。……余固未
始學者也，謂宜三年不出，雕琢復朴庶乎其可。

聊爲他人譚柄以爲學問精進之推力，誠如曹子建所言：「世人之著述，不能無
病，僕常好人譏談其文，有不善者，應時改定〔註87〕。」

此集所輯卷一即爲先生對思想啓蒙之陽明學說做一完整心得闡述，「一生爲人
不蹈小人一途者，皆陽明先生之學之賜也。」陽明學說對先生影響至深，「知行合
一」，「心即是理」，使先生領悟本乎良心求物理，則良心可見，物理可見。卷二至
卷五爲《四明叢書》第一、二、三集之序跋，卷六、卷七，爲先生詩文作品，其
中有讀書心得，有家傳、壽言，有銘誄、墓表，亦有理財文稿等，卷八〈讀史識
略〉爲先生史學研究之心得，透過研讀經學、史學、文學之角度體察歷史原貌。

（三）《約園雜著續編》

八卷，民國卅年（1941）年約園自刊本，時值抗戰時期，烽火漫天之際，先
生在此輯中流露出對家國，對自身的一種省思與期盼！勉勵爲學，尚祈庸德庸行，
故先生由博返約，勵身自惕！其序言：

余行年六十有六矣！昔吾鄉王伯厚先生題《困學紀聞》云：「幼承
義方，晚遇艱屯，炳燭之明，用志不分，困而學之，庶自別于下民。」
余何敢望王先生萬一，而義方承於幼年，艱屯遇而晚歲故有同之者矣！
老而炳燭其明則未也，勉焉用志不分則亦未也。迴溯生平，一溺於詞章，
再溺於簡牘，三溺於誇多鬥靡，於是思幡，然易轍自號曰約園，余何嘗
有園，園者，圉我者也。余既不欲爲物所圉，而我心不能不有以圉之。
孟子云：「如追放豚。」余之所溺與放豚何異？懍懍十餘年，圉之以約，
庶乎免矣！夫困而不學，民斯爲下，余自少質魯，深知困矣！固不敢居
學者之名而又無文人之實，世衰道微，勉於庸德庸行之中，略求心之所
安而已。嘗與友人言，求吾文於詞之中，則詞未修；繩吾文於法之內，
則法未守；獨於理之所在，則不敢輕易掉焉。是區區者或有合於自別下

〔註87〕曹植，〈與楊德祖書〉，《文選》（台北：華正書局，1987年9月）

民之意乎！余六十歲以前有所纂述，兒輩既索稿去獻醜於世矣！忽忽五六年又得八卷，大兒星聯求之屢續以稿付之，而紬繹王先生所以題《困學紀聞》者自勵焉。

卷二至卷五爲《四明叢書》第四、五、六、七集之序跋，卷六爲〈和陶吟〉，卷下註曰：「庚辰海上閒居，取陶詩盡和，其韻名曰「和陶吟」聊誌所歷，工拙不計也。」閒居之際最能抒發情志，是卷皆爲先生詩作，主題遍及慎終追遠、讀書心得、言情抒志、生活經歷等，有工作之紀錄、有思親之懷想，此卷最能探究先生情感世界，展露其至情至性。卷七爲〈風雨吟〉，注下云：「丁丑（按：民國廿六年，1937）冬起，迄庚辰（按：民國廿九年，1940）冬」，此爲國難當際，「荊棘叢中強自寬，閉門筆硯好盤桓。藝風有目書何在，寸草無廬古作歡。涕泣青衿寧卒讀，飄零鄉獻合重刊。故園花木多搖落，且共梅花耐歲寒〔註88〕。」詩中充滿家國之思，感慨之情。卷八分上、下二卷，爲雜文作品，上卷主要爲閱讀四書五經之心得，篇末附有相關書目，讀者可循而讀之。下卷爲應時之作，不分情事，共收文四十篇，然以家傳、祭文、墓志銘爲主。此集最易得悉其生活點滴，及其讀書問學之脈絡〔註89〕。

（四）《約園雜著三編》

八卷，民國三十四年（1945）約園自刻本。續編之內容主要在於先生之藏書。卷一至卷三，分別隸類，並以批校本、明鈔、精鈔本、稿本、普通鈔本爲分門，將藏書別爲題跋，卷四、五則別〈約園元明刻本編年書目〉爲上、下，其中多有乙酉年之作，卷六爲《四明叢書》第八集之序文。斯卷後列有《四明叢書》第九、第十集擬目，便於他日刊刻時擷取之用。卷七爲雜文之輯，卷八爲詩作。此編自序陳述先生歷來藏書心得及其津逮後學之用心。其言：

> 天賜我老而老我以文豈偶然哉？以文娛老不過自娛而已，數十年來以文自娛，然借我之文以傳人之事而其事傳，而我之文工拙則不計焉。莫不有文武之道，道固無分大小也。守泰然之天君以窺自然之道妙，兢

〔註88〕見〈卜居〉詩，爲丁丑（筆者按：民國廿六年，1937）孟冬作。

〔註89〕此編於目錄之後有〈乙酉五月二十九日七十生日〉詩二首，應是重印「續編」時加入，然此二詩應置於「三編」才是。之一：「河漢江淮半涉身，文章典籍過吾春。巔狂世界天生我，艱險工夫事在人。今後士林肩任重，宜探根本見聞眞。老翁七十無他望，坐看專家奕奕神。」之二：「治吏薄民禍起韓，漢家鹽鐵且談桓。恢宏大業群聯易，搜索殘編獨綴難。長子歸來知國況，百般策劃在很寬，歡攜老幼游沂水，門下萬千盡珮冠。」足見先生對於後人輯編鄉獻、蒐藏典籍的企盼以及恢弘國家大業的冀望。

兢者此耳。如余年六十編輯《約園雜著》，越五年又及續編，今由續編更爲三編，余文多不足存，然古人之事則或藉此以存，抑余以讀書人而號藏書家者，所得皆中駟耳。人曰佞宋，我曰避宋，購一宋，而非宋者百部、千部甚或萬部去矣！獨可誇者鈔本也！歷年之所蓄都二百餘種，有批校本焉、有精鈔本焉、有稿本焉、有普通寫本焉。余既幸而得此，若不爲之闡揚幽緲，苟一零落，後人安知更有此書存者乎？余積年本有題誌，此五年中，講學餘間，汲汲焉更爲補綴，所以爲此者，聊誌其書之淵源，然世之君子讀我題跋，腐朽發光得所，所見或喜其跋而追求其書，共相鈔錄，或擇其善者思雕印以廣其傳，則世必不識余爲僿藏，目余爲獻珍炫而諒余印斯編之意，亦所以述其業，傳其書也。憶丁丑（按：民國廿六年，1937）之冬，避難僻地，編輯書目，以刊本刻歲爲次，開編目之創例，即《元明刊本編年書目》是也。余以讀書人而號讀書人之藏書者，今又忽爲好古家之藏書人矣！此則又可笑者也，若夫鄉書之輯十已得八，天其許我繼續爲之乎？余喜詠元次山詩：「不識天地心，徒然怨風雨。」夫天地自有位置我者，我將俔諸，它日以靜聽天地之位置，而笑怨者之不達也。乙酉冬約園〔註90〕。

　　於序中，可知先生對於藏書之謹愼挑選，不佞於一朝一代，而以善本爲首，俾於傳世者爲主，故凡能以文載道之行，先生莫不爭先，恐不逮也。

　　《約園雜著》、《約園雜著續編》、《約園雜著三編》等三種編入《民國叢書》第四編，第九十五、九十六冊，另有排印本藏國家圖書館。

（五）《爲光華大學諸生精神談話》

　　不分卷，稿本。此編爲俞信芳先生於上海圖書館中得見。俞先生說：文中多次出現「我爲光華也有了十五年」及「我年六十四歲」等，疑此稿本應作於民國廿八年（1939）〔註91〕。

　　書名爲精神談話，此稿本之內容爲道德精神教育，乃教導學生如何讀書、如何有心得，談論言、行、志，討論做人、做事，光明、黑暗，學、思，安樂、憂

〔註90〕《約園雜著三編》之自序係乙酉年冬作，乙酉爲民國三十四年（1945），然先生去世之日爲三十四年七月十五日，時值夏日，與乙酉冬相去甚遠，不知是否爲先生筆誤所致？

〔註91〕《爲光華大學諸生精神談話》爲俞信芳先生得見，收錄於《張壽鏞先生傳》中（見該書附錄，頁339～375）。推斷脫稿時間爲民國廿八年，乃依俞信芳所言，筆者未能目驗。

患，君子、小人等課題，爲一精神建設之食糧。

　　上述僅爲壽鏞先生著作之部分。此外，先生尚有許多手稿，或整理、或輯編之著作。俞信芳於其著作中尚列有《約園詩文選輯》（光華大學校友會編輯，1985年6月）、《約園著作選輯》（先生五子，張芝聯編輯，1995年4月）、《約園文存》（稿存上海圖書館）、《光華之路》等均輯有先生其他文章，如〈六十年之回憶〉、〈樂天錄〉。更於〈申報〉中輯出先生之「佚文」百餘題，十萬餘言，題爲《約園逸文輯存》，列入寧波市2001年經濟社會發展研究立項課題。

　　綜觀先生一生，鍾情於教育、藏書、讀書及出版，一所光華大學，成就其教育家之蜚聲，爲國家培育建設之人才，澤惠後人；一部《四明叢書》，彰顯其藏書家之風範，爲叢書展現研究契機，豐富學術。

　　哲人雖已遠，古道照顏色。

附錄：張壽鏞先生年譜簡編 〔註92〕

年　　代	西　　元	年　齡	經　歷　事　蹟
清光緒二年丙子	1876	一歲	五月廿九日張壽鏞生。 父親張嘉祿中舉人。
清光緒三年丁丑	1877	二歲	父親嘉祿公賜進士出身，任翰林院庶吉。
清光緒六年丁丑	1880	五歲	父親嘉祿公散館，授職翰林院編修。 五月，大弟壽鎬生。
清光緒七年辛巳	1881	六歲	八月，隨雙親赴京。 庭訓。
清光緒八～十一年 壬午～乙酉	1882～1885	七至十歲	庭訓。
清光緒十二年丙戌	1886	十一歲	受業於文華甫先生。 六月，三弟壽鏡生。
清光緒十四年戊子	1888	十三歲	仍受業於文華甫先生。
清光緒十五年己丑	1889	十四歲	受業於傅小岑先生。
清光緒十五年庚寅	1890	十五歲	仍從傅小岑先生。 九月，與母親入京。

〔註92〕今據壽鏞先生自述之年譜，復以文集中贈序諸文與其他相關資料，加以整合排比，編成此一年譜簡編。

清光緒十七年辛卯	1891	十六歲	復受業於文華甫先生。
清光緒十八年壬辰	1892	十七歲	受業於楊誦清先生。
清光緒十九年癸巳	1893	十八歲	受業於楊誦清先生，楊先生九月去館，乃受業於江亭芙先生。
清光緒二十年甲午	1894	十九歲	受業於江亭芙先生，江先生五月去館，受業於孫玉仙先生。
清光緒廿一年乙未	1895	二十歲	正月，受業於任鴻生先生。 三月，娶妻蔡氏。
清光緒廿二年丙申	1896	廿一歲	三月入泮。（中秀才） 補縣員生。 五月，長女祖怡生。 仲妹以天花亡。
光緒廿三年丁酉	1897	廿二歲	六月次女祖同生。 秋試。
光緒廿四年戊戌	1898	廿三歲	嘉祿公補兵科給事中，旋轉兵科掌印給事中。 十一月，三女翠菊生。
光緒廿五年己亥	1899	廿四歲	秋，赴京省親。
光緒廿六年庚子	1900	廿五歲	二月，父親嘉祿公逝世。 八月，任江南製造局文案。
光緒廿七年辛丑	1901	廿六歲	仍於江南製造局，兼任水師學堂採辦。
光緒廿八年壬寅	1902	廿七歲	於江南製造局。 正月，長子康源（星聯）生。 編《皇朝掌故彙編》外交門，該書由北京求實書社排印出版。 應秋試，不售。
光緒廿九年癸卯	1903	廿八歲	正月，三弟壽鏡完婚。 正月，應方啓南之約，赴正陽關充潁岸分銷。 六月，充沫河口司榷。 七月，應順天鄉試。 九月，中第三十三名舉人。
光緒三十年甲辰	1904	廿九歲	二月，應會試，不中。 十二月，以知府之名到江蘇充任點名發餉。

光緒卅一年乙巳	1905	三十歲	五月，江蘇仕學館提調。 當年並參與廢寧波書院。 與王省三初識，結爲好友。
光緒卅二年丙午	1906	卅一歲	冬，任警察局提調。
光緒卅三年丁未	1907	卅二歲	秋，充警察局提調。 十月，次兒康澐（悅聯）生。
光緒卅四年戊申	1908	卅三歲	正月，以會辦江蘇海運三次赴京。 秋，淞滬捐厘總局提調。 仲弟壽鎬署湖北施南府知府。 十二月，充江蘇運滬局會辦。
宣統元年己酉	1909	卅四歲	任江蘇淞滬捐厘總局提調，兼江蘇運滬局會辦。 二月，慈母見背。 六月，五女阿滿（字挹芬）生。
宣統二年庚戌	1910	卅五歲	任江蘇蕃司署總文案兼新政文案。 八月，任江蘇度支公所筦榷科科長兼典用科科長。後任寧波政法學堂監督。
清宣統三年辛亥	1911	卅六歲	辭筦榷科科長兼典用科科長。 正月，六女小金滿（字漱芬）生。 夏，復筦榷科科長。 秋，岑西林奏調入川。 辛亥革命起，返滬。
民國元年壬子	1912	卅七歲	正月，三兒康漢（華聯）生。 四月，出任寧波同鄉會會董。 五月，任上海貨物稅所所長。 九月，任浙江省財政司長。
民國二年癸丑	1913	卅八歲	任浙江省財政司司長。
民國三年甲寅	1914	卅九歲	仍任浙江省財政司司長。 二月，參與財政會議。 五月，七女笑梅（字涵芬）生。 六月，先生側房錢氏來侍。 六月，改併國稅廳財政司爲財政廳，任廳長。
民國四年乙卯	1915	四十歲	仍任浙江省財政廳廳長。 二月，八女玉梅生（錢氏出）。 六月，調任湖北省財政廳廳長。 七月，蒞鄂。

民國五年丙辰	1916	四十一歲	任湖北省財政廳廳長。 八月，四兒康洞（鄂聯）生。
民國六年丁巳	1917	四十二歲	任湖北省財政廳廳長職。 二月，九女燕信生。
民國七年戊午	1918	四十三歲	任湖北省財政廳廳長職。 九月，撰《約園理財牘稿・序》。 十月，五兒康澧（芝聯）生，另有孿生女未育。
民國八年己未	1919	四十四歲	三月，充南北代表會議秘書。 十一月，管理財政部總務廳。 由魏頌唐彙集整理，出版《約園理財牘稿》。
民國九年庚申	1920	四十五歲	仍管理財政部總務廳。 三月，十女什錦生（錢氏出）。 六月，簡任江蘇省財政廳廳長未蒞任。 十月，調山東財政廳任事，未十日及去職。
民國十年辛酉	1921	四十六歲	任財政部庫藏司會辦。
民國十一年壬戌	1922	四十七歲	財政部庫藏司會辦。 二月，六兒康潮（定聯）生。 十一月，側室錢氏亡。 十月，署浙江財政廳廳長旋簡實任。
民國十二年癸亥	1923	四十八歲	仍任浙江財政廳廳長。
民國十三年甲子	1924	四十九歲	仍任浙江財政廳廳長。九月辭職。 任江蘇滬海道尹，爲幾去職。 十月，赴京充財政部善後會議財政整理審議處主任兼充執政府秘書。
民國十四年乙丑	1925	五十歲	二月，赴金陵，名義於宣撫使署幕賓。 五月，五卅慘案。 五月，復任滬海道尹。 六月，光華大學成立，推爲校長。 十月，卸滬海道尹職。
民國十五年丙寅	1926	五十一歲	十一月，管理財政部總務廳。
民國十六年丁卯	1927	五十二歲	四月，上海財政委員會委員兼財廳廳長。 九月，簡任財政部次長兼江蘇財政廳廳長。
民國十七年戊辰	1928	五十三歲	仍任財政部次長兼江蘇財政廳廳長。 八月，長孫欽模（星聯長子）生。

民國十八年己巳	1929	五十四歲	仍任財政部次長兼江蘇財政廳廳長，江蘇省政府委員。 三月，次孫欽杕（悅聯長子）生。
民國十九年庚午	1930	五十五歲	仍任財政部次長兼江蘇財政廳廳長，江蘇省政府委員。 辭江蘇省財政廳廳長職。 始編《四明叢書》，言十年編十集，每集六十冊。請忻紹如起草凡例。
民國二十年辛未	1931	五十六歲	仍任財政部次長。 五月，三孫欽柟（星聯次子）生。 七月，孫女覺明（悅聯長女）生。 十二月，辭財政部次長職。 著手編輯《四明叢書》第一集。
民國廿一年壬申	1932	五十七歲	自是誓不做官，然辭財政部長職未就。 冬，《四明叢書》第一集成。 《約園善本藏書志》完成。 出版《發起江蘇江北沿海信託集團農場計畫草案》。
民國廿二年癸酉	1933	五十八歲	編《四明叢書》第二集。 王省三病逝。
民國廿三年甲戌	1934	五十九歲	秋，《四明叢書》第二集成，並著手輯編第三集。 九月，孫女憶明（悅聯次女）生。
民國廿四年乙亥	1935	六十歲	夏，《四明叢書》第三集成，續編第四集。 六十歲生日，長子星聯為其出版《約園雜著》。
民國廿五年丙子	1936	六十一歲	春，《四明叢書》第四集成，續編第五集。
民國廿六年丁丑	1937	六十二歲	正月，大姊卒，為其作家傳。 四月，蔡瑛女士六十歲生日。 四月，嫁六女小金滿於陳熊文。 六月，赴廬山參與會議。 秋，《四明叢書》第五集成，續編第六集。 十月，光華校舍為日寇炮毀，遷法界臺拉斯脫路。 編《善本藏書目錄》。

民國廿七年戊寅	1938	六十三歲	夏五月，由香港轉機往重慶，六月抵成都，主持光華分校開學典禮。 七月，三弟卒，有哀弟詩暨自述詩。 九月，《遊蜀草》出版。
民國廿八年己卯	1939	六十四歲	九月，第二次世界大戰。 始撰寫《詩史初稿》。 《爲光華大學諸生精神談話》稿本出版。 冬，《四明叢書》第六集成，續編第七集。
民國廿九年庚辰	1940	六十五歲	吟陶詩，作〈和陶吟〉。 編《四明叢書》第七集。 二月起，與「文獻保存同志會」鄭振鐸、何炳松、徐森玉等於上海地區搶救古籍文獻。
民國三十年辛巳	1941	六十六歲	秋，《四明叢書》第七集成，然時日刻價日昂，零星刊刻，續編第八集。 《約園雜著續編》、《約園演講集》同年出版。
民國卅一年壬午	1942	六十七歲	五月，出版《詩史初稿》。 爲門生講授《經學大綱》。
民國卅二年癸未	1943	六十八歲	爲學生講授《史學大綱》、《諸子大綱》。 整理普通本藏書，有《癸未檢書記》出。
民國卅三年甲申	1944	六十九歲	爲門生講授《文學大綱》。 夏，《史學大綱》出版，及冬《諸子大綱》印行。 整理善本藏書，有《甲申檢書記》出。作鈔本藏書跋。 就藏書十一處題名，曰獨步齋、雙修庵、臨流軒、帶草堂、聽雨樓、葆光簃、尚絅室、雞鳴館、燕貽榭、三益廬、咫進閣。
民國卅四年乙酉	1945	七十歲	出版《約園雜著三編》。 七月，先生捐館。

第三章　張壽鏞之學術思想

張芝聯教授於《約園著作選輯・前言》中論及壽鏞先生：

> 從一個清寒的秀才（當時江南製造局文案時，月薪僅十六兩），步步
> 高升爲司長、廳長、次長，而到五十五歲時又辭官而去，專心編輯鄉獻，
> 當大學校長。這條人生道路是怎樣走過來的？是什麼思想支配他的抉擇和
> 行動？他又如何熱心辦學、培養青年？如何在家中教育兒孫？在世亂時艱
> 的環境中，他如何竭盡全力維持光華大學，又如何能刊印《四明叢書》一
> 至七集？從一個清末舉人到視野開闊的愛國教育家，他的學術思想、教育
> 思想是如何發展的？他的思想言論對國計民生有何裨益[註1]？

先生於基層工作時，面對貪污情事即深惡痛絕，凡足據以力爭，嚴詞以待者
絕不輕忽，即知其對於民生經濟財政之重視。而於興辦光華大學、編輯《四明叢
書》時，其思想體系已然成型，並建立起科學之精神，宏觀之視野，對於歷史經
驗之體認、對於知行合一哲學之實踐、對於尋復本心教育之追求，在體系中完整
呈現。

本章擬以先生著作爲本，探討其學術思想淵源、究其根本，藉以明瞭於近代
歷史上，先生所處之地位與影響。

第一節　濟民用世之民生思想

先生於民國四年（1915）六月調湖北省財政廳廳長職，七月底即發表〈通飭
各縣遵限條陳整頓財政意見文〉，短短時間，即洞悉鄂省財政之弊，並且提出相關

〔註 1〕張芝聯，《約園著作選輯・前言》，頁 12。

建議，要求各縣執行。先生曾於〈古今文派述略序〉〔註2〕中記載著一段與陳慷夫先生之對話：（陳）一日方盥沐畢，忽相與語曰：「理學、經濟、文章將屬於子，子其勉之。」壽鏞瞿然曰：「何先生戲我如斯？」（陳）先生曰：「子讀陽明書不釋手，又留心朝章國故，時時思學古文，吾望於子深矣。」陳先生慧眼獨具，洞悉壽鏞先生對民族存續、經濟發展之用心。夫典章制度乃維繫國家之綱領，而於古文中又能發現歷史經驗，先生留心於經史之間，掌握各朝歷代政績之良窳，體現於財經政策之實行，其表現誠為治民安國之範式。

　　蓋為政之理，在知人，在安民，惟有兩者密切配合，使人人各得其所，各安其業，國泰民安，此為政治之最高目標，而此一目標之達成端賴經濟建設。對於當時財政敗壞與窘境，先生隻眼洞察，提出挽救之看法：

　　　　第一、希望軍事早日結束；第二、關稅必須自主，釐金斷宜裁廢，
　　社會經濟得以活潑；第三、田賦必須從根本改革，實行報價徵稅制度；
　　第四、必須有一絕大資本國家建設之金融機關，將一切紙幣、硬幣同時
　　整理，始可謀金融之安定；第五、必須全國民眾，群謀經濟發展，將農
　　工商連成一氣，實行經濟利害不相沖之政策。資本家各就農工商界，極
　　力進行，並就各地方設法發展各地方人民之生計，由一縣而一省，由一
　　省而全國。民族具有特性，不專靠政府為謀，到此之時，人民經濟力既
　　富，則國家財政，乃有根本可言。諸君精於經濟學說，希望以今日在座
　　諸君來救吾國之財政。將二十年來經過種種腐敗之財政，起死回生。再
　　過二十年，蔚然成為富強之中國。則壽鏞今日之所談者，謂之痛史可，
　　謂之警鐘，亦無不可〔註3〕。

　　語重心長地道出國家財政現況並亟求眾力成城，為社稷百姓之福祉共同努力。「財政以務本為要端，稅法以公平為原則。治絲而棼之，不足與語財政也，竭澤而漁焉，非所以養稅源也〔註4〕。」儒家治國理念在先生財政表現上發揚光大。務本、公平為先生於財政政策上最為根本之主張，要之，務本則不擾民，公平則無偏私，人民於如此生活環境中，自然而然達到「衣食足而知禮節，倉廩實而知榮辱」之理想境界，此其民生主義思想之最高目標。

　　財政為百務之根本，人民為國家之礎潤，於民生思想，先生之主張有：

〔註2〕〈古今文派述略序〉，《約園雜著續編》卷二，頁 47～48。
〔註3〕〈演講中國二十年來財政〉，見〈申報〉民國十六年（1927）十一月廿二日第十三版。
〔註4〕〈通飭各縣遵限條陳整頓財政意見文〉，《約園理財牘稿》，頁 1。

一、多闢源、輕稅賦

賦稅乃國家財政之基礎，倘無稅收，國家整體運作將停滯不前，然若稅捐苛猛如虎，人民不堪其苦，必致民不聊生，君民如寇讎，則國家何前途之有？因此，若能廣闢生計，減輕賦稅，一則可使地盡其用，人盡其才，貨暢其流，達到繁榮經濟之目的，再者可增強人民之凝聚力，富國強種。管子言：「國多財則遠者來，地辟舉則民留處。」與先生「闢財源、輕賦稅」相謀，此亦先生整理財政時最為重視。其言：

> 為地方闢一生計，即為國家增一稅源，究竟荒蕪何以開治，工廠何以振興，礦產何以開採，商業何以提倡，導其所未至而勖其所已至，官能盡一分之心，民必受一分之利，民既受利分其所利以給國家要需，所謂百姓足，孰與不足？此為理財根本之計畫〔註5〕。

「百姓足，孰與不足？」此為百廢待舉時日，最為棘手且最亟須完成之使命！先生觀察財政缺失，一針見血，其細微非常人所能。而中國亟需如此有能力，有魄力之從政人才，力圖振作，使人民脫離世道之艱辛。

> 壽鏞蒞鄂之始，外察閭閻之情狀，故已吸髓敲骨，而內覘國庫之盈虛，則又捉襟見肘，於是殫精竭思，求所以足國足民之道。一面綜核名實，嚴杜侵漁，一面培養稅源，屬禁苛取，本是而行，效乃漸著〔註6〕。

「綜核名實」最為先生所重，他以此作為施政之準則，在批襄陽等十六縣詳復理財四端文時，不時以人民生計為重，一再申明「國與民相維繫，百姓果足，誰與不足？然國用不足，則國先不國，而民於何有〔註7〕？」闢財源、輕稅賦乃體國恤民之舉，然何以廣闢財源？先生言：

> 各縣來詳有請以地方稅購買種子者，有請撥地方稅二成設立工廠者，擬作為通案，印飭各縣照案，每年於地方稅內分撥二成專做興辦實業經費，俾有固定款項即可剋期集事，但須責其實用實銷，不得稍有浮冒，致干處罰〔註8〕。

〔註5〕　〈通飭各縣遵限條陳整頓財政意見文〉，《約園理財牘稿》，頁1～2。
〔註6〕　《約園理財牘稿·序》。
〔註7〕　〈讀史識略〉中亦闡明此一道理，其言：「百姓足，君孰與不足？」之語，群視為老生常談。然今之經濟家千言萬語豈能舍此。《大學》曰：「生之者眾，食之者寡，為之者疾，用之者舒。」尤為經濟原理之所在，余讀斯密氏《原富》一書，今不異於古，所云亦彰彰矣！
〔註8〕　〈詳為考察各屬土宜臚陳振興實業辦法請賜檄道行縣次第籌辦以盡地利而裕稅原文〉，《約園理財牘稿·附錄》，頁42。

又以鄂省爲例，說明生產財蘊藏豐富而未盡力開發者，如茶、棉、漆、絲、麻、布者，森林、礦產等應多方提倡，嘉意護植，等於爲人民多開一條生計。而對於某縣之條件適合於何種經濟作物之生長，如何增加產量等，就各縣特色，分析利弊得失，在回復文中詳加解釋，務求地方官吏皆能盡責守分，以人民之角度設想，多元化開展，以減輕賦稅重擔。

基此理念，先生要求稅賦課徵必須開誠布公，對於隨意增加百姓稅賦重擔者，則嚴格把關，務使稅賦種類之徵收減至最低，於是發佈〈通飭各縣示禁以後紳民不准率意稟請抽收各捐文〉，文中明確表明此等抽收稅捐情事無非是假公濟私，從中漁利，導致利令智昏，罔顧民生休戚，此種心術不正之作法寔不可取。曰：

> 納稅原屬義務，但義者誼也，爲其事之宜，非所宜及非所務……本廳長理財政策向取綜覈主義，凡爲稅法所規定，不惜積極進行以顧國家之急。稅法以外絲毫不敢妄取，以培閭閻之元氣。平昔誥誡徵收官吏則尤以安分商民，不可使受痛苦，习滑商民不可使逞奸讟，殷殷爲言，其有以公益之名爲斂錢之實者皆爲敗類，深惡痛絕，並於苛細雜捐，隨時停擺，即如到任之初，以保康、鶴峰等十三縣，政費不敷就地籌款，跡涉苛細。飭由本廳籌費補助，不准自籌。……並通飭各縣：關於苛細雜捐，如有擅自抽取者，定將該知事詳請撤任。……是本廳長對於原有之捐，尚思有所輕減，……方今時局艱危，寧使減少地方事業，不欲多加人民負擔〔註9〕。

寧可減少地方事業也不願意增加人民負擔，寧可由中央籌費補助，也不願意地方苛細雜捐，足見先生對於輕賦稅之重視；不僅要輕賦稅，更要多闢源，同時也要節流，爲貫徹「綜核名實」之主張，先生要求地方政用要儉約，言：

> 宜問其所用何事，如果事在可已，則用費雖少亦應立停，如果事在應爲，則用費雖多亦應勉辦〔註10〕。

錢要用在刀口上，不浪費，不慳吝，維持先生一派清廉作風。況中國田賦稅捐名目繁多，稅額不一，民生何能不困苦？先生對此，言：就地籌款，如車捐、菜捐收數甚微，徒滋苛擾，無論如何必須即日取銷。而對於正當且應繳納的稅款，先生也特意舉出，並說明其執行的方式。如印花、驗契兩項稅收，先生以爲此

> 中央最爲注重，良以取之甚微，積之成鉅，且與人民權利之保障關

〔註9〕〈通飭各縣示禁以後紳民不准率意稟請抽收各捐文〉，《約園理財牘稿》，頁35～36。
〔註10〕〈批大冶縣詳復理財四端文〉，《約園理財牘稿》，頁12。

係極重。各縣辦理情形如何？經本廳長飭查在案，未貼印花之客戶亟應
分別檢查，執行罰則未經投驗之各契，亟應會同地方士紳再為切實勸告
掃數投驗，一面趕辦推收，凡已驗之契各按糧冊核對過戶，國家辦理驗
契本為鞏固人民產權，若驗契而不過戶，是不特重增吾民之累，且於徵
收前途障礙實多〔註11〕。

　　印花係一種良稅，於商業上擬以養成開單之習慣，為黏貼印花之地
步所見即是〔註12〕。

相對於「良稅」，先生最推崇所得稅，云：

　　余嘗以為天下之稅善莫於所得稅，以所得有稅，而所失無稅。此所
得稅乃廣義言之，非取之薪水階級人之所得直可不稅，但稅業之所得可
矣，而取之於作業之所得也。國家倘不顧人民之生產，國家簡直無稅可
收，如此則非裕民生莫能足國用矣〔註13〕。

凡影響人民生計，關係人民苦瘼者，先生總是義不容辭，苦口婆心詳加說明，
只為百姓著想，為地方謀幸福。而稅賦之徵收，除驗契及印花稅外，對於「當稅」、
「屠宰稅」、「菸酒稅」等奢侈品稅賦之課徵，先生均能於適當範圍內，做一規範，
避免發生「野蕪曠則民乃菅，上無量則民乃妄」之情事，先生常說：就地籌款是
件難事，然而若能多闢財源，並能加強正當稅捐之催收，則地方經濟便能大力整
頓而漸起色。

二、賢有司、懲貪污

催科一事最難執行，若遇有貪官浮收，則百姓心血，國家稅收均毀於一手。
國運隆昌有賴賢君忠臣，倘君不君，臣不臣，則如何使民為民？若貪官污吏成為
國家財政之沈重壓力，則官逼民反必招致時局動盪，甚而家毀人亡。先生云：

　　（國家的稅賦）至有心逋賦，所以積欠累累者，多由催科之不力。
夫撫字與催科並重，催科不力不特有負國家之付託，及其歸宿滯納處罰
亦以增吾民之負擔……徵收官吏對於財政漫不經意，既不沿流溯原考求
習慣，遂至日積月累，竟成鉅款。……趕緊設法嚴催，以顧考成本。……
經收員役稍涉浮收，即行從重治罪，以昭大信此。……地方士豪劣紳有

〔註11〕〈通飭各縣遵限條陳整頓財政意見文〉，《約園理財牘稿》，頁3。
〔註12〕〈批黃梅縣詳復理財四端文〉，《約園理財牘稿》，頁5。
〔註13〕〈史之財政學〉，《史學大綱》第十講，頁60。

藉公益之名爲斂錢之實者，尤當隨時舉發，懲一儆百，不致使吾民以有限之膏脂供例外之股削〔註14〕。

又言：

> 至於一切徵收方法務宜簡而有制，征吏厚其祿，貪污者死〔註15〕。

先生所強調者在於賢能之官吏，能衡量國家負擔，同時重視人民感受之父母官，而非逼迫百姓繳稅，剝削營收之地方官。不僅要求地方官吏，對於鄉紳等不恥行徑，先生亦採從嚴辦理。絕不容百姓生活於水深火熱之中。如此堅定之信念，使其於鄂省交出一張亮麗之財政成績單。「我在鄂不特未爲鄂增債，且爲鄂略略償債，有數目字載於《牘稿》中可按也〔註16〕。」先生自負於此，即在於他對於理念的堅持與作法，若非如此之遠見卓識，何以於一片狼籍景況中拓展新天地！

> 利之所在民自爭趨，若得地方官盡力勸導，其利益溥值。此生齒日繁，生計日蹙，凡可以資民生、培國計者皆應切實提倡〔註17〕。

地方官吏是國家與人民間之重要橋樑，若其行政能力佳，既能濟國用，又能紓民困；反之，則人民爲其刀俎，國家以其動搖，足見賢有司之重要。

爲防止貪官污吏斂錢，危害百姓，先生更於民國五年（1916）三月發佈〈飭各縣嚴禁浮收布告各區並隨時查察征收員有無情弊文〉：

> 納稅本人民之義務，浮收爲刑法所必懲，故凡有取於民者，無論數之多寡，其征收之款目、計算之方法均應明白揭布，一以示國家之大信，一以防胥吏之取盈。迭經本廳嚴飭遵照在案，乃各縣對於征收事宜條告視爲具文，原委不求遍喻，一紙文書虛應故事，員役四出，遽爾催輸，人民觀聽未周，書役因緣爲利，夫有額之負擔重而非苛，例外之浮收少亦非法，亟應重申，廣爲曉諭。即由各縣將關於征收賦稅正附各項及加收罰金之有一定數目，一定限期，一一照案摘印，布告分發各區鄉董，普維張貼，俾眾週知。而祛積弊並隨時查察征收員役，敢有執法作僞浮取病民者盡法懲治，具舉以聞，毋稍徇護至干糾議其非正當征收，機關如有經征公益等捐者應一律由縣收回自辦以示統一。值此物力艱難，民生凋敝之時，國用匱乏，取給於民誠非得已，正供之外斷不容稍有多取，

〔註14〕〈通飭各縣遵限條陳整頓財政意見文〉，《約園理財牘稿》，頁1～2。
〔註15〕〈史之財政學〉，《史學大綱》第十講，頁60。
〔註16〕〈六十年之回憶〉，見《約園著作選輯·自述》（張芝聯編，北京中華書局，1995年），頁388。
〔註17〕〈批黃梅縣詳復理財四端文〉，《約園理財牘稿》，頁4～5。

為民間惜無名之費，即為國家留有用之財，國家稅法頒行，人民每多未
喻未信，則以為屬已，是亦有司奉行不善之過也。本廳長責任督征，痛
懲積獎，用攄所見，告我同僚所賴賢有司，關心民瘼，相示以誠，使人
民知有一定之範圍，於征務必多裨益〔註18〕。

該文不僅提出國家對人民應有開誠布公之開明作風，同時加強對執法人員之
規範，使人民生活權利得到保障。「夫國家財政之盈絀，不在兵荒，而在人心，奉
公則日見有餘，奉私則日見不足。」人心自私自利影響所及，小至家庭，大至國
家，興衰存亡全在一念之間。是故，優秀廉能誠為國家取士用人之準則。

三、重改革、戒急促

先生向以人民優先為考量，因此，對於不切實際之稅法，不利於人民之措施，
處心積慮，一再革新，以再造人民福祉為宗旨。且不論實施之政策為何，必以不
擾民為原則，儘量做到使人民曉諭，進而樂意配合，達到雙贏之目的。

推行新稅本較整理舊稅為難，然一稅則之頒布必使人民曉然於納稅
之方法，然後進行，乃能不擾〔註19〕。

又：

婚書證券之貼用與否，自不能挨家搜查，致失政體而滋民累，惟在
該知事之因勢利導，隨時教誨，整齊而畫一之〔註20〕。

至所稱稅法原理非保障人民權利即取給，分外銷耗必先使民知取稅
之原因，庶幾推行而無阻，可謂能得治要，家喻戶曉，董戒兼施，不敢
以不肖待民，輕言處罰而嚴防員役之舞弊，力屏官場之習氣，尤為深得
治體，體要既備，則人民之樂就範圍〔註21〕。

改革需要人民之協力配合，同時必須是循序漸進的，方能達到預期成效。先
生先後上文，對於賦稅問題擬設立「賦稅研究會」，詳加檢討賦稅制度，並陳〈為
研究賦稅條陳意見繕摺〉、〈改正稅法意見書〉、〈實行會計法意見書〉、〈整頓契稅
方法意見書〉等，務求租稅制度能公平普及。惟國家以人民之支持而強壯，人民
仰賴國家之保護而成長，循環相扣，一有為之政府，即凡事均以黎民百姓之利益

〔註18〕〈飭各縣嚴禁浮收布告各區並隨時查察征收員有無情弊文〉，《約園理財牘稿》，頁
　　　　33～34。
〔註19〕〈通飭各縣遵限條陳整頓財政意見文〉，《約園理財牘稿》，頁3。
〔註20〕〈批黃梅縣詳復理財四端文〉，《約園理財牘稿》，頁5～6。
〔註21〕〈批穀城縣詳復理財四端文〉，《約園理財牘稿》，頁20。

爲利益。

> 非常之舉，黎民所懼，所欲與之、聚之，所惡弗施爾也。自古有大
> 改革必熟權利害，兩利相形取其重，兩害相形取其輕，《大學》曰：「有
> 終始，必慮終，乃可圖始。」尤爲政治要旨〔註22〕。

所謂改革必須依據人民之能力而爲，非以橫征暴斂，魚肉百姓，尤以於非常
時期所做之任何措施，更應該站在人民的立場，設身處地，以誠相待，如此推動
改革運動，方能見其成效。瞭解人民需求，「民之所好好之，民之所惡惡之，斯可
謂民之父母矣！」此乃人民之福，國家之幸！

四、勤溝通、幹實務

先生以「因勢利導」爲推動地方財政政策之準則之一，此不僅爲溝通之要件，
且爲順應時勢之作爲。唯有洞悉百姓心意，方能順流而動，水到渠成。因此，瞭
解民生需求，亦使百姓能對於國家政策多所瞭解，先生強調於不擾民之情況下，
盡力與人民溝通協調，使其盡曉箇中原委，甘心臣服。其言：

> 國與民相維繫，百姓果足，誰與不足？然國用不足，則國先不國，
> 而民於何有？苟官吏能委曲詳盡曉以此意，相感以誠，則人民天良最爲
> 眞切，必不相與爲梗〔註23〕。

> （本廳長之意）以爲無論辦一何事，對於人民有所勸告，必須開誠
> 布公，不可以一紙條敎敷衍耳目，即以提倡種植言之，該知事如能實事求
> 是，虛心下人，或於聽訟事畢之餘，或於因公赴鄉之便時，與田夫野老課
> 晴問雨，導以物力之維艱，勸以地力之宜，盡致其循循善誘之誠，殷殷慰
> 勞之誼，則人民天良最易激發，必能奮然樂從，一俟著有成效更可不勞而
> 勸，否則上官欲有興舉，下吏勉強粉飾，有何實惠及民之足〔註24〕？

任何政策之執行，人民信賴程度是決勝之關鍵。先生不僅有基層工作之經驗，
同時能設身處地，先百姓之苦而苦，故能傳達基層人民之心聲，指引地方官吏爲
政之捷徑。除與百姓建立良好之溝通管道外，先生更勉其以知行合一，曰：

> 古人云：爲政不在多言，顧力行何如耳？該知事所言固以洞中肯綮
> 矣！尤望勉勵實行，毋托空言也〔註25〕。

〔註22〕〈讀史識略〉，《約園雜著》卷八，頁 6～7。
〔註23〕〈批黃梅縣詳復理財四端文〉，《約園理財牘稿》，頁 6。
〔註24〕〈批建始縣詳復理財四端文〉，《約園理財牘稿》，頁 10。
〔註25〕〈批大冶縣詳復理財四端文〉，《約園理財牘稿》，頁 14。

唯有能知能行,方不以「徒託空言」失信於民,導致社會不安,民心動盪。先生之語,斬釘截鐵又不失殷殷勸勉之意。倘若政策推行有礙,則提出「懷柔政策」,一以「勸懲兼施,毋稍苛縱」勸誡官吏,應盡職分內應為之事,不可額外浮收分文,取信於民;一以「對人民以寬大而免苛擾」之心相待,對「土豪劣紳則需徹底查明,擇尤懲罰,先威之以嚴重之法,再施之以寬假之恩」使其懷德畏威,知所感懼,然後不敢有唆眾反抗之情事。然無論政策如何,總要「切實開導」,保障人民權利。

於推行政策,先生服膺「因勢利導」、「毋託空言」。唯有順應民情而走,積極投入,使人民感受國家之用心,體會社稷所需,樂於配合,國家方能永續經營。故言:

> 昔人論治以不取為予,今者於民既不能無所取,而又不得不有所多取,則亦惟於取民之道少加留意,以盡吾恤民之心耳〔註26〕。

為官者若能時刻以毋執己見,勿拂人情,毋忘來自民間,毋忘讀書人本色,毋忘體國濟用,惕勵警勉,熱心為民,則國家必能於改革中精進而行。人民的支持乃國家延續之主力,此千古不移之道理,正為其深諳於典章國故,重視歷史經驗之明證。

> 凡財政之得者一曰均,即合於損益之原理者,如孔子所謂不患寡而患不均,即所謂賦稅公平是也。二曰豫,即王制所謂以三十年之通制,國用雖不能據三十年,而統籌至少亦宜以五年計畫統籌之。五年之計畫宜先以一年計畫為之基。……三曰法,語云大臣法小臣廉,此法字包括最廣,理財必依於法,財政為政治之一端,為有政治不法而財政能法者也。法者,即今所謂上軌道也。冢宰制國用,則財政乃可與政治並上軌道,否則六官之長各自理財,民何所適從乎?……四曰政,政本可包於法之中,但法取裁制之意,政取支配之意,今所謂平均發展是也。然平均之中亦不能不根據政策而有所注重,例如戰爭時代則先宜籌畫一切軍儲,是注重者在軍費,然亦不能將一切使收入全供軍用,使人民一無生產力,則本之所在將何以長養乎?故支配為整個國策關係,然後得以理財,所謂有政而後有財也。有此四者,更宜達到培養稅源、出入平衡,乃為之財政之得者〔註27〕。

〔註26〕〈批襄陽縣詳復理財四端文〉,《約園理財牘稿》,頁7。
〔註27〕〈史之財政學〉,《史學大綱》第十講,頁59。

「均」、「豫」、「法」、「政」四者，充分運作於先生之財政政策當中，以「多闢源、輕賦稅」達到財富均有；以「重改革、莫急促」一步一腳印，來實踐統籌計畫；以「賢有司、懲貪污」，使財政政策在人為推動下能步上軌道，人民有法可適；以「勤溝通、幹實務」，使人民能夠理解國家政策、預算等安排之用意。凡事以「綜核名實，信賞必法」為之，以減輕人民負擔為前提，以強國富民為重點，得官吏清廉，得人民配合，此為先生掌理財政，穩固邦本之法門。

第二節　史以致用之史學思想

歷史是人類文化之總結。「史之中有學焉，學而後能衡鑑一切也。」透過歷史長廊之展示，我們得以瞭解先民生活，擇其善者從中學習，以為借鑑。壽鏞先生是一位史學家，認為史必須與生活結合在一起，亦即要能合乎時代之需求，如摒棄生活，「史」即失去其價值；並且要能夠多聞闕疑，不能盡信史書所言，而漠視現實之重要性。

> 昔人云讀史令人心粗，此不善讀史之言也。善讀史者不必沾沾求其事跡，而宜孜孜考其時勢。時勢既明，更求事跡加以論斷，而一時之是非著，即千百年之事非亦著〔註28〕。

夫以時勢為導向，客觀觀察，此為先生讀史之觀點，同時與生活聲息相通。是以先生云：「學術研究也可以作為救國的一條大道。」而這條大道就是要與生活在一起，才能發揮作用。

一、以「歷史反省」端詳歷史、印證生活

浙東學者，實開「歷史哲學」之風氣。從黃梨洲、萬季野、全謝山以至章實齋自成一系統。「歷史哲學」所重視者乃根據歷史上之人事變遷及其因果關係，以尋求人類生活法則之哲學，是種以歷史反省之精神，以史學致用之思想，吸取歷史經驗，創造生活願景。

先生十分重視歷史經驗，認為以史之經驗，可以作為治國安邦之策略指導。其言：

> 昔人云通經所以致用，我以為通史亦所以致用。我國立國最久，歷史之所昭著者，往往忽之，甚且以《史記》為一家言，《通鑑》為元祐學

〔註28〕〈讀史識略〉，《約園雜著》卷八，頁1。

術視爲均無足觀，須知生於中國必先明瞭中國形勢政俗，乃可推之於世界，故治史當從中國史起〔註29〕。

以古勘今，以近就遠，先生以歷史之宏觀來闡明它對人類生活之影響，於短短字裡行間，點出了生爲中國人，對於歷史不可不知，不僅是要爲仕途而讀，更重要者乃文人經國大業之胸懷耳。

一部《史學大綱》即可看出端倪〔註30〕：人類生活之內容，不外乎人本體與外在形勢。而外在形勢影響人之生存甚鉅，此其中最重要者爲如何維持其生存，亦即外在形勢所提供人之生存管道爲何？先生對此提出與人類生存息息相關之地理環境、農學、經濟學、教育學等課題，並以專章說明之。而於基本之要件具備後，對於人民所關心之政治、社會、外交、財政、工商等再進一步闡述，最終則以經學、理學、文學等精神糧食加以發明，並論及研究史學之方法〔註31〕。於〈史之地理學〉一講中，即以概括說明攸關人民生存最重要的地質（土壤）、農田（作物）、水利（灌溉）等。「民以食爲天」，於溫飽之必要條件下，國家才能進一步之發展。

以〈史之地理學〉一講爲例，先生言：「地理之學愈近愈精。」近代中國飽嚐聯軍侵略後，不能再只有「大中國主義」之存在而忽略了外在世界之變化，故不僅要認識中國，並且需要深入的瞭解，不僅需認識周遭之民族，並且要熟悉其地理形勢，地理之學愈精，方能知己知彼。「欲明中國之形勢，應先明亞細亞之形勢。」由中國出發，再藉由鄰近國家，深切地認識中國。簡單幾行字，欲探其內底深蘊，仍得一番功夫。「師傅領進門，修行在個人」，先生用意在此也！復以「中國歷代疆域之沿革」、「地質」、「農田」、「水利」、「水陸路政」，將實質之地理，影響人民生活之地理一一列出。夫中國以農立國，農事乃爲要著，而土地爲農事之重要依

〔註29〕〈史學大綱序〉，《史學大綱》頁1。

〔註30〕張芝聯教授說：「《史學大綱》則迥然不同，它把通史與專史結合起來，不僅內容豐富，方法新穎，而且觀點明確，結論效實。此書除介紹史學源流及史籍外，更分別就史之地理學、政治學、社會學……經學、理學、文學作分析研究，各種文化現象幾乎無所不包，從中總結經驗教訓，供治國者參考。正如他在序中所說：「能治其國則強，不能治其國則弱。」而治國者決不能「違世界之大勢，不就病之所在而藥之，區區執古方以求療，則醫失其道，其何能瘳？」（《約園著作選輯・前言》）此即歷史哲學之思想所在。

〔註31〕以筆者之想法，史學之陳述若能將人類之基本需求以至社會發展後所衍生之各項制度進行闡述，則更能凸顯「史學致用」之觀點。《史學大綱》雖未能於章節依此需求之次第而整編，然先生以簡而意賅之方式涵蓋論述之，使讀其大綱者，皆能通曉，明「史學致用」之重要。

存，倘非經歷朝歷代之探勘與實驗，如何能得悉土地上適宜種植何種生物，如何知曉可以開採何種礦產，又如何能於最短時間內將推動最有效財政措施：培養稅源，此乃歷史給予最好的生活知識。於〈中國文化沿革及研究文哲之方法〉中，先生提到：

> 徹底去做研究的方法不外（一）收集材料；（二）就有道而正焉，以上兩點又必須注意（三）適合時代精神，不要開倒車，不要復古『五帝三王不相襲』，時代總是愈到後來愈進步的〔註32〕。

故於該講講演完畢後，即予同學幾個研究之主題：「（一）從前政教合一，現在我們所學的如何才夠適用於社會；（二）風俗改革宜如何推行；（三）我國文化歷史源於六經，如何能使六經適合新的時代；（四）如何編纂一部切合實用的通史；（五）百家思想如何去短取長，采其精華，集其大成，以濟時弊〔註33〕。」此些題目何嘗不與生活密切相關？

> 人詆中國歷史為斷爛朝報，此不知中國作史者之苦心也。《孟子》曰：「吾於武成取二三冊而已矣！」可謂一語道破，以武王之聖，史官尚復如此，他何論焉，故學者讀史宜以實用為貴，涉虛為戒，取其意而略其跡可也〔註34〕！

從各個角度與層面，從遠古至近代，利弊得失，先生均以深入淺出之方式傳授學生，無非就是要讓學生於生活中體會歷史存在之意義與價值，使其在生活中便能瞭解自身所處之環境與歷史之牽連與承續，此即為薪傳，即歷史傳承之使命感。

雖然天下局勢有其一定之循環，然而歷史並非全然可靠，故於尋求歷史論點時，不能泥古而限於古人之境，失去歷史客觀之態度。誠如所言：

> 夫風會所趨，月異而歲不同，研究過去之言論，必當適應今日之需要與挽救未來之狂流，乃為有益〔註35〕。

二、以「科學全史」評析得失、實事求是

讀史不能偏執一端，不能獨好一代、一人，心中要靜穩，才能分辨得失是非。故於〈讀劉靜修敘學書後〉一文，先生除推崇劉因元對史之論點外，更肯定地提出讀史必須讀全史之主張。

〔註32〕〈中國文化沿革及研究文哲之方法〉，《約園演講集》第一講，頁1～2。
〔註33〕〈中國文化沿革及研究文哲之方法〉，《約園演講集》第一講，頁4。
〔註34〕〈讀史識略〉，《約園雜著》卷八，頁9。
〔註35〕〈讀劉靜修敘學書後〉，《約園雜著》卷二，頁6。

（靜修）又曰：六經既治，《語》、《孟》既精而後學史，先立其大者，小者弗能奪也。胸中有六經、《語》、《孟》爲主，彼廢興之跡不吾欺也。……《隋史》成於唐興亡之際，激訐好惡有浮於言者，《唐史》舊書劉許作故未完備，文不稱事而新書成於宋歐，雖云完備而有作爲之意或過於實而議論純正，非舊書之比也。然學者當先舊而後新，五代二書皆成於宋，舊則薛居正，新則歐陽子也。新書一出，前史皆廢，所謂一洗凡馬空者也。學者必讀全史，國體、國勢、制度、文物，坦然明白。時以六經旨要立論其間，以試己意，然後取溫公《通鑑》、宋儒議論校其長短是非，如是可謂之學史矣！壽鏞以爲史固不可以盡信，然欲考已往事蹟，舍全史何由？欲折中是非，必先胸有主宰，乃不混淆。靜修先生總論全史評判得失，而欲學者以六經旨要立論其間，尤粹然儒者之言也。

然而讀全史，並非以古泥古。

《孟子》曰：「盡信書，不如無書〔註36〕。」豈可盡信哉？陶淵明讀書不求甚解，意亦如此，非眞不求甚解也。況史何以必讀之，蓋非史則無事可求，一切朝章國故，天下利病，從何溯其沿革，故余謂讀史須具隻眼，且須由我觀史，不以史拘我〔註37〕。

歷史爲一面鑑古知今之鏡子，倘以古評古，專於古書中找現實生活之依據，並不可靠，如何能在史書中找出歷來國故之優缺，明其得失，究其用心，就非得仰賴史學家獨到精審之眼光不可。劉知幾《史通》認爲史家需具備三個條件：即史才、史學、史識。章實齋於《文史通義》中又提出以「史德」爲三者之首〔註38〕，

〔註36〕《孟子》曰：「盡信書，則不如無書。吾於武成取二三策而已矣，仁人無敵於天下；以至仁伐至不仁，而何其血之流杵也。」（《孟子・盡心下》，《四書集註》，台北：學海出版社，1979 年 4 月，頁 205）先生引此文，旨在說明歷史記載倘文過其實，則以文害事實，無所助益，故讀書需備批判隻眼，不可人云亦云。

〔註37〕〈讀史識略〉，《約園雜著》卷八，頁 1。

〔註38〕章學誠，《文史通義・史德》（《文史通義校注》上冊，台北：里仁書局，1984 年 9 月，頁 219～222）說：「才、學、識三者，得一不易，而兼三尤難，千古多文人而少良史，職是故也。昔者劉氏子玄，蓋以是說謂足盡其理矣。雖然，史所貴者義也，而所據者事也，所憑者文也。……非識無以斷其義，非才無以善其文，非學無以練其事，三者固各有所近也，其中固有似之而非者也。記誦以爲學也，辭采以爲才也，擊斷以爲是也，非良史之才、學、識也。雖劉氏之所謂才、學、識，猶未足以盡其理也。夫劉氏所謂有學無識，如愚估操金，不解貿化，推此說以正劉氏之指，不過欲於記誦之間，知所抉擇，以成文理耳。故曰：古人史取成家，退處士而進奸雄，排死節而飾主闕，亦曰一家之道然也。此猶文士之識，非史識也。能具史識，必知史德。德者何？謂著書者之心術也。夫穢史者所以自穢，謗書者所以自謗，素行爲

先生其意尤貴始德，其言：「就史之起訖以核事蹟。」並「以科學眼光觀察全史。」眼界爲集合一個人內蘊特質所激發之光芒。以宏觀、科學之眼界來面對歷史，歷史之回饋作用才眞正具有價值。又以「考史之人物以資論世」，論人知世，知人論世，縱橫時代經緯，剖析歷史得失。一位史學家能由這幾個角度去關照歷史，必能成功地洞悉歷朝各代之政績，朝章典故，進一步結合現實生活，彰顯「史以致用」之眞諦。

由於劍及履及之功夫，使先生不僅熱衷於史書之研讀，對於歷史之種種定論，亦藉由考訂資料之便均加以詳細之比對，並以剖析其謬論，以還復先哲光風霽月之懿德。於〈四明文獻集序〉中對《宋史》本傳對於王應麟的批評提出質疑，

> 先生學行盡在《困學紀聞》，汝其誌之。忽忽四十餘年矣！先公補注者尚未及刊，而重刊先生文集，先生之出處其自所爲墓志言之詳矣！乃《宋史》載先生晚節失實，考宋亡時，先生先以東歸，載在本傳，宋社既屋，杜門里居，肆力撰述，從游之士於是始衆，所著書多成於鼎遷之後，然則所謂棄位而遁，以辭服於賊者，皆小人之淫辭也。世安有蒙媿恥求活之王深寧哉？不解《宋史》何所據而入傳，且先生早歲以博學宏詞自詭，既乃究心天下得失，大事既壞不可收拾，猶疏陳十事，期挽救於萬一，既明知必無可爲，始浩然歸去。重理舊業，五十而學易，垂老而著書，以遺民終，豈復有可疑？竊謂使先生文集盡見於世，必有足以昭示萬祀者〔註39〕。

而於〈定川遺書序〉中亦說明定川先生之操守，不容玷染。序言：

> 謝山增補《宋元學案》，別爲之傳，可謂精審矣！然於修補〈呂大愚傳〉既曰：大愚壬寅至官去以丁未而爲。定川傳則未明言講學歲月。蔣樗庵則曰：改通判舒州不赴，時史忠定方退休里中，割竹洲宅延居之。一若講學在改判後也者，馮舸月、葉縵卿輯「慈湖年譜」亦矛盾矣！且不獨後之人也。王深寧生宋之世爲〈九先生祠堂記〉，其言叔晦以國正家居是已，而謂大愚往還不及三君則非也。慈湖、絜齋是時雖受官而猶家居班班可考，後生小子如壽鏞，何敢自詡多聞，輒云有得，今既輯群書確證具在，因別訂言行彙考以質於世。……讀全書，舉所謂往返論辨以

人所羞，文辭何足取重。」壽鏞先生之重史德，即以其自身看待事物皆秉持公正之態度，故能於歷史中擷取經驗，歷史倘因著述者心術不正扭曲事實，則何以成爲龜鑑，指導生活。是故三才一德，史德尤爲重要。

〔註39〕〈四明文獻集序〉，見《約園雜著》卷三，頁14。

求周覽博考之益者，皆付闕如。奚所資而鏡焉，顧其留遺者，雖僅朱子
謂其大篇，短章鏗金戛玉者猶得於斷殘中見之，若夫訓語所垂，晝觀諸
妻子，夜卜諸夢寐，立大本、明大義，前無堅敵，短兵便爲長技，大可
懼也，即此數語以得概其生平。慈湖稱其砥柱中流，足以起士大夫萎苶
不振之氣者，豈虛譽哉〔註40〕！

王安石變法，先生對於眾人之論，提出看法：

惟學校不可不有正氣，而不可有意氣。如明之東林氣節之士類多出
於其中，豈敢不謂之正氣。然意氣太深因而償事，學士大夫亦應負其責
焉。猶如王安石之變法，說者以爲司馬光拒之過甚，亦應分其過焉，確
爲平心之論。夫君子道長，小人道消，小人道長，君子道消，其不兩立
者勢也，然人而不仁，疾之太甚，亂也〔註41〕。

其以客觀公平之的角度對待人物。觀察史書亦然。

唐杜佑作《通典》，博取五經、群史及漢魏六朝人文集、奏疏之有裨
於得失者，每事以類相從，凡歷代沿革悉爲記載，皆爲有用之實學，非徒
資記聞者可比。宋鄭樵作《通志》與馬端臨作《文獻通考》，悉以是書爲
藍本，論者謂鄭多泛雜無歸，馬或詳略失當。然余謂鄭夾漈講求實學，平
生精力在二十略……其氏族、六書、七音、都邑、草木、昆蟲五略爲舊史
所無，《史通・書志篇》曰：「可以爲志者，其道有三，一曰都邑志，二曰
氏族志，三曰方物志。」夾漈增此三略，正見夾漈之合例，乃反謂之竊據。
是文六書、七音乃小學根本，乃反謂之支流，非史家之本義，以一孔眼光，
妄論古人適見，其孤陋而已。余於三通謂各有所長，而該括則推《通志》
焉，至其諄諄於圖譜之學，尤爲今世所宜取法者也〔註42〕。

蓋以歷史之眼光治學術，必能實事求是，不騰空言，不爭門戶，故其言論便
能中肯致道，其著作定能俾佐人心。先生編輯群書之際，益廣博其見聞，鎔鑄各
家菁華，進而精深於學問，並能由歷史之紛繁瑣碎之中，抽絲剝繭，釐清本源。

三、以「叢書出版」闡明思想、承先啓後

「編輯《四明叢書》需要論世知人，非史學家不能勝任。從這個意義上來說，

〔註40〕〈定川遺書序〉，見《約園雜著續編》卷二，頁17。
〔註41〕〈史之教育學〉，《史學大綱》第八講，頁49。
〔註42〕〈讀史識略〉，《約園雜著》卷八，頁12。

父親本是一位史學家。他自幼愛讀史書，隨讀隨寫札記，名之曰「識略」〔註43〕。」
《四明叢書》中有關史部之作品，共有四十四種，足徵先生對於歷史著作之重視。
尤以《四明叢書》第五集之刊刻，更可見先生對史學之鑽研。先生嘗言：

編第五集即王臒軒先生所作《宋元學案補遺》也，是集讎校最難，
夏同甫、王彥聞兩君出力最多，余並補作序錄〔註44〕。

《宋元學案補遺》由王梓材、馮雲濠合編，此乃凡研究宋明理學及思想史之
人皆不能缺少之重要典籍。錢賓四對此書嘗言：「余去上海又新識光華大學校長浙
江張壽鏞。在其租借之寓所，贈余以其新刻之《四明叢書》，其中王梓材、馮雲濠
兩人之《宋元學案補遺》，尤為余所喜讀〔註45〕。」

先生認為學案之編纂為一值得努力之事。現存之《宋元學案》、《明儒學案》
對於研究史學具有重要性之指標，故進而主張輯編「兩漢三國學案」，並提出構想，
以為需要用變通之方式，先把十三經分類，各家學說輯為一卷，即有十三卷，另
外再匯總不足以成為一家者另成一卷，漢代史家可成為一卷，漢代諸子亦可成為
一卷，如此豐富之內容，不僅達到學問所要求「廣」，對於瞭解當時政教風俗、師
法家法等均有可觀之處。且言：若有同學願意擔任此一任務，則以他六十四歲之
年紀，仍希望有空暇與其共同協力，齊心完成。然天不假時日，先生捐館時仍無
法如願。除有心編撰「兩漢三國學案」，先生亦有編纂「唐儒學案」之構想，倘有
一部優秀之「唐儒學案」，則能與《宋元學案》相銜接，對中國學術研究定當是一
件有意義且有價值之工作。

對於學案之編纂，先生寄予極大希望，勸勉光華同學能有心為之，因學案史
為中國歷史研究中不可或缺之一環，一朝代之學術思想，一宗派之學術流變，在
學案中皆可依循其清晰脈絡，找到歷史之真相。先生寄望學生能繼續於其講稿上
搜尋材料，使講稿之內容臻於充實，然後編著成學案以傳永久，方不辜負其一番
講學之苦心。於斯，吾等即可完全明白，纂述與出版之用意，乃先生主張「史學
致用」之體現與其薪火不墜之象徵。

叢書之問世不僅傳達其體國濟民之用心，同時也彰顯其思想與主張。該書所
收集的有關理學方面之著述，主要是以陸象山一派為多，就楊簡而言，先生不僅
收錄其著作如，《楊氏易傳》、《慈湖詩傳》、《先聖大訓》、《石魚偶記》等，尚有其

〔註43〕 張芝聯，《約園著作選輯‧序》。
〔註44〕 〈張約園自訂年譜〉，《約園著作選輯‧自述》，頁408。
〔註45〕 錢穆，《師友雜憶‧成都齊魯大學國學研究所》（見《八十憶雙親‧師友雜憶合刊》，
　　　　台北：東大圖書有限公司，1983年1月），頁208。

《遺書》、《年譜》，並爲其編寫《新增附錄》一卷，輯編於《四明叢書》八集中。針對一人收錄其眾多作品，不僅有其個人喜愛之程度，且因爲陸、王一派理學思想影響浙東史學之發展，先生繼承此一史學系統，並更加以發揚光大。

浙東學術偏重史學，也重視經學，鄞縣更有萬泰萬氏家學，萬斯選精通於理學、萬斯大精通於經學、萬斯備則精於史學、又有二姪萬經、萬言都是精於史學之專家。《四明叢書》中收有史學著作，集集皆有萬斯同之著作，可謂獨占鰲頭。

歷史眼光不特於治學，且力行於生活處事之中。編輯《四明叢書》，先生不以狹隘之地域觀、不以偏私之種族性來評斷作品，而以作品評斷作品，以人品評斷人品，以客觀而求是之標準來衡量。故《四明叢書》中有非四明人而居四明之文人作品，有非漢人而居四明之文人聲音，從歷史之角度觀察，《四明叢書》之編刊既深又廣，它以「歷史」教育後代，成就後代，凡其著述裨四明掌故者概在甄錄之列，意在徵集文獻，非求該人身份，故非本鄉人仍擇善而從。此一傳承之用心，即是「史學致用」實踐之用心。

先生以科學之眼光，宏觀之態度體察歷史事件，並以叢書見證歷史之軌跡，將其個人史學思想廣而佈之，尤以其保存先人智慧，庇蔭後代子孫，開創繼起之新生命、新生活之作法，值得肯定。

第三節　求復本心之教育理念

人民爲立國之本，教育爲人民立身之本。國家之繁榮與進步不僅在外在環境之富裕與否，在於人民內在之涵養，知識之水準。人民素質之良窳爲國家盛衰之指標，教育又爲各項指標之首要。而教育內涵又以道德精神之培養，文化精神之涵泳，以及本心之追求爲首要。

一、「成德」精神之養成教育

先生對於教育十分推崇三代以前之感化教育，首重精神建設，對於後代教育率爲干祿之具，盡失古意不表贊同。故對於光華學生，其言：

> 臻斯校於盡善盡美，永久而不敝，使國人皆曰：深沈純摯之愛國觀念，由光華啓之〔註46〕。

又言：

〔註46〕〈光華五週年紀念書序〉，《約園雜著》卷六，頁64。

光華之精神首重心理建設，畢業學生大都於人格上尚能完全無缺，老夫是要居些功的。至於學業上全在教師，亦在學生自己，而光華能師生合作，故精神上極表圓滿〔註47〕。

可見先生相當滿意於其所致力之教育工作，並且從中享受此「得天下英才教育之」之快感！所謂「感化教育」，先生提到：

昔人有云皋夔稷契，何書可讀，不知皋夔稷契之時未嘗無書，所謂三墳、五典、八索、九邱之類是也。但今不傳耳，進一步言之，如《虞書》所謂慎徽五典，五典克從，以至烈風雷雨弗迷者，皆形容感化之道也。故其〈命契〉曰：「百姓不親，五品不遜，汝作司徒，敬敷五教。」再寬是唐雖用感化主義，而不親不遜者亦未嘗無之也。其道在敬敷五教，五教者即父子有親、君臣有義、夫婦有別、長幼有序、朋友有信是也。五者爲當然之理而爲之教，令敬敬其事也，寬寬裕以待之也。蓋使之潛移默化非如後世束縛馳驟，亦非後世一暴十寒也。……《孟子》所謂明人倫也。人倫明於上，小人親於下矣！《周禮·大司徒》以鄉三物教萬民而賓興之，一曰六德：知、仁、聖、義、忠、和；二曰六行：孝、友、睦、姻、任、恤；三曰六藝：禮、樂、射、御、書、數。王陽明曰：「唐虞三代之世，教者惟以此爲教，而學者亦惟以此爲學，人無異見，家無異習，安此者謂之聖，勉此者謂之賢，而背此者雖其啓明，如丹朱亦謂之不肖。下至閭井田野農工商賈之賤莫不皆有是學，而惟以成其德行爲務，何者無有？見聞之雜，記誦之繁，辭章之靡濫，功利之馳逐，學校之中惟以成德爲事，而才能之異或有長於禮樂、長於政教、長於水土播植者，則就其成德而因使益精其能，於學校之中迫夫舉德而仕，則使之終身居其職而不易，若皋夔稷契者則出而各效其能，若一家之務云云。」觀陽明所言上以此求，下以此應，人人之所以爲學者，學以成其德，德成而達於人，即所謂修己以安人也。……孔子爲私人講學之始，四科先德行據成材言也，四教首文行據所學以及所行言也。孔子門人之講學，子游以子夏之門人灑掃應對爲末，而子夏則以孰先傳孰後倦爲解，子夏之門人問交於子張，子張以子夏可者與不可者拒之爲異乎？我所聞而謂我之大賢，與於人何所不容，我之不賢與人將拒我如之何？其拒人也。教育之方式種種不同，要同歸於善而已。至孟子講學主性善，謂人皆可

以爲堯舜，而養氣之論亦爲前聖所未發，而終結於學問之道，求其放心而已。楊龜山爲《孟子》一書只要正人心，至論仁義禮智則以惻隱、羞惡、辭讓、是非之心爲之端，此又孟子之教育也，其要旨在於感化，故曰人樂有賢父兄也〔註48〕。

由三代之感化教育到孔子、孟子的儒家性善學說，均以「成德」爲教育之內涵，成德方能達人，成德始能用世，不僅以修己安人爲個人脩養之目標，更以此論兼善天下之要件。故古人說：「國家用才先器識而後文藝。」又司馬光亦言：「取士之道，當以德行爲先，藝能爲末。」而其內涵即爲「學問之道求其放心而已。」先生以孟子此一發前人所未發之言論爲思想發軔，以道德教育，本心追求，作爲紮實基礎教育之重點目標，務祈學生在人格教育上能有圓滿之收穫與成就。

教育之目的在於陶冶美好之心性，而成就徽德之不二法門惟追求高深之學問不可，其中又以「德行」之學最爲重要。祇有將感化教育推展至極致，學問方爲有用之學，並能在博學、審問、愼思、明辨之中，更進一步篤實行之，惟知行合一之學問始稱大學問，此亦以追求本心爲教育理念之精神所在，亦即先生所謂：「學校之中惟以成德爲事，而才能之異或有長於禮樂、長於政教、長於水土播植者，則就其成德而因使益精其能，於學校之中迨夫舉德而仕，則使之終身居其職而不易。」「觀陽明所言上以此求，下以此應，人人之所以爲學者，學以成其德，德成而達於人，即所謂修己以安人也。」之境界。

自古以來，中國教育不特於精神上，在制度上亦皆強調「成德」之重要。而成德之工具爲教育，教育之根本於學校，此亦先生之所以視「收回教育權」如生命般重要之緣由，正因中國教育方式與外國迥異，更遑論內容之差異，尤以「五倫」之民族素養乃外國教育所不見。故先生又言：

> 自古治日少而亂日多，說者以爲政治不良之故，而我則謂教育不良之故也。教育之不良責之於上不如責之於下。子產不毀鄉校，即公論從學校出也。……隋之王通，門牆皆將相才，唐興取而用之，貞觀之治爲三代以後之冠，據此言之乃知治法必先治人，而治人必先宜有自信者，在自信尤在人人受教育也，教育者至治之原也〔註49〕。

其闡述十分清楚，「教育」爲達到國治之本原手段，故教育權必須操之在己，方能培育信念堅定之國才棟梁。「方今人才大變，尤宜挽回普及教育，尤爲重要。」

〔註48〕〈史之教育學──三代以前之感化教育〉，《史學大綱》第八講，頁46～47。
〔註49〕〈史之教育學──教育與政治之關係〉，《史學大綱》第八講，頁49。

先生以建構全面性之教育藍圖爲基礎，由光華大學所設立之科系中應證〔註50〕，當時教育重點爲：

> 居今日而言，教育既不能盡限於經，且不能全圉於史，而普通知識與專門及高等技術皆宜歸納於教育之中，則決非專爲祿利可斷言也……然徒執書本仍無益也，尤以宜重實驗庶不至有閉戶造車之誚，且尤宜講品行，庶可得特立獨行之士而智識技能自在其中矣〔註51〕！

「普通知識與專門及高等技術皆宜歸納於教育之中」衡以今日教育，先生所言極是！故從事教育者絕不能目光如豆，短視近利，而忽略求復本心以及「成德」之教育本質。

二、「摒除門戶之見」之治學態度

對於治學，先生一再申說不可存有門戶之見。治學所求是眞理，非人事之繁瑣雜務，要注重時代背景與精神，非自私地因人制事，因事制宜。

> 研究學問不可存有門戶之見。有人以爲宋明理學已受佛教的影響而有心學禪學的譏諷，那麼他們對於魏晉的玄學一定也是不贊成的了。不知我們所研究的只是眞理並不在外表上和名詞上去起爭執，如朱子《大學》注：「明德者，人之所得乎天而虛靈不昧。」難道虛靈不昧也是禪學不成，何況佛教自有他的精神，歷史殊未可存而不論〔註52〕。

若心有成見，則治學必無所發現與創見。學問本身是客觀之主體，它歷經時代焠鍊，爲前人智慧之累積，無論是贊成或加以推翻，必定要有一分證據說一分話，如此治學方能精益求精，更甚者後出轉精，方能嘉惠後世學者，提供學術題

〔註50〕先生在〈己卯光華年刊序〉（《約園雜著續編》卷八下，頁34）中說道：「學校者所以植人才，應世變也。應一時之變易，應未來之變難，一時之變狼突豕奔有時而息，未來之變鯨吞蠶食其患無窮，吾將擇何術以處此乎？就吾校之學系言曰中國文學、曰外國語文、曰政治、曰教育、曰歷史、曰社會、曰數理、曰化學、曰土木工程、曰經濟、曰會計、曰銀行、曰工商管理，苟人人而深造焉，其足以應變乎未可知也。倘僅得其皮毛焉，其有負於植人才之意，則罪大矣！」足見光華大學是一所綜合大學，培養學生應變未來社會之變，更以此說告學生應瞭解所學爲工具，要應變適用於今日，則曰：「孟子云由今之道無變，今之俗雖與之。天下不能一朝居也，欲變其俗首在懍懍乎，匹夫之責，就就求事理之眞，負責則可經可權，合理則宜今宜古。」誠如所言：「學術研究也可以做救國的一條大道。」不過這條大道必須與生活結合，應變時局，才是眞正的學以致用。

〔註51〕〈史之教育學——三代以後之利祿教育〉，《史學大綱》第八講，頁47。

〔註52〕〈魏晉學術綱要〉，《約園演講集》第六講，頁39。

材與營造良好之研究環境。

> 是非不在一時，而在千古。廿五史中是是非非不知多少，全在論世
> 知人，盡信書則不如無書，孟子能看破書之誤人，故能做此語。（陽明）
> 先生欲人從良知判斷，庶可不爲書所惑，不爲一時一事所拘束而身發明
> 之，對於古人如此，對於今人亦如此，方見大學問〔註53〕。

對於是非之判斷，先生提出如此看法，而於治學一途更應明辨是非，若昧於事理或迎合時尚，無疑地將斲喪往聖先哲治學之苦心用意。故言：

> 若夫以陽明爲霸儒，未免門戶之見，以李卓吾爲盜儒，則見其聞道
> 之嚴矣。先生生當明末，感憤國事，以武王伐紂爲報父兄之讎諸篇首，
> 其意可知。臣盡愚也，天下治矣！尤太息於巧宦者之多也，更言有志忠
> 君孝親而常借助於朋友，朋友之倫與君父並列而無軒輊，則其望諸聲氣
> 相應者又深也。嗚呼！今之世內憂外患之迭乘與明之季無異也，天理泯
> 而人欲肆，儒學之墜，誰其拯之〔註54〕？

門戶之見爲學術鴻溝，若無法摒除，則道統垂危，人心惶惶，先生懼此，特以申明，希冀拯茫茫墜緒，承儒學道統。

不特於治學之態度力摒成見，「有教無類」亦爲先生摒除門戶之見之重要依據，其言：

> 《中庸》曰：成己仁也，成物之也，家大人訓小子者成己也，己不
> 能成而求成人乎？……迨後奔走四方己無所成，遑論成物？顧於從政之
> 餘失諸中久矣。成物莫大於樂育人才，於是一盡力於吾鄉之廢書院，改
> 學堂，再盡力於浙江之議創大學〔註55〕。

「教育之所以濟世則必普及於社會」，所以光華大學設有附中、附小即是一證；先生要發展小學教育、平民教育、殘障教育，使人人都可以讀書，提高人民素質，培養有用之賢臣將才。而編輯《四明叢書》則是另闢一條教育之道路，以鄉獻啓迪民風，團結百姓，激發愛國情操，民族思想。先生對教育之熱誠，正在於他鍥而不捨之定念與執著，凝聚中國人民之力量，創造國家之盛世。

除求復本心之教育理念，先生之教學方式是相當具有特色。筆者從其對學生之演講稿中發現，其講話皆有一定之法則可遵循，爲學生設想周到。首先，必定交代演講內容之人物時代背景，其言：

〔註53〕〈王學發揮・是非篇〉，《約園雜著》卷一，頁13。
〔註54〕〈管天筆記外編序〉，《約園雜著》卷三，頁20～21。（《四明叢書》第一集）
〔註55〕〈光華年刊序（1936）〉《約園著作選輯・教育》，頁250。

我們要把一種學問講得有系統，必須要注重那個時候的環境背景〔註56〕。

再者言思想內容，先生於此著墨最多，所用方式為條綱目舉，務求所列各項均在有條理之陳述下，深入淺出，使同學皆能於自然之情境中獲得學問，得到啓發。對於複雜之問題，先生喜歡以表格來呈現，此舉最是簡單，而且一目了然。俞碩遺描述上課之情形：

> 約園師為諸同學說經史畢，又繼之以子所著講稿曰《諸子大綱》，上自周秦以逮漢晉唐宋元明諸子，靡不挈其要領，揭其大旨，總論之不足則分論之，分論之不足則為圖表焉，以析其統。……夫百家之學，各有所見，時有所蔽，揆之以中庸之道則或不免於偏其辭，蓋駁如也，然合其歸要皆六藝之餘第，識大識小之或異耳，且夫先聖王之大經大法治世之憲章也，或不能盡用于否剝之時，易曰窮則變、變則通。窮而變，諸子之學之所由生也。變而通，諸子之學之有用於衰世也，徒尚變焉而或未必果通，則又不能不折之以聖王而後世尤不能不慎所擇焉。昔諸葛武侯莅蜀，純主法治，夫以武侯之賢且才豈不睹乎先聖王之大體而獨出於此者何也，良以變亂之際固不可馭天下以常道，乃不得不有取乎法治，然後而蜀卒以治。今觀約園師所為書於諸子之學，往往闡微索幽，源流必明，得失必詳，而尤津津於救世致治之要。嗚呼，我知夫子固深冀夫今世之有諸葛氏焉〔註57〕。

提綱挈領之表格，亟須經過作者深思熟慮後方才建構，如何使龐雜資料呈現於簡單之表格中，乃考驗作者之問學功力與思考能力。先生利用表格之條理，引發學生之學習動機，並於記誦之過程中益以表格之輔助，使枯燥之文字變身成為易於記誦之條列，使學生無畏於學問之根本，而吸吮養分，繁茂枝葉，這種向下札根，向上發展之教學方式與態度對於知識之啓蒙具有深切之影響力。不僅於知識教導上有其遵循之指針，於思想之啓發，先生更要求學生要能辨彰學術源流，切不可道聽途說，以旁門左道影響問學。每一章節之後，並要學生多方思考，所學是否適用於今日社會，要求學問與生活緊密相通。

> 我們研究學術要注意師承和實用。……我一向主張學問要求實際〔註58〕。

教育之本質乃在於求本心之體用，是要回歸於三代之感化教育，於精神上求得圓滿。以求復本心之教育精神為體，顯用於歷史哲學之觀點，先生將其思想應

〔註56〕〈讀墨子的方法〉，《約園演講集》第二講，頁5。
〔註57〕俞碩遺〈諸子大綱識〉，《諸子大綱》，頁92。
〔註58〕〈唐學術綱要〉，《約園演講集》第八講，頁69。

用於日常作息，是爲實踐知行合一之準則。

第四節　知行合一之實踐哲學

先生受陽明學說之影響，特重知行合一哲學，言：「一生爲人不蹈小人一途者，皆陽明先生之學之賜也。」足見「知行合一」是先生一生行事之繩矩。凡事「貴在實行，不尙空談」，亦即「說得出，做得到」。先生將此理念實踐於生活當中，亦實踐於仕途與辦學之管理。

「知行合一」之內涵在於「知本末」，並求其「身心上做工夫」。唯有明白事物之本末，且能在身心上執行，方能「即知即行」。在〈重印明本釋序〉中，先生說：

> 《明本釋》者，宋東平劉荀不得已而作也，其書大旨謂天下事物莫不有本，因舉其關於大體者，……其言具有本末，所謂接人之端，進德之門，治道爲政之要，蒞事行己之方，王霸之別，釋老之辨，諸學之源，末學之弊皆盡之矣！余讀其書，拳拳服膺，弗失。竊嘆生今之世，人人逐末而已矣！本於何有，其〈懲源〉一條，引唐陸宣公言曰：「若不靖於本而務救於末，則救之所爲乃禍之所起也。」……〈實用〉一條，引伊川語曰：「非知之艱，行之維艱，此固是也，然知之亦自艱，譬如人欲往京師，必知路然後可往，如不知雖有欲往之心，其將何之？自古非無材能力行者鮮能明道，以此可見知之亦難也。」……余忝長光華大學兩年餘矣，以知行合一爲校訓，懼諸弟子之無以樹厥本也。家藏聚珍板《明本釋》一書，爰景印分贈之。王君省三毀家興學之人也，見之愛不釋手，力贊余之重印焉。東平劉氏之言曰：明本蓋有不得已而作也，余抗塵走俗無補時艱，鬢髮漸蒼，浮雲世事，藏書尙夥，將取有裨世道人心者彙爲約園叢書，而以是書爲首，蓋亦有不得已焉爾〔註59〕。

先生於序中娓娓道出將《明本釋》置於「約園叢書」之源由，乃爲體悟明根本是「知行合一」之基礎，凡事若不知其根本所在，或專執於一隅，以致本末倒置，或捨本逐末，即難以實踐，而達到「即知即行，能知能行」之境界。

「學無大小之分，小學蓋所以爲大學也。」故「明根本」爲知之起始，「格物之功只在身心上做」即是行之實踐。將此二者合而爲一則是心之表現，因爲「心即是理」，對於任何事物都要能做到「心外無物」，透過往身心上做的工夫，就能

〔註59〕〈重印明本釋序〉，《約園雜著》卷六，頁 1～2。

體驗知行合一之哲學觀，故於龍場居夷處困之環境中，王陽明從怨嘆環境轉而利用環境，亦即從明根本，瞭解「天下之物本無可格者，其格物之功只在身心上做」之道理。陽明道：

> 古人所以既說一個知，又說一個行者，只爲世間有一種人，懵懵懂懂的任意去做，全不解思維省察，也只是個冥行妄作，所以必說個知，方才行得是。又有一種人，茫茫蕩蕩，懸空去思索，全不肯著實躬行，也只是個揣摸影響，所以必說一個行，方才知得眞。此是古人不得已補偏救弊的說話。若見得這個意時，即一言而定。今人卻就將知行分作兩件去做，以爲必先知了，然後能行。我今且去講習討論做知的工夫，待知得眞了方去做行的工夫，故遂終身不行，亦遂終身不知〔註60〕。

吾等益可於此段文字得知，知行合一是要從身心上去執行。對任何事，先生言：「時時求慊於心，包含得一切修養。」此即陽明學說「集義無所慊於心」之工夫。於《王學發揮・知行篇》說道：

> 有一屬官因久聽（陽明）先生之學，曰此學甚好，只是簿書訟獄繁難，不得爲學。（陽明）先生曰：「我何嘗教爾離了簿書訟獄懸空去講學，爾既有官司之事，便從官司的事上爲學，簿書訟獄之間無非實學。」吾謂即此段而觀學以求知，知在能行，各人所處不同，就所處者即知即行，便是大學問〔註61〕。

「知行合一」並非難事，能就所處即知即行便是大學問。但自古行難於知，孔子告誡門生，「君子欲訥于言而敏於行。」又言「古者，言之不出恥躬之不逮也。」皆是言篤行之重要。是以先生進一步闡明：爲學重在實踐，不實踐不足爲學也。於撰寫《皇朝掌故彙編》時，先生以其編纂之目的乃於「實採群言，徵諸人事，將施有政。」以爲後代明其沿革，知其得失之依據。然此書之成，仍值復策制義之際，亦不免流於「資時文之楦具」，故感慨言道：

> 但此書之編，龐雜無體，蓋友人均爲科場應用而作，而我硜硜欲稍求完整，因之所編寥寥然，至今引以爲憾〔註62〕。

知行以致用，故於辦理教育事業，以追求本心爲學生灌輸良知良能之清流，因學校是「知」之開始，是明根本之所在，他特別注重學生之人格塑造，凡事以身作則，以身教、言教來關懷學生。治學與生活密切相關，知與行之緊密結合，

〔註60〕 王陽明，《傳習錄》上，第五節。
〔註61〕 〈知行篇〉，《約園雜著》卷一，〈王學發揮〉，頁4。
〔註62〕 〈六十年之回憶〉，見《約園著作選輯・自述》，頁385。

就能在「即知即行」之精神感召下，做到「知行合一」之眞功夫。

> 方其經營之時，狂奔疾走，呼號相及，借甲償乙，補屋牽蘿，托缽
> 題緣，自忘愚癡，熱情者一呼便應，冷嘲者譏爲多事。於是財無分於公
> 私，事兼理於鉅細，訪求師範登門鞠躬，考訂章程專家是賴，以知行合
> 一相激勵，昭然相示，以肝膽締造之艱，非身歷其境者，不知也〔註63〕。

對於光華大學成立之艱辛，先生以「知行合一相激勵」，簡單一句話，卻蘊藏
著無限之堅持，仰賴「知行合一」之實踐哲學，使其在篳路藍縷之創校過程間能
無懼於動盪之時局，此所以闡述學說難而實易，精神之貫徹易而實難之道理。

於〈新生活基本觀念〉一文，更以「重實踐、不空言」與學生砥礪，

> 自蔣先生提倡新生活，一時全國景從。我光華以「復禮」、「喻義」、
> 「養廉」、「知恥」四大隊爲實施之，支配以守規矩、維秩序、事清潔、
> 準時間爲入手之初步。我更與同學敦勉，重在實踐而不在空談，今更與
> 同學言之，新生活者，人類之新生命也，譬如昨日死，今日生，已往不
> 諫，來者可追，顧吾人欲知新生活之重要，不能不有一種基本觀念〔註64〕。

此一基本觀念正在於格物致知，進而往身心上做，達到知行合一之實踐。先
生立志辦教育，主動且積極參與廢書院，建學堂，用心收回教育權，當光華大學
成立時，以「知行合一」作爲校訓，即是以貫徹陽明學說「致良知」與「知行合
一」之身與心之體悟與實踐。

> 癸卯（按：光緒廿九年，1903）春，應方啓南先生之約，赴正陽關，
> 在潁岸半年，一生學問之最得力者，即在此半年中，《大學》所謂：「靜
> 而後而安，安而後能慮也。」三間茅屋，官事清閒，每日看《王陽明全
> 書》，覺得萬物靜觀皆自得，此種氣象可爲入道之機。今所著〈王學發揮〉
> 皆濫觴於斯時也〔註65〕。

癸卯年（按：光緒廿九年，1903），乃嘉祿公辭世後三年，先生仕宦之始，一
方面由於其剛正不阿之性情，再者陽明學說「無慊於心」之深刻影響，於處理公
務時，不特謹守份際，貢獻所能，遇有不平之事，即挺身相助，據以力爭，不畏
強權。縱使居於高位，仍以人民爲重，凡事務求嚴格實施，督飭地方官吏，「宜即
實行、籌備，毋托空言。」「爲政不在多言，顧力行何如耳」，此等不做非分之想，
不以徒有空言，是知之智慧與行之踐履。

〔註63〕〈光華五週年紀念書序〉，《約園雜著》卷六，頁42。
〔註64〕〈新生活基本觀念〉，《約園雜著》卷六，頁58。
〔註65〕〈六十年之回憶〉，《約園著作選輯·自述》，頁385。

總而言之，先生之思想脈絡乃承傳著儒家思想之精髓，以儒生濟世之精神，施展政治抱負於財政政策；傳達教育理念於光華治校；以史學致用薈萃經驗；以知行合一惕勵自勉。

《大學》：「生財有大道，生之者眾，食之者寡；為之者疾，用之者舒；則財恆足矣。」生眾要開源，食寡以節流，為疾而興利，用舒以除弊，先生深諳惟有重農業興礦務，汰冗員倡節約，興實業幹實務，訂歲計杜濫支，國家才能具備有充足之財用，人民才能安居樂業。

「夫以銅為鏡，可以正衣冠；以古為鑑，可以知興替；以人為鑑，可以明得失。」此為唐太宗以為座右之警語。國家之興亡盛衰，主政者之成敗得失，皆需要以「歷史」明鏡，時刻惕勵，方不致重蹈覆轍。是故，先生教育學生以「史學致用」之觀點，乃從故事中瞭解問題之來龍去脈，用以掌握時機，駕馭未來之利器。

《列子》說：「大道以岐路亡羊，學者以多方喪生。」《孟子》亦言：「學問之道無他，求其放心而已。」正反映著追求本心之教育理念之重要性。惟有於「本心」上下功夫，方有成熟之個體，方能面對世間之紛擾煩心，而作出明確之選擇，利於眾生之選擇。

《易經》上說：「天行健，君子以自強不息。」惟有自強不息之實踐精神方能成就一番大事。「致知，必在於行；不行，不可以為致知。」先生畢生奉行「知行合一」哲學，無疑地就是從小事情做到大事業。誠如所言：「知在能行，各人所處不同，就所處者即知即行便是大學問。」

「濟民用世之民生思想」、「史以致用之史學觀點」、「求復本心之教育理念」、「知行合一之實踐哲學」為其思想之四維，此四維見證先生畢生豐碩之事跡，見證中國近代史上一位成功之財政專家、教育學者及藏書出版家。

第四章　張壽鏞之藏書

　　江浙自來即爲藏書之鄉，尤以四明地方人文淵藪，更有「文獻之邦」美稱〔註1〕。
　　寧波（鄞縣）素有藏書傳統，兩宋時以樓郁樓鑰爲首，開藏書風氣之先，元
有袁桷「清容居」，明代初期有豐坊「萬卷樓」，爾後有范欽「天一閣」、陳朝輔「四
香居」，清有鄭性「二老閣」、盧址「抱經樓」、黃澄量「五桂樓」、徐時棟「煙嶼
樓」，其藏書量可觀，在當時即保存大量珍貴之典籍。錢大昕〈抱經樓記〉云：「四
明古稱文獻之邦，宋元之世，玫瑰樓氏，清容袁氏，藏書之富，甲於海內。明代
儲藏家則有天一閣范氏，而四香居陳氏、南軒陸氏次之。然聚多易散。唯范氏之
書，巍然猶存，浙東西故家，莫能逮焉〔註2〕。」民國年間，後起之藏書家爲延續
文脈，仍孜孜以求。張壽鏞「約園」、馮貞群「伏跗室」皆爲著名且具有相當影響
力者。張壽鏞，從民國九年（1920）開始大肆蒐購，直到廿八年（1939）間，已
有藏書十六萬卷，庋藏於「約園」，又積極整理鄉邦文獻，出版《四明叢書》。
　　本章擬就先生藏書源流，藏書特色及其典藏與歸處，說明其對於藏書之熱愛。

第一節　藏書之源流

　　壽鏞先生之藏書，可溯自其父親嘉祿公，嘉祿公之藏書以「經學」爲多，乃
以因應科舉制義所需，亦即先生藏書之基礎。《寸草盧藏書目》即是先生爲父親之

〔註1〕宋、明、清三代江浙藏書家佔全國總數之比例，較其他區域佔有絕大的優勢。依據
　　　〈古代私家藏書與社會歷史環境〉一文中針對區域性之分析，以江浙地區藏書家之
　　　統計，宋代約佔有百分之三十，明代有百分之六十五，清代亦有百分之五十七，足
　　　見該區域藏書風氣之盛。周少川，《藏書與文化》（北京：師範大學出版社，1999
　　　年），頁173。
〔註2〕錢大昕〈抱經樓記〉，《潛研堂文集》卷廿一。

藏書所編纂之書目。

先生聚書始於民國八年（1919）冬天，其〈閒散〉〔註3〕詩：「海王村彳亍，
洵爲醫俗方。」其下註曰：「余搜求舊書，實自是冬始。」是年爲己未年，先生四
十四歲。由於早年溺於詞章，所收典籍乃以詩文集爲主，三十歲以後至江蘇工作，
然因俸祿尚不足以持家，或有零星購置，所得無多，而於財政廳長任內，政務繁
忙，亦無法專心蒐羅購置。嘗言：

> 欲誌書目之編製，宜述購書之經過。余自幼好書，年甫冠，見楹書
> 中所有，經學爲多，時方探討文學，於是自二十歲至三十歲所得皆文集
> 也，然爲普通本。三十歲以後需次吳垣，祿尚不足以養家焉，有餘力及
> 此，雖有購置亦僅耳。壬子（按：民國元年，1912）以後，三年在浙，
> 三年在鄂，政務冗雜，閱書不暇，更何暇於購書；購書之廣自庚申（按：
> 民國九年，1920）年始，善本之得亦肇於是，乙丑（按：民國十四年，
> 1925）而降，久居春申所獲益精，而以己巳（按：民國十八年，1929）
> 之收陶氏涉園書，庚午（按：民國十九年，1930）收歙縣宋氏一覽樓書
> 爲最足滿意者〔註4〕。

先生於〈六十年之回憶〉一文云：「由鄂調燕此數年最無足述，然收羅書籍之
多，實在數年中，隨得隨讀，以補歷年仕途中未讀之失〔註5〕。」可知，先生自民
國九年（1920）後，積極蒐羅，終至藏書十六萬卷。

若論其蒐羅典籍之方式，有下列三種途徑：

一、購自書賈

藏書家孫從添說：「購求書籍，是最難事。」財有餘力，購書自藏，是藏書家
收書最爲普遍且直接之方式，先生生平購置之圖書，所費不貲。

先生嘗言：「隕墜慮風華，訪書聊遣日〔註6〕。」時辛酉年（按：民國十年，
1921），先生仍在北京。該年於燕肆購得《臨安志》、《孝經》；後又花費二百番得
陳銘海補注全謝山《句餘土音》三十二卷。

> 全謝山《句餘土音》序中述吾鄉詩社之源流，由宋元祐紹聖間以迄
> 有清之初，既詳且備。而土音之作乃於同人，爲眞率之約，有感於鄉先

〔註3〕《約園雜著續編》卷六。
〔註4〕〈編製書目彙誌〉，《約園雜著三編》卷三，頁23。
〔註5〕〈六十年之回憶〉，見《約園著作選輯‧自述》，頁388。
〔註6〕〈留京〉，《約園雜著續編》，卷六，頁20。

輩之遺事多，標其節目以爲題，藉志枌榆之掌故也。余所藏刻本爲嘉慶
甲戌開雕者，其鈔本二冊余得之者又與刻本不同，不載詩話而鈔本則有
之，刻本、鈔本皆有註而未詳備耳。陳銘海……諸生，吾鄞人，嘉慶十
年館於慈水陸氏有意補註斯書，日積月累漸成卷帙，觀其自序蓋成於道
光九年也，凡三十二卷〔註7〕。

　　此爲先生第一次有購書金額之記載。第一次以重金購書，第一次購得珍本，
在記錄中可得知先生之興奮及期許。次年（1922）又出四百番，購得《職官分紀》
一書，此係天一閣舊鈔，於職官記錄詳備，先生愛不釋手。全祖望刪定《晉書》，
則由甬上人手中以五百番購得，該書中鈐有「盧氏抱經樓藏書圖記」；而於所購典
籍中，令先生以自豪者，乃是由阮元集幕友何元錫等校《太平御覽》，其言：

　　　　此阮文達公任浙江巡撫時，集幕友錢唐何夢華、嚴厚民共爲讎校者
也，閱一年始畢。行款字數皆以朱筆縱橫爲記，宋本間有錯字，雖明知
其非，亦錄於本字之旁，所謂呆校。……阮序所云：「全依宋本，改動一
字即不能存宋本之眞。」是也。此書卷一鈐有浙江巡撫紫色印爲阮氏文
選樓舊物，其後歸歙縣宋補庵，宋氏爲之築樓以栖之，名曰：一覽樓。
庚午（按：民國十九年，1930）秋，余得之於鎮江，計值千番，爲生平
購書之第一豪舉，然於所藏讎校之書，亦以此爲第一〔註8〕。

對於孫玉仙先生手校《剡源集》言：

　　　　此書爲玉仙師依據各本一一題綴於上下方，鉅細無遺。而於何義門
所校讀者述之尤詳，皆迻錄於郁氏宜稼堂本者也。郁刻全依萬曆辛巳本，
而萬曆本黃蕘圃曾以何氏本校過，亦有數字未校出，余用紫墨補校於此。
黃蕘圃又見周漪塘藏本諸爲玉師所未見，玉師棄世久矣，丁丑（按：民
國廿六年，1937）夏，余有事於杭州，書估忽以此書來售，余見之悵然，
遂以百二十番購得，他日有重刻《剡源集》者可此爲底本，更參以黃校，
庶乎無憾矣〔註9〕。

欲購善本實非不易，機會難逢，但非不分即選購之，仍須注意其內容、刻板

〔註7〕〈陳新涯銘海補注全謝山《句餘土音》三十二卷〉，《約園雜著三編》，卷三，〈普通
　　　　鈔本藏書題跋〉，頁19。
〔註8〕〈阮元集幕友何元錫等校《太平御覽》〉，《約園雜著三編》，卷一，批校本藏書題跋，
　　　　頁8。
〔註9〕〈孫玉仙師鏽手校《剡源集》〉，《約園雜著三編》，卷一，〈批校本藏書題跋〉，頁
　　　　11。

等。《宋史記》之購得，於該藏書題跋中得知：

> 余於庚辰（按：民國廿九年，1940）冬，因弟子王瑗仲、蓬常之介，謂：王損仲《宋史記》稿本有人攜至唐蔚芝先生所，如欲購得非八百番不可，余爰以瑗仲商定分兩次付款，全書於是歸我矣。夫《宋史》繁蕪，昔人言修者屢矣。然天下幾遷，固雖以新舊《唐書》、新舊《五代》之比較尚不能無短長之辨，況非宋歐其人乎？顧有大志者挺身而出，得失是非自認之，成為一家之言，則津逮後學，增益其見聞而參證其事蹟，斯其功烈又焉可沒哉。然則損仲之書斷宜公之於世，矧採拾於舊聞私史者極多，而凡例所言固有獨到之處也，謂宜由政府飭中央圖書館校刻之，庶不致久而使其稿飄零焉〔註10〕。

弘治本《五經白文》乃花費四百番購得，先生言：

> 此五經白文十六冊為明弘治九年丙辰琴川周氏刻本，其自跋云：「覆考究文字加讎校，謹遵正韻而端刻之，洵哉端刻也。此書經抱雌讀過，抱雌不知何人，待考。其於《易》獨詳，《詩》次之，《禮》又次之，《禮》之〈曲禮〉，朱筆題者別一人，非抱雌也。《書》、《春秋》則又次之。然五經遍讀，到底不懈，有恆人也。」書面題抱雌臆說（或題偶解），所說不矜奇立異，而平易近人，於《詩》遵〈序〉，惟〈關雎〉則持異論，統觀之，不失為篤實君子〔註11〕。

自民國十年（1921）起至廿八年（1939），此十九年間，是先生購書最為得心應手之階段。

二、徵訪鈔錄

藏書之收聚，除購求，另一個重要之手段即為鈔錄。先生於庚辰（按：民國廿九年，1940）至壬午年（民國卅一年，1942）間訪書所及，於故家鈔本，皆迻錄之，其所藏鈔本皆為當時所轉寫者，這段時間，先生經眼書籍最多，版本也較佳。

鈔書為藏書家收集圖書最常用之方法，亦可以此達到記誦之目的。「藏書數千卷，多手自傳寫，而能口誦之〔註12〕。」「書之所以貴鈔錄者，以其便於誦讀也。

〔註10〕〈《宋史記》二百五十卷〉，《約園雜著三編》，卷二，〈明鈔、精鈔本、稿本藏書題跋〉，頁6。
〔註11〕〈弘治本《五經白文》〉，《約園雜著三編》，卷一，〈批校本藏書題跋〉，頁1。
〔註12〕北宋藏書家周啓明即以鈔書作為讀書記誦的方式。見《宋史‧隱逸傳》。

歷代好學之士，均用此法〔註13〕。」梁任公在《治國學雜話》也說：「若問讀書方法，我想向諸君上一個條陳，這方法是極陳舊的極笨極麻煩的，然而實在是極必要的。什麼方法呢？是抄錄或筆記。」自來，鈔錄一方面可達到精讀目的，更可錄副本以爲校勘之備。另一方面則可以透過藏書家們相互間之傳錄，達到「有功於古人也，己所藏日以豐也，楚南燕北皆可行也〔註14〕。」之流通目的。《刊謬正俗》跋曰：

> 余先得安成顏氏欲章所編《顏氏遺書》中之顏師古《刊謬正俗》八
> 卷，因錄副焉。適又見張氏　圖舊藏黃蕘圃校影宋鈔本，爲之一一讎校，
> 顏氏刻本謂得於沈孝廉士龍家藏校本，並手爲增補原缺固較黃見舊鈔本
> 謬訛較少，但如卷八竟脱「沙苑苦菜」條至數百字之多，此外舊鈔勝處
> 尤多，……用墨筆者非刻本之誤，乃錄副之誤也，藉以別之〔註15〕。

鈔錄不僅可以積學以用，更可藉此互相校對失誤之處，其重要不言可喻。而爲使藏書「可獲分身之術」，副本則不可缺，然副本所得亦需得於鈔錄，是以不少藏書家以鈔錄爲能事，增加收藏，並以此廣爲傳遞。雖雕版印刷速度快，對書籍之刊布流通居功厥偉，但不如鈔本之可貴，其中可見鈔錄者之用心，又有悉心謹慎，書法端重者，版式、行款講求者，因此鈔本不僅可以有文獻價值存在，更提供不少優秀之藝術珍品。

藏書不僅求多，更要求其精良，鈔錄雖爲藏書的手段之一，但若能邊鈔邊校，則鈔錄之功加倍可得。在手校宋南宮靖一《小學史斷》跋云：

> ……余寶是書久矣，歲壬午（按：民國卅一年，1940）見適圖張氏
> 鈞衡所藏宋本爲黃蕘圃舊物，有嘉慶十年（1805）九月跋，又有道光丙
> 戌（1826）秋，琴川張蓉鏡芙川氏誌，因以宋本一一與嘉靖張刻本對勘，
> 校於是書之上，然宋本雖有誤者，而實勝明刻遠矣。爲宋以後晏氏所續
> 者則無可校耳。此書不獨爲初學讀史之津逮，及精於史者亦宜迴誦一過，
> 庶得史學之正統，故余樂爲之手校焉〔註16〕。

又於《絳雲樓書目》跋言：

> 《絳雲樓書目》全書約八十餘頁，頁約二三百字，上下分寫，在三
> 萬字左右，昔年鄧孝先得之於盛伯希祭酒家，又見常熟王紀玉所藏本，

〔註13〕孫從添，《藏書紀要》。
〔註14〕曹溶，《流通古書約》。
〔註15〕《刊謬正俗》，《約園雜著三編》，卷一，〈批校本藏書題跋〉，頁2。
〔註16〕〈手校宋南宮靖一《小學史斷》〉，《約園雜著三編》，卷一，〈批校本藏書題跋〉，頁4。

乃吳枚庵過錄陳少章閱本，細字密行，批注幾遍，孝先於丙子歲又過錄
此。余爲公家收書群碧之藏悉載入秘閣，斯冊預焉，爰請章屈亮錄副，
批閱之下，牧齋眞可謂讀書人藏書矣。分類既簡而明，所藏復不蕪雜，
更以少章博文強識，批注又極精核，余思將所藏編一讀書人書目，則不
可得，天假我年，勉爲之此目，亦可則傚者也〔註17〕。

於夏文燾爲黃蕘圃校閣注《困學紀聞》跋，曰：

《困學紀聞》一書爲鄉先生深寧叟精心結撰，亦先君子一生盡力者
也，余見是書必購焉，各家所注者備有之。庚申（按：民國九年，1920）
居燕，得慶元路胡禾監刊本，初以爲元槧也，及檢藏書家所志，行款均
不相符，心固疑之。又得閣百詩氏勘定本，其刻極精且有初刊本作「某
元版做某」之小注，所謂初刊未知據何本？所謂元版作某者又與慶元路
本有同有不同，益致疑矣。今歲秋見張氏適園舊藏黃蕘圃屬夏方米校於
閣刻本之上者，校既精，而閣刻與余所藏同，於是與慶元路本細爲勘比，
乃恍然今之所謂慶元路本，乃弘治翻刻，非元刻也。觀夏方米跋，謂閣
氏亦曾見過元板，惜乎其勝處未能盡發。夫曰未能盡發，固有發之者，
如「蓋爲聞杜鵑發也」，弘治、萬曆本「發」並作「聲」，而閣刻獨取「發」。
不如周家之少注，弘治、萬曆本「少」並作「多」，而閣刻獨取「少」，
諸如此類，皆本諸元槧者也。黃蕘圃跋云，今請方米校此元本，元本佳
取悉見此，後讀者庶不致以弘治本爲元本，實獲我心矣。因盡十日之力
爲之過錄於此，他日有重刻《困學紀聞》者，以此爲定本，且補閣氏所
未及也可，至元本行二十四字，與弘治翻刻行十八字不同，余第錄其所
校異字，未勾勒行款焉〔註18〕。

可見先生對所錄副之典籍仍細心校勘、補正，並對前輩君子用功之勤，流露
出仰慕之情，是故於鈔錄時亦秉此精神，希望於豐富藏書時，亦能嘉惠後學。黃
蕘圃校宋姚寬《西溪叢語》跋言及：

蕘圃於斯書用功可謂勤矣，余因將上方、下方所題者，逐悉錄於津
逮刻本，凡欲重刻是書，可以此爲完本，顧後人無負蕘圃一番苦心〔註19〕。

先生對於所鈔書，不僅細心校對，更於跋中說明鈔書、校書之經過，而其所

〔註17〕《絳雲樓書目》，《約園雜著三編》，卷一，〈批校本藏書題跋〉，頁5。
〔註18〕〈夏文燾爲黃蕘圃校閣注《困學紀聞》〉，《約園雜著三編》，卷一，〈批校本藏書題跋〉，頁6。
〔註19〕〈黃蕘圃校宋姚寬《西溪叢語》〉，《約園雜著三編》，卷一，〈批校本藏書題跋〉，頁7。

校之書大抵可成完本，後人若有重刻，即有完本可用，表現儒者不藏私之風範。他如罕見珍本，先生亦多所鈔錄，如《畏齋集》則鈔自《四庫全書》；《拘虛集》、《碣石編》、《銅馬編》鈔自北平圖書館；《鄞志稿》則爲先生藏蕙江樓鈔本等。

三、友朋餽贈

　　鈔錄與餽贈兩項，是藏書家藏書最爲直接且容易獲得善本之途徑，而先生第一部藏書《張蒼水集》就是族丈張讓三所贈，並經其細心校對，此對先生具有拋磚引玉之效，更加用心，陸續網羅了《蒼水集》有八種之多。訪書過程是快樂亦爲艱辛，惟透過相互流通、珍藏，方能加快藏書之速度。《三書異同訂》跋中云：

　　　　冷僧蓄書甚富，余訪其廬，多有余所未見者，又喜手鈔古籍，速而精妙，其學自訓詁以至詞章各擅其勝，余視爲畏友。此書與《千卷樓隨筆》皆冷僧著述，且手寫以贈余者，高註《三書異同》，既彙於一，許高之案自可確定，冷僧之論尤宜細味〔註20〕。

　　此乃作者親自繕鈔贈予先生。冷僧所贈尚有《意林》，先生在〈任子跋〉及譚復堂手校《意林》中，均有記錄贈送經過。

　　　　世行《意林》皆五卷本也，雖周勤園廣業注者亦五卷，此爲冷僧示我者。余壬戌（按：民國十一年，1922）重司浙計，張冷僧宗祥長浙教育，於圖書館最盡力。此書失而復得，復堂所校依據周勤園注者爲多，尚不足奇。最可貴者，即此六卷之本，凡《意林》缺目，賴此以全。復堂所謂：「然後爽然於戴叔倫裁成三軸之序言者是也。」余因將校文屬弟子湘人喻民可超錄於湖北局刻之上，而《意林》卷六照宋刻全本補者，並王晚聞宗炎記，楊調元識，李遇孫、汪遠孫、嚴可均、繆荃孫跋以及單丕識，冷僧識盡錄之，附於局刻本《意林》，宋本之源流可以考見矣〔註21〕！

　　而刊入《四明叢書》中，如《石魚偶記》乃胡適以二老閣本所贈。《宋元學案補遺》乃得之於親家屠康侯〔註22〕。康侯乃甬上大儒王楚材之婿，而補遺爲王氏孫膞孫授之，亦爲親家所贈。其所珍藏王楚材手稿二種交由先生使用，《宋元學案補遺》初稿爲四十卷，附錄二卷，外附《宋儒博考》二卷，《元儒博考》一卷，經先生編次

〔註20〕〈張冷僧訂並手鈔高註《三書異同訂》〉，《約園雜著三編》，卷二，〈明鈔、精鈔本、稿本藏書題跋〉，頁24。
〔註21〕〈譚復堂獻手校《意林》〉，《約園雜著三編》，卷一，〈批校本藏書題跋〉，頁8。
〔註22〕〈六經堂遺事跋〉中言及：壽鏞既以四女月梅妻伯系，伯系名潤規，爲康侯長子，出嗣其從兄用鑄，以是與康侯過從甚密。得知先生得屠氏之贈，乃基於姻親關係。

為百卷，次第悉依黃宗羲、全祖望《宋元學案》，使前後承續有序，刊入叢書第五集中。另康侯得王楚材舊藏萬季野十六卷本《儒林宗派》，將其編入叢書第三集；全祖望《七校水經注》四十卷，則由先生依屠用錫之藏本整理輯出《全校水經酈注水道表》，刊入叢書第六集中；尚有王楚材手稿《世本集覽》四十八卷等。用錫又贈其所輯《六經堂遺事》，先生於〈六經堂遺事序〉說明刊刻該書之原委：

> 有明之季，吾鄉世家子弟起義不成，以身殉國者，若鏡川楊氏……江北屠氏，離僂指數。壽鏞訪其遺書或存或亡，歎當時文網之密，實足見其子孫之賢否也。屠君用錫輯其八世族祖天生大理詩及傳記為一卷，以其所居別署題之曰《六經堂遺事》來請序。……用錫攜冊來，爰書其家世事蹟而論述之。如此以見吾鄉世家忠義之盛，而用錫數典不忘其祖，實超乎尋常也〔註23〕。

於跋中言及：

> 壽鏞刊《四明叢書》，即命四女錄其家乘，凡天生先生遺蹟可考及贈弔詩皆手鈔焉，得之大喜。……康侯錄其遺詩，述其遺事，凡四女手鈔者，均編入〔註24〕。

又有《管村文鈔》、《鮚埼亭詩集》、《剡源文鈔》、《千之草堂文鈔》乃先生司浙江財政時，童賡年所贈之刻板，於〈剡源文鈔跋〉提及贈書始末：

> 《剡源文鈔》為黃梨洲先生選定，慈溪鄭喬遷耐生氏手鈔，而童賡年拓叟氏藏之於家者也。拓叟勤搜鄉獻，嘗佐其叔小橋氏刻全謝山《鮚埼亭詩集》，以板相贈，更取萬貞一《管村文鈔》，萬開遠《千之草堂文鈔》與此書均歸於余，時民國十三年（1924）余重司浙計時也。忽忽八年，拓叟墓木久拱，其子葭青更將拓叟所著《四明摭餘錄》十二冊、《明州札記》一卷，《木石老人詩話》四卷，《詩草》四卷及諸雜著以贈，余將為之整比，擇要刊行，猶未遑也〔註25〕。

先生將其分別刊入叢書第一、二集中。魏頌唐隨先生從政於浙、鄂時，助先生彙理《約園理財牘稿》，則贈以其為先祖所編之《魏文節公遺書》一卷并附錄一卷，刊入叢書第七集。以友朋、親戚所贈，不僅豐富藏書內涵，亦為輯編《四明叢書》織羅盤根錯節之穩固基礎。

〔註23〕〈六經堂遺事序〉，《約園雜著》，卷四，頁24～25。

〔註24〕〈黃蕘圃校宋姚寬《西溪叢語》〉，《約園雜著三編》，卷一，〈批校本藏書題跋〉，頁26。

〔註25〕〈剡源文鈔跋〉，《約園雜著》，卷三，頁19～20。

又有藏書爲求之不得者，如《古今文派述略》一書，先生於序中道：

壽鏞曰：三者（理學、經濟、文章）乃先生（陳慷夫）之所志也，先生著述其可示我乎？則答曰：吾平生爲文隨手散漫不留稿，非惟不留，即有存者，將一一焚之矣。……吏畏民懷歸而主吾郡中學及師範講席，病時欲焚詩文稿，果如其所言。其後忻君紹如輯《四明清詩略》，多方求之，始得詩二首，紹如謂爲足以盡長者也。壽鏞景仰先生，求其遺著，而輒不可得一日，弟子張令杭忽以其父振騄先生所注《古今文派》來曰：「此慷夫先生在浙江第四師範學校編以教學子者也。」得之狂喜，因謂令杭曰：「先生不欲存其稿而今竟得之，奇矣〔註26〕！」

先生與陳慷夫相交在師友間十餘年，先生爲文受其指導甚多，故有心蒐羅其作，然而其書不可得，果眞令人阢腕。誠皇天不負苦心人，有願必有力，弟子之餽贈，得以一償先生酬知己之宿願，刊刻《古今文派述略》。

不僅贈書，甚或有願意出資刊印者，〈明明子論語集解義疏跋〉云：

甲戌（按：民國廿三年，1934）冬，其（胡夤）孫友善、友雲先後示余，並合同祖兄弟集刊資千元。余旣景仰先生湛深經術，不偏漢亦不偏宋，卓然有以顯於世，諸所著述皆足爲後學津逮，而其諸孫復克以一身節縮之資爲遺書剞劂之用，尤爲難能可貴〔註27〕。

圖書往往聚於好書之祖先，而散於不能紹繼之子孫。況除整理先人著作外，還集資出版，誠屬難得。

綜合言之，先生訪求典籍，運用購買、鈔錄及接受餽贈等方式，然亦能選定對象、掌握時機，或托人訪求、或倩人抄寫，主動徵集，並繕寫書跋，記載其來源，或提示自己，或告知後人。而先生徵訪圖書亦有其原則，古槧舊版雖應珍藏，然內容尤重於外表，不以盲目購之。先生訪書、讀書、著述，雖蠟車故紙，兔園殘冊，徵求蒐羅，不遺餘力。

第二節　藏書之特色

藏書若沒有完善之整理，則雜亂無章，尋檢困難，談不上典藏豐富，更遑論以此辨章學術。而藏書整理之工作，最重要者爲校勘與編目。清代學者洪亮吉將

〔註26〕〈古今文派述略序〉，《約園雜著續編》，卷二，頁47～48。
〔註27〕〈明明子論語集解義疏跋〉，《約園雜著續編》，卷四，頁20。

藏書家分爲若干等：

> 藏書家有數等，得一書必推求本源，是正缺失，是謂考訂家，如錢
> 少詹大昕、戴吉士震諸人是也；次得辨其版片，注其錯訛，是謂校讎家，
> 如盧學士文弨、翁閣學方綱諸人是也；次得搜採異本，上則補石室金匱
> 之遺亡，下可備通人博士之瀏覽，是謂收藏家，如鄞縣范氏之天一閣、
> 錢塘吳氏之瓶花齋、崑山徐氏之傳是樓諸家是也；次則第求精本，獨嗜
> 宋刻，作者之旨意縱未窺盡，而刻書之年月日最所深悉，是謂鑑賞家，
> 如吳門黃主事丕烈、鄔鎭鮑處士廷博諸人是也；又次則於舊家中落者，
> 賤售其所藏，富室嗜書者，要求其善價，眼別眞贗，心知古今，閩本、
> 蜀本，一不得欺，宋槧、元槧見而即識，是謂掠販家如吳門之錢景開、
> 陶五柳，湖州之施漢英諸書估是也〔註28〕。

先生不僅爲考訂家、校讎家，亦爲收藏家，其爲讀書所需典藏大量古籍，雖注重善本，卻不刻意追求，收羅繁富；以藏書供讀、藏書爲用，針對所藏內容、源流等進行考訂與研究之工作，並撰寫各種專著、讀書筆記及題跋，不僅裨益學術研究之發展，甚而將所藏之刊刻出版。

先生辛勤於訪書，所得典籍均詳加校正，其藏書之特色分從下列述之：

一、重視未刊稿及鈔本

先生藏書之版本，其於《約園雜著三編・自序》云：

> 人曰佞宋，我曰避宋，購一宋而非宋者，百部、千部甚或萬部去矣！
> 獨可誇者鈔本也！歷年之所蓄都二百餘種，有批校本焉、有精鈔本焉、
> 有稿本焉、有普通寫本焉。余既幸而得此，若不爲之闡揚幽緲，苟一零
> 落，後人安知更有此書存者乎？余積年本有題誌，此五年中，講學餘間，
> 汲汲焉更爲補綴，所以爲此者，聊誌其書之淵源，然世之君子讀我題跋，
> 腐朽發光得所，所見或喜其跋而追求其書，共相鈔錄；或擇其善者思雕
> 印以廣其傳，則世必不識余爲儜藏，目余爲獻珍炫而諒余印斯編之意，
> 亦所以述其業，傳其書也。

經先生讎校精選，《藏書題跋》之記載，批校本有明嘉靖本《三禮》等四十二種；而明鈔、精鈔及稿本，亦有百一十三種之列，其中有王楚材手錄全祖望《七

〔註28〕洪亮吉，《江北詩話》，卷三（劉德權點校，《洪亮吉集》，第五冊，北京：中華書局，
2001 年 10 月），頁 2271。

校水經》，有張岱《琯朗乞巧錄》、萬斯同《廟制圖考》等，反映先生鈔校本中善本書目之情況。《石林詩話》題跋：

> 此爲山東丁氏舊鈔本，余於丁丑年（按：民國廿六年，1937）得諸
> 海上者也。……詩話中不僅談詩，於歷代掌故及詩人出處必詳考之，奇
> 而不失於實，如葉石林者不失爲學問中人矣〔註29〕。

普通鈔本亦有一百五種，於《歷代奏議精粹》跋語中說：

> ……首自序云專取自漢迄明之章奏，尤足以明治亂，顯經濟者，廣
> 求博覽，加以考按，彙成十六卷。次凡例、次歷代年號備考、次歷代建
> 都備考。蓋起自漢之賈山，終於明之史可法，及江南士民留可法在朝疏，
> 凡所錄二百二十餘人，奏議三百餘篇，選者去取極嚴，雖多而不雜，是
> 書爲鈔本，余於癸酉（按：民國廿二年，1933）冬得之海上，讀書宜致
> 用，此致用之書，洵可寶也〔註30〕。

俾於學問身心者，先生皆精心鈔錄，恐「若不爲之闡揚幽緲，苟一零落，後人安知更有此書存者乎？」足見先生之佞於鈔本，誠如所言，獨可誇者鈔本也！果不虛言！

另先生珍藏之未刊本分居四部。《世本集覽》跋云：

> 《世本集覽》爲吾鄉先生王膢軒梓材作也。其存屠康侯家，原稿爲
> 八冊，嗣改六冊，分寫禮樂射御書數，計卷爲四十八，皆橫行寫，繩頭
> 細字。余始見之以爲欲整理斯書，非另行錄副無從下手，初照原稿橫寫
> 而放大其字，仍覺眉目未清，遂易橫爲直，於是鈔此五十五冊，並倩友
> 略校訛字，然望洋興嘆，依然逡巡不敢前也。因先將已謄清之原起、題
> 綱、條例、目錄、通論各一卷刻入《四明叢書》第四集上，年又與康侯
> 商榷，擬先就世系表細校，世系既定，再取史實輔之，各加論說不妨從
> 簡，又擬條例，期合同志爲之第，未知果能如願否？斯稿五十五冊，所
> 宜珍藏者〔註31〕。

《雨罍軒校漢碑錄》跋云：

> 余與諸君子爲國家訪遺書，此其一也。既倩友錄副，中有空字，錄

〔註29〕《《石林詩話》三卷》，《約園雜著三編》，卷二，〈明鈔、精鈔本、稿本藏書題跋〉，
　　　　頁37。

〔註30〕《歷代奏議精粹》《約園雜著三編》，卷三，〈普通鈔本藏書題跋〉，頁5～6。

〔註31〕《世本集覽・跋》，《約園雜著三編》，卷二，〈明鈔、精鈔本、稿本藏書題跋〉，頁
　　　　13。

者以未辨原稿草書，因細校之。日校一卷，六日畢業。歸安吳平齋先生，
雅人也，其校漢碑不僅爲金石家，雖謂之小學家無愧色矣。此稿未刊，
決不宜任其泯沒，宜亟刊或用珂版印行之，是所望於諸君子矣〔註32〕。

而《漢書讀》、《漢書辨字》、《漢書常談》爲先生亟求者，然得之不易，一日
忽得於海上書肆，仔細審訂爲長春花館定稿家藏未刊本，先生爲之狂喜。他如《湛
園未刊稿》、「童拓叟遺著」十八種、「方啓南碩輔遺著」三種以及「定海黃氏父子
兄弟未刻遺書」等，（筆者按：未刻遺書計有《禮書通故》四十五卷、《三音均部
略》、《詩音譜略》、《音攝考略》、《切音譜略》）均保存近代學者之著述。

二、珍藏大量史料文獻

先生藏有大量史籍文獻，成爲其藏書之特色之一。觀其「藏書題跋」，共著錄
二百六十種，其中史部即佔有三分之一左右，有七十三種之多。足見先生對於史
料文獻之重視。

史料文獻中又以南明歷史居多，裨益於瞭解明末社會情況、抗清起義等情事。
計有《明小紀》、《從亡隨筆》、《皇明末造錄》、《甲申傳信錄》、《明季見聞輯錄》、
《南疆逸史》、《明季南略》等約十數種，於南明史料之搜訪，可謂勤矣！於《甲
申傳信錄》跋中，先生云：

首自序有云：丙戌（按：清同治十二年，1886）冬，有客由江南攜
《甲申》來，所載《國變錄》、《甲申紀變》、《國難紀聞》、《見聞記略》、
《國難睹記》、《變記》、《確傳燕都日記》、《陳生再生錄》、《孤臣紀》、《哭
陳方策》，揭凡十餘家，繁猥不倫，余於是博搜見聞，勤咨與難諸賢，講
求實錄，補所遺漏，分爲八篇（原註：按謝國楨《晚明史籍考》題八卷）。自丁亥（按：
同治十三年，1887）至癸巳（按：同治十九年，1893）之秋，更七載而
後勒成一書，名之曰《傳信錄》。而繫之以甲申，所以成一代鼎革之言也。
卷一題「睿謨留憾」，卷二題「疆場裹革」、卷三題「大行駿乘」、卷四題
「跖餔遺饞」、卷五題「槐國衣冠」、卷六題「桑郭餘鈴」、卷七題「戾園
疑跡」、卷八題「史臣碧血」，卷九、卷十闕。全書以類繫，人以事從，
黑白分別，薰蕕辨析，人各有傳，褒忠義於千秋，事必得眞，誅姦邪於

弈祀，謂之傳信，誠無愧矣〔註33〕！

《南疆逸史》中提及：

> 此書體例極善，不雜不浮，列傳所及，應有盡有，實可爲明季南疆之信史也〔註34〕。

《爝火錄》跋云：

> 此書爲雲墟散人李天根輯也，起甲申（按：順治元年，1644）迄壬寅（按：康熙元年，1662），凡十九年，即順治元年三月十九日，莊烈帝殉社稷始，康熙元年十一月二十三日，魯王薨於金門止，其間福潞唐暨紹武永曆諸王立國事皆及之，采輯之書凡，一百十七種，參考之通志十七種，取裁諸書十五種，可謂富矣。有自序、有凡例，有目次，而繼以論略歷代紀元續表，然後編輯正文，其書體例既富，議論亦復平允，雖爲新朝之臣，確存故國之念，名曰《爝火錄》，蓋作於乾隆十三年（1748），其勢不能不以明之，三王臣庶竊不自照，速取滅亡爲可哀也。凡欲考明季遺聞者，得此可得其概矣。……洵可寶之珍編也〔註35〕。

史料文獻中除南明歷史材料外，尚有許多地理文獻，如《臨安志》、《四明郡志》、《寧波府志》、《浙東山水簿目》，其中又有王騰軒楚材之《手錄全氏七校水經》四十卷，刻入《四明叢書》第六集，爲瞭解地理沿革之重要典籍。

三、裨益於四明之鄉邦文獻

所謂俾於四明者，即先生所言：「有關鄉邦利弊足資身心學問，而坊肆無傳本或傳而未廣者。」故先生網羅文獻，特以發揚四明人忠義氣節爲要，以「吾鄉人士水不奪濕，火不奪熱，金不奪重，石不奪堅」之精神以告鄉人。故有錢肅樂、張煌言、華夏、宗誼等明末忠節之士，藉篇什以昭見於千載，且使覽者興起愛鄉愛國之思想。

鄉邦文獻爲地方人文之薈萃，先生有志於刊刻叢書，即留心於鄉邦人物之著述，嘗言：「余好鄉先生書，而尤好萬氏書〔註36〕。」先生鍾愛於萬氏著作之羅致，

〔註33〕《《甲申傳信錄》八卷》，《約園雜著三編》，卷二，〈明鈔、精鈔本、稿本藏書題跋〉，頁14。

〔註34〕《《南疆逸史》十六卷》，《約園雜著三編》，卷二，〈明鈔、精鈔本、稿本藏書題跋〉，頁15。

〔註35〕《《爝火錄》三十二卷》，《約園雜著三編》，卷二，〈明鈔、精鈔本、稿本藏書題跋〉，頁15。

〔註36〕「萬氏家寶九種」，《約園雜著三編》，卷三，〈普通鈔本藏書題跋〉，頁18。

刊於《四明叢書》者，有《石經考》、《宋季忠義錄》、《管村文鈔》、《千之草堂編年文鈔》、《深省堂詩集》、《石園文集》、《歷代紀元彙考》、《補歷代史表》、《灼艾集》等，除此又收有「萬氏家寶」九種，足見先生受浙東史學之影響綦深。

　　鄉邦文獻中，不僅多有詩文集之搜訪，對於歷史文獻之裒輯，十分可觀。就以地方志而言，即有《四明郡志》、《寧波府志》、《牛首山志》等，而於地方掌故者，有《會稽典錄》、《句餘土音》等，先生言：

　　　　《句餘土音》序中述吾鄉詩社之源流，由宋元祐、紹聖間以迄有清
　　　　之初，既詳且備。而土音之作乃於同人，為真率之約，有感於鄉先輩之
　　　　遺事，多標其節目以為題，藉志枌榆之掌故也。

　　於著作目錄方面，則藏有《兩浙明遺獻傳略》、《兩浙耆獻傳略》、《四明經籍志》、《四明經籍題要甲集》等。更為表彰先哲，先生以輯佚之方式彙理為數不少之鄉先哲遺著，務求吉光片羽能顯於世，對於輯佚作品，先生孜孜以求，於〈孫拾遺文纂跋〉述及輯佚經過：

　　　　《孫子文纂》四十卷，宋之時已不可得。即所謂《孫氏小集》三卷、
　　　　《文格》二卷、《四明才名志》者，今亦尟有存焉。望古遙集，文獻無徵，
　　　　斷璧碎金，成為至寶。壽鏞譾陋，姑就聞見蒐集詩文，仍其名曰「文纂」，
　　　　為一卷。更輯傳略、遺事、著述，考其墳墓、里居、校其文字異同，曰
　　　　「外紀」，別為一卷。固知掛漏繁多，然書闕有閒，存其涯略而已〔註37〕。

　　他如《虞秘監集》、《賀秘監遺書》、《豐清敏公遺書》、《定川遺書》、《舒嬾堂詩文存》等因而傳世，可謂為蒐羅鄉邦文獻盡心盡力，經其整理後即刊入《四明叢書》中。然亦有未及於刊入者，如段康祺《鄉諺證古》、曹粹中《放齋詩說》等數種。

　　校勘是藏書整理之重要環節，亦為藏書品質之重要指標，歷來藏書家皆視校勘為藏書之必要條件，甚或有專門著述論及校勘之重要性〔註38〕。足徵唯有通過讎校之藏書，堪稱精良之典籍，否則成為「麻沙本」，耽誤學子，更是貽笑大方。先生相當注重典籍之勘校，與馮貞群均為當時著名之藏書家，尤以馮貞群長於考訂，對於典籍蒐羅廢寢忘食，與先生互相切磋，幫助頗多。〈楊氏易傳跋〉中說道：

〔註37〕〈孫拾遺文纂跋〉，《約園雜著》，卷四，頁11。
〔註38〕孫從添《藏書紀要》，葉德輝《藏書十約》等，對於藏書之校勘有專論。而宋鄭樵
　　　　有《通志・校讎略》，明代學者胡應麟更以校讎辨偽，而清代學者對於明人的喜妄
　　　　改古籍之弊病，特別注重校勘，糾正訛誤。

　　余從文瀾閣鈔得《楊氏易傳》，既付刻矣。適馮君孟顒藏有明刻本，
因請其覆校。明本序者蔡國珍也，時爲乙未上月人日，據《明史》傳，
乙未爲萬曆二十年。國珍字汝聘，奉新人，贈太子太保，諡恭靖，素以
學行偁，而清操爲時望所屬。於是孟顒既補錄其序言，更爲補寫其目錄，
益之以慈湖之象，黃南山、李董山之象贊，凡原書闕者補之，訛者定
之。……余得之大喜，因命梓人一一重修，並刊其校勘語以誌孟顒讎校
之勤且精焉〔註39〕。

　　對於所鈔之書，若有其他版本可資參校或委請他人覆核，當可確保所鈔爲眞，
藏書精善，而非囫圇吞棗爲之。「蓋碎玉斷圭與其贗而多，毋寧眞而少也。」唯有
善本流傳，才能眞正做到「考鏡源流，辨章學術」之目的。

　　除精準之校勘、輯佚，先生亦將藏書編目，便於翻檢查閱。依據先生所記，
第一次爲書賈老丁爲之，時在北平西安門內謂之「丁目」，專藏善本。第二次則由
北平至杭州，由杭州至上海，由友人劉慶澄爲之，謂之「劉目」。第三次則移居覺
園，先由族弟壽蓀整理，謂之「張目」，再經學生陳楚善，謂之「陳目」，再爲之
者爲學生費和笙，謂之「費目」。均爲開帳式之目錄，今存者五種，即爲《約園藏
書志》五卷。先生言：余之手自編訂之目最爲完整者爲《約園元明刊本編年書目》
二冊，並刊入《約園雜著三編》中，此爲一版本書目，著錄元刻本及元刻明修本
五種，明刻本七百七種，明刻本中有嘉靖刻本 218 種，萬曆刻本 250 種。後又編
纂《約園善本藏書志》二冊，然此編纂早於編年書目之前，且經過十餘年，陸續
購進之圖書多未能整理編入，此二冊遂爲未定稿。而於《約園雜著三編》卷一至
卷三，有先生所著《藏書題跋》，分批校本、明鈔、精鈔本、稿本及普通稿本羅列，
先生將其所藏分別記錄其來源及校定原委及其價值，裨益於瞭解先生藏書內容及
特色。另編有《癸未檢書記》、《甲申檢書記》、《四明經籍志》、《四明經籍提要》
等。先生希冀能將藏書編成「藏書全目，合善本、普通本編之。」然當時時局混
亂，僅於「經部、集部較有眉目，而集部尤完，史子則略樹基礎。」然不知何時
能藏事。但殷殷冀盼「關於書目之整理者，要宜彙集，勿使散佚，則尤裨於編製
者。」先生繕寫此一〈編製書目彙誌〉時值乙酉（1945）年，書目編製未完，然
先生卻已捐館，實令人唏噓不已。

〔註39〕　〈楊氏易傳跋〉，《約園雜著》，卷三，頁 10。

第三節　藏書之目前狀況

　　圖書之利用，爲先生其搜訪典籍之主要目的之一，「校勘爲讀史先務，曰無誤書而不知，未爲善學也。」所以藏書、讀書、校勘、著述，爲先生利用藏書之實質作爲，故可稱先生爲讀書人之藏書家〔註40〕。而其亦言：「藏書而不能讀，讀而不能用，何必藏書？」第二章中「著述」一節，論及其著作者，學術論著有九種，詩文雜著亦有五種，而其中以史學作品爲多。

　　　　昔人云通經所以致用，我以爲通史亦所以致用。我國立國最久，歷
　　史之所昭著者，往往忽之，甚且以《史記》爲一家言，《通鑑》爲元祐學
　　術視爲均無足觀，須知生於中國必先明瞭中國形勢政俗，乃可推之於世
　　界，故治史當從中國史起〔註41〕。

　　因以科學眼光看待歷史，以爲歷史與生活爲一體兩面，「史何以必讀之，蓋非史則無事可求，一切朝章國故，天下利病，從何溯其沿革？」於《讀史識略》中對所記錄之史書提出褒貶，紀錄心得。又於《史學大綱》裡，揉合通史與專史，彙集成一套「治國寶典」，內容豐富，論點精要，不僅予初學讀史者，甚或掌理大政者均應確實精研之。而欲進行史學著作，需參閱多種資料文獻，所藏不足，即需多方徵訪借閱，以供利用。

　　歐陽修說：「明道以致用。」先生對於藏書，即以明致用之理也。而詩文集之徵集，一以研究當代人物所處之社會背景、時代環境，一則提供豐富之政治、歷史資料，具有文學與史料之價值，亦可補足史乘之闕。

　　先生用心於蒐羅鄉獻，刊刻《四明叢書》，是爲藏書之另一利用。而爲校勘叢書所收書，先生更不斷地補充約園藏書，先後向北平圖書館、嘉業堂、文瀾閣等公私藏書家鈔所未備。「積五十載之時光，儲十六萬之卷軸，以私人之力而藏書欲與秘閣抗衡，可謂癡矣〔註42〕！」

　　　　藏書之風氣盛，讀書之風氣亦因之而興。好學敏求之士往往跋涉千
　　里，登門借讀，或則輾轉請託，迻錄副本，甚或節衣縮食，恣意置書。
　　每有室有懸磬而棄書充棟者；亦有畢生以以抄誦秘籍爲事，蔚成藏書家。
　　假本既多，校讎之學因盛，積學方聞之士多能掃去魚豕，一意補殘正缺，
　　古書因之可讀。而自來所不能通釋之典籍，亦因之而復顯於人間。甚或

〔註40〕先生亦言：「余以讀書人而號讀書人之藏書者。」見《約園雜著三編・自序》。
〔註41〕《史學大綱》之開場白，先生於第一講前略述大綱之內容，言及治史之重要。
〔註42〕〈編製書目彙誌〉，《約園雜著三編》，卷三，〈普通鈔本藏書題跋〉，頁22。

比勘異文，發現前人誤失，造成學術上之疑古求真風氣。藏書之有力者
復舉以剞劂，輯爲叢書，公諸天下。數百年來踵接武繼，化秘籍爲億萬
千身，其嘉惠來學者甚多〔註43〕。

先生嘗營生壙於杭州，並留下一塊玉屏山，題名「約藏」，並撰銘誌之，曰：

藏既竣工，爰自銘曰：乾父坤母，賦我形神。呱呱墜地，大患有身。
寄焉寓焉，役於勞塵。寒暑往來，陰陽屈伸。天道如此，人事何嗔。散
於太虛，曰了緣因。退藏於密，返璞歸眞。天地一瞬，萬古常新〔註44〕。

時爲民國十九年（1930）五月，先生當時即以約園主人題識，而將藏書以「約
園」命之，先生對「約園」之所由來言之：

迴溯生平，一溺於詞章，再溺於簡牘，三溺於誇多鬥靡，於是思幡，
然易轍自號曰約園，余何嘗有園，園者，囿我者也。余既不欲爲物所囿
而我心不能不有以囿之〔註45〕。

此爲先生由博返約，對自署「約園」之最佳註腳。約園藏書之舊址於今上海
北京西路，爲一三層樓建築。晚年先生將藏書處分別命名爲獨步齋、雙修庵、臨
流軒、帶草堂、聽雨樓、葆光籺、尚絅室、雞鳴館、燕貽榭、三益廬，咫盡閣等
十一處。三益廬壁上懸有先生手書「藏書萬卷」以明志；《四明叢書》則庋藏於尚
絅室；二樓有獨步齋、燕貽榭。先生伏案寫作於獨步齋，又經常散步其間，故名。
三樓之聽語樓是爲平頂，聽雨爲切而名之，雙修庵則設有經堂，爲夫人念經所在，
而先生晚年對佛學亦深有研究，故名此爲雙修庵。「先生藏書雖多，卻安置的很整
飭，給人一種竟下來觀書的氣氛〔註46〕。」

於民國四十二年（1953），經其夫人蔡瑛全部無償捐贈給國家，其中善本、孤
本、精鈔本藏北京國家圖書館，普通本，包括清初刻本，則歸社會科學院文學研
究所圖書館。至於《四明叢書》全部雕版則送給浙江圖書館，仍置於湖州嘉業堂。
誠然，「踵接武繼，化秘籍爲億萬千身，其嘉惠來學者甚多。」先生貢獻最偉。

〔註43〕〈江蘇藏書家史略序言〉，吳頷，《江浙藏書家史略》（北京：中華書局，1981年）。
〔註44〕〈約藏銘〉，由張芝聯教授提供照片翻拍。又見《約園著作選輯》插頁。
〔註45〕《約園雜著續編‧自序》。
〔註46〕柳存仁，〈從覺園觀書說起〉，《約園著作選輯》，頁455。

第五章　《四明叢書》之輯編

　　張壽鏞先生「平生抱負惟厥陶毓人才與保存文獻二事」〔註1〕，《四明叢書》之編刊，即是先生保存文獻、獎掖後進之具體行動。

　　張其昀〔註2〕於大典本〈四明叢書序〉云：

> 　　《四明叢書》爲四明學者著述之總匯，亦即學術研究之總成績，由前光華大學校長鄞縣張壽鏞先生約集甬上學者馮貞群等精心纂輯，審慎校訂，上起漢晉，下迄近世，收書二百十三種，共九百三十八卷，名言讜論，絡繹奔赴，郡邑叢書，推爲翹楚〔註3〕。

　　本章擬由張壽鏞編輯《四明叢書》之動機、擇選刊印版本以及其輯印之用心，藉以瞭解《四明叢書》鐫刻之過程。

第一節　輯編緣起

　　張之洞於《書目答問・別錄》最後一條〈勸刻書說〉：

> 　　……刻書必須不惜重貲，延聘通人，甄擇秘籍，詳於精雕，其書終

〔註1〕見《約園雜著三編》，張芝聯跋語。

〔註2〕張其昀（1901～1985），字曉峰，浙江鄞縣人。南京高等師範畢業後，曾任上海商務印書館編輯、中央大學教授、浙江大學史地系主任及文學院院長。民國卅八年（1949）隨政府來台，任中央委員會秘書長、教育部部長、國防研究院主任。五十一年（1962）於陽明山華岡創辦中國文化大學，以「承中西之道統，集中外之精華」爲辦學宗旨。後任中央評議委員暨主席團主席、總統府資政。著有《中華五千年史》、《中國地理學研究》等。

〔註3〕張其昀，〈四明叢書序言〉，《四明叢書》第一集第一冊（台北：國防研究院、中華大典編印會合作出版，1966年），頁4。

古不廢，則刻書之人終古不泯，如歙之鮑、吳之黃、南海之伍，金山之
錢，可決其五百年中，必不泯滅，豈不勝於自著書，自刻集者乎？且刻
書者傳先哲之精蘊，啓後學之困蒙，亦利濟之先務，積善之雅談也〔註4〕。

可見刻書一途，不僅於學術傳承有功，對於一己之利濟積善亦有相當之裨益。
況叢書不僅具有保存文獻之功用，更可裨益士人之求學與研究。繆荃孫說：

雖云有槧刻而書易傳，然傳書之功，亦爲叢書之最大〔註5〕。

又說：

士大夫居鄉，收拾先輩著作，壽之梨棗，以永其傳，有三善焉：一
邑讀書之士能著述者不過數十人，著述而能存者不過數人，吉光片羽，
蟬本爲巢，及今傳之，俾不湮沒，其善一也；土風民俗之遷革，賢人才
士之出處，貞義士女之事實，耳目近接，記載翔實，是傳一人之詩文，
即可傳數人之行誼，其善二也；鄉曲末學，志趣未定，貽以準則，牖其
心思，俾志在掌故者既可考訂，以名字工於詞章者，亦能編纂而成集佩
實銜華，聞風興起，其三善也〔註6〕。

足徵叢書不僅有助於保存文化，便利於學術研究外，更對於地方文化建設有
功不可沒的影響。觀歷代著書刻書者不可勝數，惟致心用力於收集一郡之書並加
以刊刻流傳者，卻屈指可算。張壽鏞先生不惜耗費鉅資，積數十年之約園藏書，
印行《四明叢書》，藉以闡揚四明學術。先生嘗言：「藏書而不能讀，讀而不能用，
何必藏書？」其藏書、刻書之意即以用世爲重，用以述先人志業，傳永世書香，
啓牖後學。

《四明叢書》之編纂，據先生言，乃矢願於民國之初，時值張讓三一再地勸
勉，直至庚申年（按：民國九年，1920），才付諸實踐。在各藏書家積極爲鄉邦文
獻纂集成冊時，先生有感於「吾郡自任闞諸虞以儒術顯，代有作者，蔚爲文獻之
藪。」而缺少屬於四明精神之代表，毅然決然地投入編纂《四明叢書》的事業中。
凡例第一條，其言：

吾浙各郡除衢嚴處外，若丁氏丙之《武林往哲遺著》、《武林掌故叢
編》；孫氏福清之《檇李遺書》；陸氏心源之《湖州叢書》；劉氏承幹之《吳
興叢書》；徐氏友蘭之《紹興先生遺書》；宋氏世犖、楊氏晨之《台州叢書》；
胡氏鳳丹、宗楙之《金華叢書》及續編；孫氏詒讓之《永嘉叢書》；黃氏

〔註4〕張之洞《書目答問》（台北：台灣商務印書館，1986年），頁77。
〔註5〕繆荃孫《積學齋叢書序》，徐乃昌《積學齋叢書》卷首，光緒中徐氏刻本。
〔註6〕繆荃孫《江陰先哲遺書序》，謝鼎鎔《江陰先哲遺書》卷首，1934年印本。

群之《敬鄉樓叢書》。近年平湖金氏蓉鏡、兆蕃續刻《橋李叢書》一二集，《先哲遺書》盡成叢刻，吾郡闕然，寧非憾事，爰輯鄉先生著作彙刊之，顏曰《四明叢書》。

足徵先生爲郡邑文獻得以流傳後代，以爲子孫寶藏之用心。陳漢章亦於《四明叢書・序》云：

> 顧自宋至今綿歷六百有餘歲，浙江各州郡多刻其一州一郡之書，而四明蓋闕如也。以始刱叢書之地反不如他州郡，鄉人士君子雖或有志焉而未逮之也。古鄮張君詠霓既刊其先君肖荃先生〈奏議〉及其祖母〈秋燈課讀圖題詠〉，曰《寸草廬贈言》以行世。复推敬恭桑梓之誼，而慨然以爲己任，採千載之遺韻，收百世之闕文，兼於聽政布教，閒爲各書作序及跋，如抱經堂與守山閣，則又他州郡叢書所未有者也。

先生矢志爲鄉里編叢刊，雖「編鄉書其始，尚牽於政務」，然而在各方友朋勸勉支持下，仍戮力完成奠基工程。馮貞群於〈編輯四明叢書記聞〉〔註7〕：

> 民國二十年（1931），二月寒食，張約園爲謁祖墓返鄉。迂道過訪，招貞群至其家，出所刻《先聖大訓》、《慈湖遺書》紅樣本數種相視，多有宋理學諸子之作。貞群促爲擴大範圍，經史子集，四部兼采，乃爲叢書。約園以可刻之書不足爲言，貞群願出所蓄孤本百十種，以供選刻。約園大喜，屬爲協助編輯。

又：

> 議刻《四明叢書》，發端於張寒叟徵士美翊。民國元年（1912）二月，寒叟倦游歸里，來訪鄉先遺書。貞群就所見知者，寫定未刻書目，凡六十種，以募資未集而罷。每遇寒叟，叟輒津津口叢書不倦。（原註：十一年十月貞群爲友人麗水張闇代編《虞州叢書》，叟聞而大喟曰：四明爲古鄮山人始創叢書之地，反不及闢陋山鄉耶？）嘗謂表彰先哲，宜刻總集，用力少而傳者眾，資斧省而事易舉。乃於六年八月，慫恿梁廉夫比部秉年，校印全祖望《續甬上耆舊詩》一百二十卷。殺青之日，寒叟大快曰：「此叢書之嚆矢也！」……貞群屢貢手編書目條例以答問，訖未果行。貞群寓居郡城，遺民著作、鄉賢手稿，時有訪獲。以爲世無毛子晉、黃蕘圃風雅好事之人，刻行之舉徒付夢想而已，最後得張約園次長壽鏞。約園初見時，袖出新刻書目

〔註7〕馮貞群，〈編輯四明叢書記聞〉，《約園著作選輯・紀念文選》（北京：中華書局，1989年7月），頁419。

二集，中有奇零殘本六七種，經貞群一言，立將版本銷毀。從善如流，故貞群知無不言，言無不盡焉。

馮貞群道出當初編刻《四明叢書》之種種困難，及其心有餘而力不足之感慨，終至遇見先生，《四明叢書》方能於煙塵中與世人相見。先生從善如流，促使馮貞群與其協心齊力，共同成就四明人之志業，以此可言，馮貞群爲鐫刻《四明叢書》最具影響之幕後推手，而先生乃爲勇於實踐者。誠然，友朋慨然協助爲《四明叢書》完成之動力。先生於〈編輯四明叢書記〉言：

（其始）以寧波人著書要目見示者王君書衡也，繼以陳君伯弢做遴選之商榷，忻君紹如與凡例之訂定，而往返討論，書牘盈尺。則馮君孟顒助我尤多〔註8〕。

在編輯之初，陳漢章以《編輯四明叢書商榷書》與先生斟酌，先生從其建議，仿焦竑《國史經籍志》之例，匯錄府縣藝文志，分隸四部，考其源流，編撰爲《四明經籍志》五卷。後又與忻紹如與夏同甫二位先生于上海成立四明文獻社，先生從夏同甫建議，以爲四明作者浩繁，難以盡刊，欲以《四明經籍目》及《四明經籍述要》入手，依先生所言，經籍目，僅存書名而不必盡有其書，然述要則必有其書，時由夏同甫主編《四明經籍述要》，述要分甲、乙、丙三集，甲集爲清四庫所錄者，乙集爲載鄉志而未入四庫者，鄉志未載者爲丙集。甲集著手容易，故於三年後完成。而乙丙集，先生嘗乞諸四明學舍諸君子，以〈萬季野與李杲堂書〉中言：「吾郡人才至宋而盛，至明而大盛，近者鼎革之際更有他邦所不及者，是不可無以傳之，嘗有志焉而苦力不能爲也。」勉鄉君子能合天下之智以爲智，合眾人之功以爲功，爲編輯《四明叢書》努力。

刻書一事，非一人之力所能及，資金之籌措，典籍之搜羅，非恆常毅力不可得。先生以「如蚊負山」喻之，即見其辛勞。然誠如所言，合眾人之功以爲功，凡例中說：

釀金刻書古今佳話，壽鏞綿力有限，是編之成端賴海內及鄉人士邪，許儻有以資相助者，誼得並書以誌不忘。

又感念於鼎力相助之友朋，於凡例最後一條詳述協助之好友：

是編之刻，雖由壽鏞發起，而吳興張君秉三首先贊助。惟發願在十餘年以前，其時張丈讓三猶在相與勸勉，其繼則馮君孟顒、張君于相、張君苞舲、張君伯岸，最後則忻君紹如專任其事，而孟顒助我尤多，更

〔註8〕〈編輯四明叢書記〉，《約園雜著續編》，卷八下，頁10。

得陳君伯弢、夏君同甫、黃君萊邨、嘉興張君冷僧、粵東李君續川、湖南尹君桐陽、喻君民可、永康胡君伯棠，皆分文字編輯及徵求之勞，或訪尋指示之雅，海門施君韻秋，總任勘校尤盡心焉。而王君書衡，遠道以甬上先哲書目手鈔見示，並敘述版本源流，尤為可感，惜墓木已拱，不及見是書之成，為之欷噓不置。

「約園處亂離之世，報衛道之志，當異說風起文獻凋零之秋，發願網羅遺典，刊怖叢書，博採約收，用心良苦〔註9〕。」先生以「存墜簡而發潛光，用以興起來學」為己任，以半生的精力，搜羅、彙整、寫序、題跋，《四明叢書》規模宏遠，可謂近代叢書之大成。

第二節　選刊版本

一、選刊之準則

《四明叢書》中所選擇之文獻，皆當以「四明地區」為主，方足以顯示該地區文化精神、風俗民情之特色。先生言其蒐羅鄉邦文獻歷經廿幾年，然從所徵訪的文獻中，又需將其有裨益於傳承地方文化一一甄選、編入者，必有其難以取決之處，於是凡例中，先生提出幾項選刊之標準：

（一）先取有關鄉邦利弊，足資身心學問，而坊肆無傳本，或傳而未廣者，若屢經刻印之書或卷帙過繁者，則皆從緩。

（二）前人刻書有節錄以就簡約者，似嫌割裂不全，是編務存原文，雖序跋歲月無關宏恉，亦不輕削，惟間有前賢著述，有關鄉邦文獻而毫芒流落，僅存一二者，吉光片羽，為之編輯補綴，以資流傳。

（三）是編意在徵集文獻，雖非本鄉人，其著述裨四明掌故者，概在甄錄之列。

既是郡邑叢書，首選必為四明地區薈萃精華，任繼愈於所主編之《中國藏書樓》中對先生選刊準則說：「張壽鏞在挑選文集時，還立下一個標準，就是先品其人，再品其書，若為奸佞，則不予收錄，故此書較為正統，在當時頗受好評〔註10〕。」先生以該人品德為首要，但「不以人廢言，不以言廢人。」非四明人士，然其居於四明，而其文章足以發揚四明精神，以為後人所效倣者皆為先生所錄，此舉著

〔註 9〕馮貞群，〈編輯四明叢書記聞〉，《約園著作選輯·紀念文選》，頁 425。
〔註10〕任繼愈主編，《中國藏書樓—張壽鏞與獨步齋》（遼寧人民出版社，2001 年 1 月），頁 1751。

實擴大其選目基礎，同時也足以使更多傑出文人作品展現在世人面前，此叢書編輯獨具慧心之作法。總之，最重要之選刊準則乃要求此作品有俾於世道人心者，即所謂「天下之文非一鄉之文也，即以一鄉論，有功於鄉之文獻豈淺尠哉！」先生於〈孫拾遺文纂序〉中說：

> 詩二章，一則喜韋補闕之靖獻，一則自比三閭大夫之介潔。忠義情見於詞，吉光片羽，與偓之詩、圖之《詩品》並存可也，固非僅一鄉之士矣，爰其世俾讀者知其人〔註11〕。

又〈丁鶴年集序〉提到：

> 余以鶴年嘗流寓吾鄉，與吾鄉人頗多酬唱，今尚載見集中。昔杲堂、謝山先後輯甬上耆舊詩並錄及流寓諸公，因援是例校刊此書入《四明叢書》，增烏氏撰文一首列卷端，以備知人考世之助，且見孝子之生平〔註12〕。

對於優秀作品，先生從先哲之志刊入叢書中，不因其為外來人士而拒絕，旨在表彰先哲，鈎沈索隱。

於〈史略序〉中云：

> 劉勰論史有曰：「勳榮之家雖庸夫而盡飾，屯賤之世雖令德而衰埋。」

余小子私心惴惴，懼躬蹈之故，於鄉先生遺書採訪尤遍於屯賤〔註13〕。

又於〈夢窗詞稿序〉言及夢窗為人：

> 夢窗若非雅人，亦何求而不得乃卒以困躓死，其志蓋可知矣。余搜羅鄉獻不敢忽於屯邅之士者，夢窗其一也〔註14〕。

其兼容並蓄之態度，使叢書之質量均能有完整之呈現。

「宋元舊刻，盡善盡美，但閱世既久，非印本模糊即短卷缺葉，在收藏家故不以為疵纇，而以之影印，則於讀者殊不相宜〔註15〕。」收藏家對於珍本並不在乎零碎，然對於初刊而言，殘缺舊本實屬不宜，應予割捨，求其完帙。然當時戰亂迭乘，文獻整理困難，凡有裨於學者利用，雖非全璧，盡力羅致，罕傳孤本，則予鈔存，名家手校者，擇善而從，若有缺葉者則校補之。先生審慎之態度，一

〔註11〕《續修四庫全書提要》（仙居叢書第一集）亦提及：……「孫郃《拾遺集》為四明張壽鏞所輯，以其流寓，遂定為四明人。」

〔註12〕〈丁鶴年集序〉，《約園雜著續編》卷二，頁24。

〔註13〕〈史略序〉，《約園雜著》卷三，頁10。

〔註14〕〈夢窗詞稿序〉，《約園雜著》卷三，頁13。

〔註15〕張元濟，《四部叢刊·例言》。

心一意旨在於保存四明文獻。葉德輝：「版本之學，爲考據之先河，一字千金，於經史尤關緊要〔註16〕。」故先生用力於選刊底本，不是盡信古書，亦不拘於宋槧，務求該書能裨益鄉邦，光輝永照者存之。

蒐羅古籍，若不辨版本之情況則難得善本，更何況結集成叢書。先生以其藏書之富，經眼之多，且得馮貞群之力，對於版本之考訂辨析，實已得其奧旨，故能於瀚海之中掇拾可流傳萬世者。

二、版本選定

《四明叢書》之編輯，先生預計出版十集。於〈編輯四明叢書記〉中提到：「壽鏞自庚午秋始編《四明叢書》，歲月不居，於今庚辰十又一年矣。以一人之力而欲盡刊一郡遺書，如蚊負山，幾何能濟？天公厚我，良友匡予，墜緒遺言已流傳者，凡一百三十三種，九百二十七卷，刊而未印行者二十七種，一百五十卷。」至其過世前，《四明叢書》出版七集，第八集輯刊未印。十一年間，先生於二、三年間即出版一集，設心之至。而所選版本，亦經過先生細心精選。

四明叢書所輯書版本〔註17〕：

序號	書　名	卷數	時代	作　者（輯者）	原書目錄記各書所據版本
	四　明　叢　書　第　一　集				
1	任子	1	漢	任　奕撰	武英殿聚珍版馬氏意林本
2	虞秘監集	4	唐 民國	虞世南撰 張壽鏞輯	稿本
3	賀秘監遺書	4	唐 民國	賀知章撰 馮貞群、張壽鏞輯	稿本
4	豐清敏公遺書	6	宋 民國	豐　稷撰 張壽鏞輯	稿本，參校抱經樓、煙嶼樓、小萬卷樓遺事本
5	楊氏易傳	20	宋	楊　簡撰	文瀾閣本，用萬曆乙未刻本補
6	史略	6	宋	高似孫撰	古逸叢書本校後知不足齋本
7	子略	4	宋	高似孫撰	百川學海本用學津討原本補
	目錄	1			

〔註16〕葉德輝，《書林餘話》卷下（見《書林清話》，頁665）。

〔註17〕本表所列《四明叢書》各集中之種類、卷數、版本均係依張壽鏞先生於記載於《約園雜著》及其續編、三編中所記爲主。

8	騷略	3	宋	高似孫撰	百川學海本
9	夢窗四稿	4	宋	吳文英撰	光緒戊申歸安朱氏無著庵本，參彊村叢書本校汲古閣本，鐵網珊瑚明鈔本
	補遺	1			
	校勘記	1			
	小箋	1			
	校議	2			鄭文焯稿本
10	四明文獻集	5	宋	王應麟撰	明鄭眞、清葉熊輯，朱竹垞潛采堂舊鈔本校仁和王氏活字版紫藤花館刻本
	深寧先生文鈔摭餘編	3			
	深寧先生（王應麟）年譜	1	清	錢大昕撰	
	王深寧先生年譜	1	清	陳　僅撰	
	王深寧先生年譜	1	清	張大昌撰	
11	古今紀要逸編	1	宋	黃　震撰	知不足齋本
12	戊辰修史傳	1	宋	黃　震撰	四明文獻考本
13	畏齋集	6	元	程端禮撰	清四庫館輯永樂大典本
14	積齋集	5	元	程端學撰	清四庫館輯永樂大典本
15	剡源文鈔	4	元	戴表元撰	童賡年藏鈔本，校道光癸巳鄞盧氏刻本舊鈔剡源集本
			清	黃宗羲選	
16	管天筆記外編	2	明	王嗣奭撰	廖壽慈舊藏鈔本，校煙嶼樓鈔本
17	春酒堂遺書	11	明	周　容撰	文存稿本；詩存抱經樓本，用繼述堂本校；詩話任氏陌軒藏本；外紀稿本
	外紀	1	民國	馮貞群輯	
18	杲堂詩鈔	7	清	李鄴嗣撰	李氏家刻本
	文鈔	6			別有內編續出
19	石經考	1	清	萬斯同撰	省吾堂本校懺花盦本
20	漢書地理志稽疑	6	清	全祖望撰	粵雅堂本校王氏奎鈔本
21	撝菴存稿	8	清	蔣學鏞撰	嘉慶壬申刻本
22	東井文鈔	2	清	黃定文撰	黃氏家刻本
23	詩誦	5	清	陳　僅撰	文則樓活字本
24	群經質	2	清	陳　僅撰	文則樓活字本
		137			

四 明 叢 書 第 二 集					
序 號	書 名	卷 數	時 代	作 者（輯 者）	原書目錄記各書所據版本
1	孫拾遺文纂	1	唐	孫 郃撰	稿本
	外紀	1	民國	張壽鏞輯	
2	雪窗先生文集	2	宋	孫夢觀撰	吳興劉氏嘉業堂藏鈔本，校北平圖書館藏嘉靖刻本
	附錄	1			
3	弁山小隱吟錄	2	元	黃 玠撰	文瀾閣本校嘉業堂刻本
4	清溪遺稿	1	明	錢啓忠撰	康熙刻本
	不朽錄	1			
	清溪公題詞	1	清	錢 廉編	
5	陳忠貞公遺集	3	明	陳良謨撰	稿本
	附錄	2	民國	張壽鏞輯	
6	過宜言	8	明	華 夏撰	鄞華永祺藏鈔本，校日本東方文化籌備處藏舊鈔本
	附錄	1			
7	錢忠介公集	20	明	錢肅樂撰	鄞張氏恆齋藏錢濬恭鈔鮚埼亭稿本，用伏跗室稿本補
	首	1			
	附錄	6	清	全祖望編	
	年譜	1			
8	雪翁詩集	14	明	魏 畊撰	魏氏傳鈔本用伏跗室本補
	補遺	1			
	附錄	2			
9	愚囊彙稿	2	明	宗 誼撰	伏跗室藏寫定本
	補遺	1	清	周斯盛編	
10	張蒼水集	9	明	張煌言撰	裔族孫張世倫藏海濱遺老高允權本，參校永曆黃氏藏本，順德鄧氏活字版本
	附錄	8			
11	馮侍郎遺書	8	明	馮京第撰	稿本
	附錄	3	民國	馮貞群輯	
12	王侍郎遺著	1	明	王 翊撰	稿本
	附錄	1	民國	馮貞群輯	
13	馮王兩侍郎墓錄	1	民國	馮貞群輯	稿本

14	六經堂遺事	1	明	屠大理撰	稿本
	附錄	1	民國	屠用錫輯	
15	吞月子集	3	明	毛聚奎撰	鄞王氏抱闕齋鈔本
	附錄	1			
16	雪交亭正氣錄	12	明	高宇泰撰	南洋中學藏傅氏鈔本校伏跗室本
17	海東逸史	18	清	翁洲老民撰	慈谿楊氏飲雪軒刻本校邵武徐氏叢書本
18	宋季忠義錄	16	清	萬斯同撰	約園藏手稿本
	附錄	1			
	補錄	1	民國	張壽鏞校補	
19	現成話	1	清	羅嵒撰	日本東方文化籌備處藏，煙嶼樓編四明叢集稿本
20	管村文鈔內編	3	清	萬言撰 萬承勳編	童賡年藏鈔本，校伏跗室藏煙嶼樓鈔本
21	千之草堂編年文鈔	1	清	萬承勳撰	童賡年藏鈔本，校伏跗室藏勉力堂及煙嶼樓鈔本
22	寸草廬贈言	10	清	張嘉祿撰	約園刊本
		171			

四 明 叢 書 第 三 集					
序號	書　　名	卷數	時代	作者（輯者）	原書目錄記各書所據版本
1	春秋集註	40	宋	高閌撰	清四庫館輯永樂大典本
2	尚書講義	20	宋	史浩撰	清四庫館輯永樂大典本
3	范文正公年譜	1	宋	樓鑰撰	康熙歲寒堂范文正公集本校萬曆戊申毛氏刻本
	補遺	1		無名氏撰	
4	慈湖詩傳	20	宋	楊簡撰	清四庫館輯永樂大典本
	附錄	1			
5	先聖大訓	6	宋	楊簡撰	萬曆己卯雲閒張氏刻本
6	棠陰比事	1	宋	桂萬榮撰	木樨山房活字本校知不足齋鈔本
7	月令解	12	宋	張虙撰	清四庫館輯永樂大典本
8	四明他山水利備覽	2	宋	魏峴撰	崇禎辛巳陳朝輔刻本校四明宋元六志本
	校勘記	1	清	徐時棟撰	

9	蒙齋中庸講義	4	宋	袁 甫撰	清四庫館輯永樂大典本
10	六藝綱目	2	元	舒天民撰	東武劉氏刻本校指海本
	附錄	2	元	舒天民撰	
	校勘記	1	民國	張壽鏞撰	
11	春草齋集	12	明	烏斯道撰	清王家震編並校補足本
12	寧波府簡要志	5	明	黃潤玉撰	伏跗室藏舊鈔本，校楊實成化四明志本
	南山著作考	1	民國	張壽鏞輯	
13	海涵萬象錄	4	明	黃潤玉撰	伏跗室藏煙嶼樓鈔本校祁氏澹生堂鈔本
	考證	1	民國	馮貞群撰	
14	讀易一鈔易餘	4	明	董守諭撰	約園藏鈔本
15	儒林宗派	16	清	萬斯同撰	屠用錫藏王梓材增註本校辨志堂本
16	鄞志稿	20	清	蔣學鏞撰	約園藏蕙江樓鈔本校孫鶴皋藏手稿本
17	甬上水利志	6	清	周道遵撰	道光戊申活字本
		182			

四 明 叢 書 第 四 集					
序號	書 名	卷 數	時 代	作 者（輯者）	原書目錄記各書所據版本
1	舒文靖公類稿	4	宋	舒 璘撰	同治壬申舒氏刻本，校雍正辛亥刻本；附錄校煙嶼樓徐氏舊稿本
	附錄	3	清	徐時棟輯校	
2	定川遺書	2	宋	沈 煥撰	稿本
	附錄	4	民國	張壽鏞輯	
3	慈湖先生遺書	18	宋	楊 簡撰	嘉靖已酉秦氏刻本，校馮氏稿本，用毋自欺齋刻本補；新增附錄、著述考，稿本
	續集	2	明	周 廣輯	
	補編	1	清	馮可鏞輯	
	新增附錄	1	民國	張壽鏞輯	
	年譜	2	清	馮可鏞 葉意深輯	
	著述考	1	民國	張壽鏞輯	

4	絜齋毛詩經筵講義	4	宋	袁 燮撰		武英殿聚珍版本
5	袁正獻公遺文鈔	2	宋	袁 燮撰		伏跗室藏煙嶼樓稿本
	附錄	3	清	袁士杰輯		
6	鼠璞	2	宋	戴 埴撰		百川學海本校學津討原本
7	戴仲培先生詩文	1	宋	戴 埴撰		江湖後集本
8	困學紀聞補注	20	宋	王應麟撰		稿本
			清	張嘉祿補注		
9	丁鶴年集	3	元	丁鶴年撰		琳琅秘室叢書本
	續集	1				
	附錄	1				
10	醫閭先生集	9	明	賀 欽撰		嘉業堂藏嘉靖已丑刻本
11	白齋詩集	9	明	張 琦撰		正德癸酉嘉靖癸未刻本
	竹里詩集	3				
	竹里文略	1				
12	聞見漫錄	2	明	陳 槐撰		蝸寄廬孫氏藏萬曆癸酉刻本
13	拘虛集	5	明	陳 沂撰		伏跗室藏本；後集、詩談、游錄，北平圖書館鈔本
	後集	3				
	詩談	1				
	游名山錄	4				
14	皇極經世觀外篇釋義	4	明	余 本撰		百歲堂陳氏藏嘉靖已丑重修本
15	書訣	1	明	豐 坊撰		文瀾閣鈔校佩文齋書畫譜本
16	陳后岡詩集	1	明	陳 束撰		伏跗室藏萬曆辛卯刻本
	文集	1				
17	碨石編	2	明	楊承鯤撰		北平圖書館鈔本
18	銅馬編	2	明	楊德周撰		北平圖書館鈔本
19	夷困文編	6	明	王嗣奭撰		蝸寄廬孫氏藏名刻本
20	囊雲文集	2	明	周齊曾撰		伏跗室藏煙嶼樓鈔本
	補遺	1				

21	四明山志	9	清	黃宗羲撰	康熙辛巳吳門黃氏刻本
22	深省堂詩集	1	清	萬斯備撰	海寧味腴堂陸氏藏舊鈔本校煙嶼樓徐氏本
23	歷代紀元彙考	8	清	萬斯同撰	光緒丁酉李氏刻本
	續編	1	清	李哲濬撰	
24	石園文集	8	清	萬斯同撰	鄞月峰陳氏藏舊鈔本
25	分隸偶存	2	清	萬　經撰	乾隆己丑辨志堂刻本
26	審定風雅遺音	2	清	史　榮撰　紀昀審定	乾隆庚辰刻本
27	玉几山房吟卷	3	清	陳　撰撰	伏跗室藏康熙丙申刻本
28	讀易別錄	3	清	全祖望撰	知不足齋叢書本
29	月船居士詩稿	4	清	盧　鎬撰	乾隆壬子黃氏刻本
	附錄	1			
30	春雨樓初刪稿	10	清	董秉純撰	伏跗室藏舊鈔本
31	存悔集	1	清	范　鵬撰	咸豐丁巳思貽齋盧氏刻本
32	四明古蹟	4	清	陳之綱輯	道光壬午是亦樓袁氏刻本
33	瞻袞堂文集	10	清	袁　鈞撰	光緒丁未袁氏刻本
34	襄陵詩草	1	清	孫家毅撰	伏跗室藏舊稿本
	詞草	1			
	種玉詞	1			
35	世本集覽原起	1	清	王梓材撰	屠用錫藏樸學齋稿本
	提綱	1			
	條例	1			
	目錄	1			
	通論	1			
36	補園賸稿	2	清	包履吉撰	光緒乙巳湯氏刻本
37	古今文派略述	1	清	陳康黻撰　張世源注	甬東張氏藏稿本
		209			

四 明 叢 書 第 五 集					
序 號	書　　　名	卷 數	時 代	作 者（輯者）	原書目錄記各書所據版本
1	宋元學案補遺	100	清	王梓材撰 馮雲濠輯	
	卷首	1			
	別附	3			
	序錄	1			
		105			

四 明 叢 書 第 六 集					
序 號	書　　　名	卷 數	時 代	作 者（輯者）	原書目錄記各書所據版本
1	穹天論	1	晉	虞聳撰	馬國翰玉函山房輯本
2	虞徵士遺書：論語讚注	1			
3	志林新書	1			
4	廣林	1	晉	虞喜撰	馬國翰玉函山房輯本
5	釋滯	1			
6	通疑	1			
7	安天論	1			
8	鼎錄	1	梁	虞荔撰	何允中廣漢魏叢書本校龍威秘書本
9	頤庵居士集	2	宋	劉應時撰	文瀾閣鈔本校知不足齋叢書本
10	勸忍百箴考註	4	元	許名奎撰	釋覺澂考註明萬曆甲申司禮監科本
11	貞白五書：三極通	2	清	馮柯撰	慈谿馮氏醉經閣依萬曆壬子刻鈔，鄞王東園知不足齋藏本
12	小學補	1			
13	質言	7			
14	迴瀾正諭	2			
15	求是編	4			
16	林衣集	6	明	秦舜昌撰	慈谿秦氏抹雲樓藏明刻本及鈔本
			民國	張壽鏞節選	
17	留補堂文集選	4	明	林時對撰	甬上張伯岸藏鈔本

18	小天集	2	清	秦邅宗撰	慈谿秦氏抹雲樓藏凝道堂刻本
19	純德彙編	7	清	董華鈞輯	嘉慶壬戌刻本
	續刻	1		董景沛輯	
20	甬東正氣集	4	清	董琅輯	同治壬申正誼堂刻本
21	四明詩幹	3	清	董慶酉輯	光緒癸未刻本
22	四明宋僧詩	1	清	董濂輯	光緒戊寅刻本
23	元僧詩	1			
24	全校水經酈注水道表	40	清	王楚材輯	屠氏古婆羅館藏稿本
25	明堂考	1	清	胡矞撰	胡氏家藏稿本
26	附射侯考	1	清	胡矞撰	胡氏家藏稿本
27	明明子論語集解義疏	20	清	胡矞撰	胡氏家藏稿本
28	切音啓蒙	1	清	胡矞撰	胡氏家藏稿本
29	大衍集	1	清	胡矞撰	胡氏家藏稿本
30	約仙遺稿	1	清	胡中正撰	胡氏家藏稿本
31	四明人鑑	3	清	劉慈孚輯	光緒丙戌石印本
				虞琴繪圖	
32	養園賸稿	3	清	盛炳緯撰	盛氏家藏稿本
		130			

四 明 叢 書 第 七 集					
序號	書 名	卷數	時代	作 者（輯 者）	原書目錄記各書所據版本
1	會稽典錄	2	晉	虞預撰	浙江圖書館藏稿本
			民國	周樹人輯	
2	魏文節遺書	1	宋	魏杞撰	稿本
	附錄	1	民國	魏頌唐輯	
3	絜齋家塾書鈔	12	宋	袁燮撰	文瀾閣鈔本
	附錄	1			
4	洪範統一	1	宋	趙善湘撰	藝海珠塵本
5	西麓詩稿	1	宋	陳允平撰	南宋群賢小集本

6	西麓繼周集	1			彊村叢書本
7	附校記日湖漁唱	1			
8	趙寶峰先生文集	2	元	趙　偕撰	張冷僧手鈔本校林集虛藜照堂藏本
9	符臺外集	2	明	袁忠徹撰	張伯岸藏舊鈔本
10	楊文懿公文集	30	明	楊守陳撰	伏跗室藏嘉靖刻本
11	碧川文選	8	明	楊守阯撰	伏跗室藏萬曆刻本校殘鈔本
12	養心亭集	8	明	張邦奇撰	林集虛藜照堂藏嘉靖刻本校天一閣藏殘本
13	灼艾集	2	明	萬　表撰	嘉靖乙酉刻本
	續集	2			
	餘集	2			
	別集	2			
14	玩鹿亭稿	8	明	萬　表撰	景鈔萬曆刻本
15	續騷堂集	1	明	萬　泰撰	光緒甲申趙翰香居刻本
16	補歷代史表	14	清	萬斯同撰	伏跗室藏稿本
17	昌國典詠	10	清	朱緒曾撰	伏跗室藏稿本
18	夏小正求是	4	清	姚　燮撰	稿本
19	漢書讀	12	清	張　恕撰	長春花館稿本
20	漢書辨字	2			
21	漢書常談	2			
22	見山樓詩集	4	清	張　翊撰	伏跗室藏稿本
23	季仙先生遺稿	1	清	徐時榕撰	煙嶼樓藏稿
	補遺	1			
24	寸草廬奏稿	2	清	張嘉祿撰	寸草廬稿本
25	小謨觴館文集註	4	清	彭兆蓀撰 張嘉祿註	寸草廬稿本
26	孔賈經疏異同評	1	清	陳漢章撰	活字本
27	鶴巢文存	4	清	忻江明撰	稿本
	詩存	1			
		150			

序號	書　　名	卷數	時代	作者（輯者）	原書目錄記各書所據版本
四　明　叢　書　第　八　集〔註18〕					
1	虞預晉書	1	晉 清	虞　預撰 湯　球輯	廣雅書局本
2	舒嬾堂詩文存	3	宋	舒　遭撰	稿本
	補遺	1	民國	張壽鏞輯	
	附錄	1			
3	石魚偶記	1	宋	楊　簡撰	二老閣刻本
4	安晚堂詩集〔註19〕	12	宋	鄭清之撰	校補本
	補遺	1			
	輯補詩文	1			
	補編	2			
5	梅讀稿	10	明	楊白懲撰	刻本
	附錄	5			
6	徐徐集	2	明	王　埏撰	嘉靖刻本
7	攝生眾妙方	11	明	張時徹撰	隆慶三年重刻本
8	白嶽游稿	1	明	沈明臣撰	伏跗室藏煙嶼樓鈔校大酉山房活字本
9	碑帖紀證	1	明	范大澈撰	譚隱窗活字本
10	西漢節義傳論	2	清	李鄴嗣撰	

〔註18〕據先生所列《四明叢書》第八集書目應有廿一種，唯序文未完成者有三種，因此於刊印時僅列出十八種。此十八種之次序與先生所列亦有所出入，所列書目中《放齋詩說》、《鄭寒村文鈔》、《周季編略》、《鄉諺證古》四種，並未在第八集中出現，而代之以《西漢節義傳論》，結爲十八種。至於所據版本，刊印時並未同其他各集體例於書下列出，而各家於說明版本時，亦未列出，本文乃依據《約園雜著三編》卷六摘出。

〔註19〕《安晚堂詩集》12卷，大典本《四明叢書》總目中註有「原缺卷一至卷五」，故實際僅有七卷。而文豐本則列7卷，似有不妥。筆者以爲應以原書加以註明之，方與實際情況相符。

11	杲堂文續鈔	4	清	李鄴嗣撰	
	附錄	1			
12	甬上高僧詩	2	清	李鄴嗣輯	
13	廟制圖考	1	清	萬斯同撰	
14	四明文徵	16	清	袁　鈞編	伏跗室藏稿本
15	徐偃王志	6	清	徐時棟編	
16	味吾廬詩文存	2	清	王仁徵撰	稿本
	首一卷〔註20〕	1			
	外紀	1	民國	張壽鏞編次	
17	容膝軒文集	8	民國	王榮商撰	
	詩草	4			
18	峽源集	1	清	毛宗藩撰	稿本
		102〔註21〕			

第　九　集、第　十　集　擬　目〔註22〕					
序　號	書　　名	卷數	時代	作者（輯者）	原書目錄記各書所據版本
1	嚴氏詩緝補義	8	清	劉　燦撰	
2	周官辨非	2	清	萬斯大撰	
3	考工記圖記	2	明	屠本畯撰	
4	篆法偏旁點畫辨	1	元	應　在撰	

〔註20〕文豐本《四明叢書》未列。

〔註21〕依據大典本《四明叢書》，第八集共計一百〇二卷，而文豐本則爲九十六卷，二版本有六卷之差，筆者所查，文豐本與大典本所差者爲《安晚堂詩集》所列相差五卷，《味吾廬詩文存》未列首一卷，合爲六卷。

〔註22〕《約園雜著三編‧自序》：「若夫鄉書之輯，十已得八，天其許我繼續爲之乎？」可知，《四明叢書》之編輯原以十集主，唯第九、十集僅列擬目，此擬目係張壽鏞於第八集後，列出所欲輯刊書目，並於後說明：「右目爲他日便於採取，列此增損，他日刻時定之。」見《約園雜著三編》卷六，頁12。

5	釋篆法辨	1	元	應　在撰	
6	三音均部略	4	清	黃氏三撰	
	詩音譜略				
	音攝考略				
	切音譜略				
7	六書辨要	2	清	湯容煨撰	
8	前漢書隨筆	20	清	萬　經撰	
9	刪定晉書校記	2	清	全祖望撰	
10	明小記		清	林時對撰	
11	日本考略	1	明	薛　俊撰	
12	今古輿地圖	3	明	沈鳳舉撰	
13	浙東山水簿目		清	范　鑄撰	
14	尊行日記鈔		清	姜炳璋撰	
15	四明經籍志	5	民國	張壽鏞編	
16	四明經籍提要甲集	10	民國	夏啓瑜撰	
17	子思子	2	清	黃以周撰	
18	令貽堂家告		清	陳康祺撰	
19	南湖隨筆	1	清	陳美訓撰	
20	硯箋	4	宋	高似孫撰	
21	宋本樓鑰玫媿集校記		民國	趙萬里撰	
22	恣泉文選		明	聞性道撰	
23	湛園未刊稿	1	清	姜宸英撰	
24	鮚埼亭集札記		清	楊鳳苞撰	
25	儆居雜著	8	清	黃式三撰	
26	四明風雅	4	明	戴　鯨撰	
27	歸田老人詩話	5	清	童賡年撰	
		120			

由表中所列「原書目錄記載各書所據版本」一欄中，發現在《四明叢書》所收書中之版本來源有以下之特色：

一、多鈔本

《天祿琳琅書目》中依宋元版本列目，其目有「影宋鈔本」一類，即說明鈔本之重要及其影響性。自古以來，藏書家以鈔書自課即爲一種風氣，渠等竭盡畢生精力，就是要鈔一部善本，同時，亦以鈔錄爲手段，以取得難以收藏之珍本秘笈，爲藏書增添光輝。而於所鈔之書中又能隨意眉批，考訂校對，故鈔本就如同該書之另一個作者，於一書之上可以看見不同之註解，彌足珍貴。孫從添在《藏書紀要·鈔錄》中說道：

> 書之所以貴鈔錄者，以其便於誦讀也。歷代好學之士，皆用此法，所以有刻本，又有鈔本，有底本。底本便於改正，鈔本定期字劃。於是鈔錄之書，比之刊刻者更貴且重焉。況書籍中之秘本，爲當世所罕見者，非鈔錄則不可得，又安可以忽之哉。從未有藏書之家而不奉之爲至寶者也〔註23〕。

凡鈔錄之書籍，通常是難得之珍本，故藏書家多親自爲之。此外，亦有以作爲交換閱讀爲目的而鈔錄者，因此，於清代之藏書家中亦有對各家之鈔本特別予以收藏者。品質精良之底本爲藏書家鈔書最嚴格之要求，爲使罕傳之本能廣爲流傳或爲一己所需而鈔書，均精挑好底本鈔錄，甚至對於字體點畫、行格款識等均加以摹寫，以求其與原版相似。傅增湘評論鈔本，他說：

> 古人讀書皆出手錄，自刻本盛行，而此風遂渺然。好學之士，偶覯孤本異籍，亦復流傳副本，儲爲枕秘。以余所見，如明之柳大中、錢叔寶、功甫父子……皆錄鈔雪纂，矻矻不休。舜咨、叔寶尤耆年宿學，皓首青燈，奉爲日課。余生平篋藏與同好所獲，時得展玩，流風餘韻，使人慨慕於無窮。其中如舜咨之古樸，孝章之工雅，無黨之嚴謹，皆神采奕然，點畫不苟。其尤可稱者，如叔寶手鈔《華陽國志》、《南唐書》皆多至十餘萬言，而筆致雋逸，終篇如一。亦陶鈔元人集數十家，枚庵鈔宋人筆數記數十種，亦咸精麗絕倫。故傳播至今，藏書家視同璣璧，與

〔註23〕孫從添，《藏書紀要》，見《叢書集成》第二冊，（台北：新文豐出版公司，1988年3月）頁211。

宋槧、元刊同其寶貴〔註24〕。

足見底本之優窳關係著所鈔書之品質，倘底本不佳，所鈔又多奪字、衍句、都會造成劣本流傳，影響學術之發展，甚至使鈔書者遺臭萬年。當然，鈔本除可以珍藏秘本、流通閱讀外，尚有相當之增補作用。葉德輝將此一補強作用之功能說得明白：

> 舊書往往多短卷，多缺頁，必覓同刻之本，影鈔補全。或無同本，則取別本，覓傭書者錄一底本，俟遇原本，徐圖換鈔，庶免殘形之憾〔註25〕。

一方面乃以為補缺頁之不足，校對之用，另一方面亦可當作是副本作為借閱之用，故又言：

> 猶有待於傳錄者，蓋其書或僅有鈔本，不能常留，過目易忘。未存副錄，校刻則有不給，久假復不近情，有彼此界藏，可獲分身之術〔註26〕。

鈔本之流通有其必要及重要性〔註27〕，然於刊刻仍應多方讎校，以確保其品質。先生對於所藏之鈔本均詳加考校，刊〈夢窗詞稿〉時，即於序中道：

> 獨余所藏朱性甫鐵網珊瑚為明季舊鈔，所錄夢窗新詞稿與鄭叔問所見刻本不同，一字之精，足校之本，至可貴也。因取朱鄭之所校與明鈔相勘比，就毛刻而正其錯訛，仍其名曰《夢窗四稿》〔註28〕。

又如桂萬榮《棠陰比事》二卷，先生採用「木樨山房活字本校知不足齋鈔本」，張元濟於編輯《四部叢刊》時即在該書跋提到：「此為不足齋鈔本，通體經鮑以文親筆校正，並附校語，得此名蹟，雖非宋刻，亦其亞已。」然先生之跋語則言：

> 《棠陰比事》一書世不多見，余既借伏跗室馮氏所藏臨汝桂氏活字本付諸梓矣，桂氏本乃據菉圃黃氏得諸試飲堂顧氏而為傳是樓舊物，金陵朱氏為之景刻者也。近於李君調生處見《四部叢刊續編》，所印知不足齋主人鮑以文筆校鈔本，更藉以覆校兩本，各有佳處，爰為訂定，閒有兩本均誤者，悉為校正，費十日之力乃竣閱者，試取而對勘焉，知余於

〔註24〕傅增湘，《藏園群書題記》（上海：古籍出版社，1989年），頁957。

〔註25〕葉德輝，《藏書十約·鈔補》。

〔註26〕葉德輝，《藏書十約·傳錄》。

〔註27〕「藏書家崇尚鈔書的原因有二：一是書籍流通地區相對集中，交通不便，購書困難，是藏書家重視鈔書的一個主要原因。二是珍本、異本、罕見之本，既無刊本，購置不易，只有鈔而藏之，是藏書家重鈔本的又一原因。」這兩個因由即可說明鈔本在書籍流通中的重要地位。傅璇琮、謝灼華主編，《中國藏書通史》（浙江：寧波出版社，2001年）頁673。

〔註28〕〈夢窗詞稿序〉，《約園雜著》卷三，頁14。

斯編非泛泛焉重刻也〔註29〕。

以張元濟輯《四部叢刊》時，未能詳加倍核，凸顯先生對讎校之重視。而對於流落至國外之書籍，先生絕不放過鈔錄之機會，縱使花費甚鉅，亦無怨言，唯恐不逮也！其於〈現成話跋〉：

此集已歸日本東方文化圖書館矣，尚可假錄，壽鏞爰出百金先就未刻者鈔之，因得羅孝子顗《現成話》亟校刻焉，其他猶未遑也〔註30〕。

《四明叢書》中鈔本比例頗重，而其來源除由先生於北平圖書館、文瀾閣等處所鈔，爲約園藏鈔本外，亦多有友朋餽贈，如《剡源文鈔》、《管天筆記外編》，餘者尚有當代重要藏書家所藏鈔本，竹垞潛采堂舊鈔本、嘉業堂藏鈔本、煙嶼樓鈔本、伏跗室藏舊鈔本、蕙江樓鈔本、祁氏澹生堂鈔本，足見先生對於鈔本之選擇慎重與用心。煙嶼樓鈔本、澹生堂鈔本、知不足齋鈔本等名家之精鈔本〔註31〕，有助於訛誤改正，同時對於保存前人著作，以及書籍的流布具佐弼之功。鈔本之品質代表藏書家對於典籍的重視程度，唯有精鈔者，方能爲後世所貴。

二、多稿本

稿本所指該爲作者手書之紙本。然而稿本只是一個大的概念，就一般之分類來說又可分爲手稿本、清稿本、與修訂稿本等三類。手稿本可謂稿本最爲珍貴者，因爲是作者的第一手資料，其書寫恣意，而眉批勾抹之處亦爲隨心之作，又因最近原意，最能洞悉作者之思想底蘊、藝術精神等，然相較於讀者而言，於使用上較爲困難。但亦由於手稿本之珍貴，故某些書目於著錄此類圖書時，如確切且肯定爲作者之手稿，均會特別標明「手稿本」，以示其特殊性質。

〔註29〕〈棠陰比事跋〉，《約園雜著》卷五，頁15。

〔註30〕〈現成話跋〉，《約園雜著》卷四，頁32。

〔註31〕葉德輝在〈明以來之鈔書〉中提到：「明以來鈔本書最爲藏書家所祕寶者。曰吳鈔……曰祁鈔，山陰祁爾光承爍淡生堂鈔本也。曰毛鈔，常熟毛子晉晉汲古閣鈔本也。曰謝鈔，常樂謝肇淛在杭小草齋鈔本也。曰馮鈔，常熟馮己蒼舒、馮定遠班、馮彥淵知十兄弟一家鈔本也。曰錢鈔，常熟錢牧齋謙益絳雲樓鈔本。謙益從子錢遵王曾述古堂鈔本，合之從弟履之謙貞竹深堂鈔本，皆謂之錢鈔也。此外吾家二十五世祖石君公樹廉樸學齋，秀水曹潔躬溶倦圃，崑山徐健庵乾學傳是樓，秀水朱竹垞彝尊潛采堂，吳縣惠定宇棟紅豆齋，仁和趙功千昱小山堂，錢唐吳尺鳧焯繡古亭，海昌吳槎客騫，子虞臣壽暘拜經樓，歙縣鮑以文廷博知不足齋，錢唐汪小米遠孫振綺堂，皆竭一生之力，交換互借，手校眉批不獨其鈔本可珍，其手跡尤足貴。」足見鈔本之珍貴與古人重視之用心。《書林清話》卷十。（台北：文史哲出版社，1998年）頁13～14。（總頁545～546）。

　　《四明叢書》所收書中，稿本有四十八種，其中以清代作品之稿本最多，佔全數之百分之六十二，其餘依次爲宋、明、唐代之稿本。其中有特別標明手稿本者爲萬斯同《宋季忠義錄》，誠屬珍本。餘者皆以「稿本」註記之。

　　馮貞群對於校勘，考訂等功力深厚，具有豐富之版本與目錄學知識，與先生於版本之商討功不可沒。而其伏跗室藏書，亦多有馮貞群所輯之稿本，如《馮侍郎遺書附錄》、《王侍郎遺著附錄》等，此等稿本乃經過多方輯佚，方能彙整編入叢書之中。

三、多輯佚本

　　叢書之編輯乃將散於各處之文獻彙爲一編，裨益於學者之檢索。相對地，輯佚前人作品，不僅發揚先哲精神，又以其著述津逮來學，一則以傳承學術文化，一則以保存史料文獻，洵爲一重大之歷史使命。

　　先生以此歷史使命爲己任，《四明叢書》八集中有許多收錄皆爲其親自輯錄。第一集中有《虞秘監集》四卷、《賀秘監遺書》一卷及《外紀》三卷、《豐清敏公遺書》六卷。先生於〈虞秘監集跋〉言及彙輯虞、賀二公遺書，爲大快人心之事，並敘述輯錄之依據及過程：

　　　　余年逾冠，與陳君季衡會文於月湖煙嶼樓，縱談鄉先生遺集，於唐不見虞賀二公，呐呐怪事，他日當採取僅存者，彙爲兩秘監集，刻諸鄉先哲遺書之首，洵大快也。……《虞集》本以清《全唐文》及《唐百家詩集》之《虞集》爲藍本，今按《百家詩》之《虞集》爲題二十一，而谿上詩輯所採，爲題十四，《蛟川詩繫》所採，爲題三十六，《蛟川者舊詩》爲題十，《四明詩幹》爲題三十，今依《百家詩》本而參以各本，得三十一題，詩之存者如此而已。文與賦則《全唐文》搜之盡矣。爲《舊唐書》傳所錄〈聖德論〉有目而辭不見，〈隴右山崩〉及〈天見彗星之對〉未經編入，爲之補焉。爰輯爲三卷，附錄一卷，都四卷。考秘監文集原三十卷，所見者十未得一，留此毫芒，藉存概略〔註32〕。

　　而於訪尋《賀秘監遺書》時，先生仰仗馮貞群（孟顓）頗多，二人記錄輯編過程之困難，馮孟顓指出：

　　　　賀秘監事蹟自《唐書》外散見於說部，志乘、別集者往往而有，約園欲輯秘監遺書，求聞氏性善、性道所纂《賀監紀略》未獲，於是發願

爲之搜集。余因廣之以類相從，兩人互相參證詩文而外，更得《外紀》

三卷〔註33〕。

而先生對於馮孟顒鼎力相持則言：

> 余既輯秘監遺書遺聞軼事尤多未備，因函商孟顒請其增編，窮一月
> 之力，屏棄百事，從事手輯，而體例亦較余初稿爲精，來書撝謙謂不過補
> 闕而已，此起僅僅補闕哉，余得之大喜，遂付諸梓。抑考元大德間西域辛
> 文房撰《唐才子傳》，於〈賀監傳〉末云集今存，據此，則秘監集既存於
> 元代，而明末祁承㸁《澹生堂書目·集類》別集有唐《賀季眞集》，是又
> 爲祁氏舊藏所有，第未知其書詳略何如耳，他日得之以足斯編〔註33〕。

第二集中《孫拾遺文纂》一卷及《外紀》一卷、《陳忠貞遺集》三卷及《附錄》
二卷，《宋季忠義錄》之補錄一卷。第三集，先生爲《六藝綱目》撰寫《校勘記》，
而於《寧波府簡要志》中更爲作者纂述《南山著作考》。於第四集中，淳熙四君子
即有《定川遺書》二卷及《附錄》四卷，其言：

> 淳熙四先生皆傳陸學者也。楊慈湖、袁絜齋、鉅製煌煌，垂諸百世。
> 舒元質之文猶賴梨洲搜得殘稿二卷，獨沈定川之書罕有存者。不惟其書
> 不存，即其言行之可考者，絜齋之行狀、《言行編》，平園之墓碣尚已，
> 而墓碣則於卒之歲月復誤。《言行編》之錄，與沈氏家譜者，世多未見焉。
> 謝山增補《宋元學案》，別爲之傳，可謂精審矣。……抑考《鄞縣藝文志》，
> 王梓材朧軒有補茸《沈定川文集》，今亦未之見，因就搜羅所及，輯《定
> 川遺書》二卷，附錄四卷，而以《言行彙考》併入附錄中，更因編遺書
> 而得絜齋遺文鈔，而《定川言行編》全帙在焉，書出有時，願同志廣之
> 〔註34〕。

先生先後由袁絜齋所撰之行狀、《宋元學案》、《宋元學案補遺》、《鎭海縣志》、
《寶慶四明志》等書中，以其著述輯爲《定川遺書》。又於《朱子文集》、《至正四
明續志》、《定川言行編》、《宋史》、《延祐四明志》、《鄞縣志》、《鄞志稿》中檢友
人撰述、傳記等史料，並以先生所編著之《定川言行彙考》爲附錄四卷，先生蒐
索之勤，於彙考之鉅細靡遺可見。

於楊簡，先生撰有《慈湖著述考》附於《遺書》之後，〈附錄序言〉說明編
輯來由：

〔註33〕〈賀秘監遺書識〉，見《四明叢書》第一集。（大典本，第一集第一冊）
〔註33〕〈賀秘監遺書識〉，見《四明叢書》第一集。（大典本，第一集第一冊）
〔註34〕〈定川遺書序〉，見《四明叢書》第四集（大典本，第四集第一冊，頁115）。

－114－

壽鏞謹按《慈湖遺書》附錄三則，《續集》附錄四則，《補編》附錄九則，《年譜》更詳載慈湖遺聞軼事。王膛軒著《宋元學案補遺》又著附錄三十六則。（原註：前十一則多取錢融堂行狀語）李穆堂著《陸子學譜》，弟子一楊文元公行狀之後，綴以書問雜記，《慈谿縣志・書院門》，又載〈慈湖書院記〉，自宋洎清，名作薈萃，皆足翼贊心學。湛甘泉著《楊子折衷》一書，名曰《折衷》，而多偏見，豈書廣平，所謂不知者，徒生矛盾者耶。清修《四庫》，意在尊朱，凡講陸學者皆辭而闢之，更不足責矣。慈湖之學之傳若袁蒙齋、陳和仲、桂夢協、童杜洲、李希大、劉子固，求之吾鄉不尤賴是數子乎，因刪其重複者而編新增附錄〔註35〕。

第八集雖於先生捐館之後始出版，然而在其中亦有先生為《舒嬾堂詩文存》所輯之《補遺》、《附錄》各一卷。第九、十集擬目中尚有先生耗時五年整理之《四明經籍志》。而由馮貞群先生輯佚，編入《四明叢書》者，則有《春酒堂遺書外紀》、《馮侍郎遺書》、《王侍郎遺著》、《馮王兩侍郎墓錄》等。

先生嘗言：「人曰佞宋，我曰避宋，購一宋而非宋者，百部、千部甚或萬部去矣！獨可誇者，鈔本也。歷年之所蓄都二百餘種，有批校本焉、有精鈔本焉、有稿本焉、有普通寫本焉。」可知先生藏書並不佞於一家，亦不拾人牙慧，盲目跟從。

附錄：《四明叢書》凡例〔註36〕

一、吾浙各郡除衢嚴處外，若丁氏丙之《武林往哲遺箸》、《武林掌故叢編》；孫氏福清之《檇李遺書》；陸氏心源之《湖州叢書》；劉氏承幹之《吳興叢書》；徐氏友蘭之《紹興先生遺書》；宋氏世犖、楊氏晨之《台州叢書》；胡氏鳳丹、宗枏之《金華叢書》及《續編》；孫氏詒讓之《永嘉叢書》；黃氏群之《敬鄉樓叢書》。近年，平湖金氏蓉鏡、兆蕃續刻《檇李叢書》一二集，先哲遺書盡成叢刻，吾郡闕然，寧非憾事，爰輯鄉先生著作彙刊之，顏曰《四明叢書》。

二、吾郡自任闞諸虞以儒術顯，代有作者，蔚為文獻之藪，郡志藝文書目，無慮數千百種，然佚者過半，恨難收輯（余因是復有《四明經籍志》之輯）。是編所收，先取有關鄉邦利弊，足資身心學問，而坊肆吾傳本，或傳而未廣者，

〔註35〕〈慈湖遺書新增附錄序〉，見《四明叢書》第四集（大典本，第四集第一冊，頁 487）。
〔註36〕以《《四明叢書》凡例》為附錄，藉以彰顯張壽鏞先生於輯編《四明叢書》時之用力與盡心，更以此誌其對於友朋慷慨協助之感謝。

若屢經刻印之書，或卷帙過繁者，則皆從緩。

三、吹劍一錄，續至再四，《知不足齋叢書》刻至卅集，即並世《敬鄉樓叢書》，亦已一輯之後，踵刻三輯，此書先刻二十四種，題曰第一集，接續再刻，即名二集、三集以至十集，志或不逮，望諸友朋。

四、前人刻書有節錄以就簡約者，似嫌割裂不全，是編務存原文，雖序跋歲月無關宏恉，亦不輕削，惟間有前賢著述，有關鄉邦文獻，而毫芒流落，僅存一二者，吉光片羽，為之編輯補綴，以資流傳。

五、是編意在徵集文獻，雖非本鄉人士，其著述有裨四明掌故者，概在甄錄之列。

六、每種卷首或題以序簡，末或附以跋，或既序又跋，以闡作者立論之大凡，與夫昔賢訂證之苦心，並誌友朋贈遺之雅意。

七、是編版式式略仿鮑氏《知不足齋叢書》，全葉十八行，行二十一字，書中前代提頭，多從銜接。

八、是編每刻一書必取諸善本，參校互異之處，擇善而從，其無從互校者仍之，然落葉之紛，旋掃旋作，魯魚亥豕在所難免，覽者幸有以正之。

九、是編不分部居，一集之中，略以作者時代為次。

十、是編僅就搜羅所及，隨時付梓，海內珍藏家，儻有先人遺書，鄉賢秘冊，德行學術足以傳後，未經流布，尤望寄刊，以闡幽隱。

十一、釀金刻書，古今佳話，壽鏞綿力有限，是編之成，端賴海內及鄉人士邪許，倘有以資相助者，誼得並書，以誌不忘。

十二、是編之刻，雖由壽鏞發起，而吳興張君秉三首先贊助。惟發願在十餘年以前，其時張丈讓三猶在相與勸勉，其繼則馮君孟顒、張君于相、張君苞舲、張君伯岸，最後則忻君紹如專任其事，而孟顒助我尤多。更得陳君伯弢、夏君同甫、黃君葇邨、嘉興張君冷僧、粵東李君續川、湖南尹君桐陽、喻君民可、永康胡君伯棠，皆分文字編輯及徵求之勞，或訪尋指示之雅，海門施君韻秋總任勘校，尤盡心焉。而王君書衡，遠道以甬上先哲書目手鈔見示，並敘述版本源流，尤為可感，惜墓木已拱，不及見是書之成，為之歎噓不置。民國二十一年一月鄞縣張壽鏞謹識。

第六章　《四明叢書》之內容
及其出版狀況

　　《四明叢書》是一部綜合性之叢書，一般而言，綜合性叢書皆為隨刻隨印的，它不像類書或專門性之叢書需要完整的收錄方可印行。然以各集所收各書之序跋寫作日期，與該集印行之時間相照應，顯然，先生並非以一般方式進行〔註1〕，先生設心為何？值得探討。而其重要性不僅影響《四明叢書》刊刻之次第，亦藉此洞悉先生用行舍藏之經世哲學。

　　《四明叢書》預計出版十集，雖今日僅見一至八集，然以收錄書計一百七十八種，一千一百七十三卷，其規模之大，遠出前代甚多，倘再以先生所編第九、十集擬目，合計二百五種，一千二百九十三卷。為探究其特色，擬就對其所收書之時代分佈、隸類及其他叢書收錄情況等方向進行爬梳條理，進而瞭解內容，方能掌握各集之特色，洞悉其主題思想，並驗證、凸顯《四明叢書》之時代意義及其闡揚地方文獻之精神。

　　本章中即以《四明叢書》之完整規模〔註2〕進行內容之簡述，列出各集序跋寫

〔註1〕李春光於《古籍叢書述論》中提及：「此書隨得隨刊，不分四部，共有八集。每集略以作者時代為次。」（遼寧書社出版，1991年，頁387）而壽鏞先生亦於《四明叢書》凡例言：是編僅就搜羅所及隨時付梓。」然就筆者所觀察，《四明叢書》並非如此為之，是以其序跋寫作時間而言，若隨得隨刊，則時間應在每集固定之區段上，非有一編之中，序跋寫作時間相差四年之久，若依筆者所得，約兩年即出版一集，則隨得隨刊之說必無法成立。故《四明叢書》之出版，必有其時代背景因素存在。（序跋寫作情形詳見本文附錄：《四明叢書》所收書序跋一覽表）

〔註2〕《四明叢書》之輯印雖非完璧，仍以十集為所列書作一呈現。以此對《四明叢書》有完整之認識，同時亦肯定壽鏞先生之苦心詣旨。然於其內容之觀察，因叢書所刊僅至第八集，第九、十集擬目之內容為何，惜筆者未克目驗，無從得知。

作之情況與時間，對照出版年之概況，統計其時代分佈，且以四部分類爲隸類準則，詳細紀錄單一書籍於他類叢書中之收錄情況，藉此瞭解先生收書之用心。另，針對目前可見之《四明叢書》版本作一統計，以爲對此叢書作一完整之介紹。

所收書之內容及其在歷代叢書中收錄之情況，乃以爲明白先生蒐羅文獻之艱苦；而時代意義之闡述，不僅可視爲先生對《四明叢書》出版之期待，更可以爲弘揚民族精神之重要鵠的，同時也標舉四明學術燦爛輝煌之史頁，往聖先哲之貢獻。

第一節　《四明叢書》收書之特色

本節擬以時代分佈、四部隸類、他書收錄情況〔註3〕、所收書之內容簡介等以表臚列之，並闡述其收書之特色。

一、時代之分佈

年代／數量／集別	漢	魏晉六朝	唐	宋	元	明	清	民國	小計
第一集	1	0	2	9	3	2	7	0	24
第二集	0	0	1	1	1	11	6	2	22
第三集	0	0	0	9	1	4	3	0	17
第四集	0	0	0	8	1	12	16	0	37
第五集	0	0	0	0	0	0	1	0	1
第六集	0	9	0	1	1	7	14	0	32
第七集	0	1	0	6	1	8	11	0	27
第八集	0	1	0	3	0	5	8	1	18
第九、十集擬目	0	0	0	1	2	5	16	3	27
總　　計	1	11	3	38	10	54	82	6	205

〔註3〕本節所討論之「他書收錄情況」係以觀察《四明叢書》中各書是否收錄於其他叢書或專門著作之情況，藉以瞭解其收書之特色。

二、隸類之分部（※表僅有《四明叢書》收）

第 一 集					
書　　名	分　類	四部	收 錄 狀 況	內　　容〔註4〕	備　　註
任子	別　集	集	意林	體裁爲語錄形式	《意林》爲子部雜家類
虞秘監集	別　集	集	全唐文	由文、賦、詩組成	
賀秘監遺書	別　集	集	※	文、傳	
豐清敏公詩文輯存	別　集	集	※	詩、奏疏	
楊氏易傳	易　類	經	四庫全書	略象數而談心性	由文瀾閣鈔得
史略	目　錄	史	古逸叢書 後知不足齋叢書 叢書集成初編		
子略	目　錄	史	百川學海 四庫全書 學津討源 叢書集成初編		
騷略	別　集	集	四庫全書	騷賦	
夢窗四稿	詞　曲	集	百川學海 四庫全書	詞	
四明文獻集	別　集	集	四庫全書	序、跋、赦文、詔、露布、檄、表、制、告文、祭文、墓誌銘等一百七十餘篇。	
古今紀要逸編	別　史	史	四庫全書	攝取諸史，提其綱要，上自三皇，下迄哲宗元符，每紀錄一帝之事，則以一帝之臣附之。詞約事賅，頗有條理。	
戊辰修史傳	傳　記	史	續修四庫全書	傳	
畏齋集	別　集	集	四庫全書	詩、序、記、碑、跋、箴、銘、墓志、祭文等。	
積齋集	別　集	集	四庫全書 丁氏有鈔本	詩、序、記、碑、跋、箴、銘、墓志、祭文等。	
剡源文鈔	別　集	集	四庫存目	記、序、墓志、題	四庫全書有《剡源文集》

〔註 4〕內容如係由兩種本子以上結集，則以書名爲之。若單一本子而係多種體製，則以體製記載之，若純爲一種體製則詳細列出體製之內容。如詩之有「古詩」、「律詩」、「絕句」等則皆詳列之。

管天筆記外編	筆　記	集	※		
春酒堂遺書	別　集	集	※	由《文存》、《詩存》、《詩話》及《外紀》四部分組成。	續修： 　春酒堂文集不分卷 　爲乾隆時禁書
杲堂詩文鈔	別　集	集	四庫全書	詩、文、序、書、論、傳、書後、說、賦、墓志、祭文、銘、行狀等。	
石經考	目　錄	史	四庫全書		
漢書地理志稽疑	地　理	史	粵雅堂叢書 歷代地理志彙編 叢書集成初編 二十五史補編 續修四庫全書		
撝庵存稿	別　集	集	※	書、序、題、跋、墓志、墓表、祭文、賦、贊、引等。	
東井文鈔	別　集	集	續修四庫全書	記、書後、序、跋、書、傳、贊、墓誌銘。	
詩誦	小　學	經	續修四庫全書		韻書
群經質	群　經	經	※		群經筆記

第　二　集					
書　　名	分　類	四部	收　錄　狀　況	內　　容	備　　註
孫拾遺文纂、外紀	別　集	集	※	論、序、傳、墓志銘、詩。	
雪窗先生文集	別　集	集	四庫全書	奏議、故事、墓志銘、祭文。	
弁山小隱吟錄	別　集	集	四庫全書 知不足齋鈔本	玠詩不爲近體，其詩與元、白相近，有古體、歌行雜體。	
清溪遺稿	別　集	集	※	別有書、帖、序等作品。	
陳忠貞公遺集	別　集	集	※	詩、文、畫像、冢墓、傳記、祠祀、贈詩及序跋。	
過宜言	別　集	集	※	文、詩	
錢忠介公集	別　集	集	※	文、詩，由《正氣堂集》、《越中集》、《南征集》等所組成。	爲乾隆時禁書
雪翁詩集	別　集	集	※	五、七言古詩、律詩、絕句	
愚囊彙稿	別　集	集	※	爲五、七言古詩、律詩、絕句。	
張蒼水集	別　集	集	※	爲詩、文集，由《奇零草》、《采薇吟》、《冰槎集》等組成。	爲乾隆時禁書

書　名	分　類	四部	收錄狀況	內　容	備　註
馮侍郎遺書	別　集	集	※	由《蘭易》、《蘭史》、《篔溪自課》、《讀書燈》、《三山吟》、《篔溪集》組成。	
王侍郎遺著	別　集	集	※	詩、文	
馮王兩侍郎墓錄	別　集	集	※	墓錄	
六經堂遺事	傳　記	史	※	傳略、遺詩	
吞月子集	別　集	集	※	詩、文	
雪交亭正氣錄	傳　記	史	※	紀	
海東逸史	紀　傳	史	※	紀、列傳、忠義、遺民。	
宋季忠義錄	紀　傳	史	※	本紀、傳	
現成話	別　集	集	※	詩	
管村文鈔內編	別　集	集	※	文	
千之草堂編年文鈔	別　集	集	※	文	
寸草廬贈言	別　集	集	※	詩、文、題跋	

第　三　集					
書　　名	分　類	四部	收錄狀況	內　　容	備　　註
春秋集註	春秋類	經	四庫全書 武英殿聚珍版書 叢書集成初編	以程子春秋傳爲主，其說雜採各家並鎔鑄己意。	
尚書講義	書　類	經	四庫全書	大抵以註疏爲主，融會諸說。	
范文正公（仲淹）年譜	傳　記	史	四庫全書 四部叢刊	年譜	
慈湖詩傳	詩　類	經	四庫全書 四庫全書珍本初集	大抵承孔子言思無邪之意。	《四明叢書》多「附錄」一卷。
先聖大訓	儒　家	子	四庫全書	蒐集孔子遺言，編爲五十五篇各爲之註。多爲心學之作。	
棠陰比事	法　家	子	四庫全書	記平反冤濫抉摘姦慝之事。	
月令解	禮　類	經	四庫全書	以一月爲一卷，月初以一卷奏御以爲裁成輔相之本。	
四明他山水利備覽	地　理	史	四庫全書	上卷記源流規則及修築始末，下卷爲碑記及題詠。	

書　　名	分　類	四部	收錄狀況	內　　　容	備　　註
蒙齋中庸講義	四書類	經	四庫全書 四庫全書珍本 初集	其說與陸九淵同。	
六藝綱目	小學類	經	四庫全書	取周禮保氏六藝之文，各以四字韻語括之。	
春草齋集	別　集	集	四庫全書	詩、文、記、傳、序、書表、墓志、行狀、雜著、題辭、軼事。	
寧波府簡要志	地　理	史	四庫全書		
海涵萬象錄	雜　家	子	四庫全書		
讀易一鈔易餘	易　類	經	※		
儒林宗派	傳　記	史	四庫全書	記孔子以下迄於明末諸儒授受源流，各以時代為次，其上無師承下無弟子者則別著之。	
鄞志稿	傳　記	史	※	含《甬上先賢傳》及《水利考》，先賢傳有列傳、儒林、文苑、忠義、孝友、特行、隱逸等單元。	
甬上水利志	地　理	史	※		

第　四　集					
書　　名	分　類	四部	收錄狀況	內　　　容	備　　註
舒文靖公類稿	別　集	集	四庫全書	由文章組成，體裁包括書、誌、箚子、啓。	
定川遺書	別　集	集	※	詩、文、訓語	壽鏞先生所輯
慈湖遺書	別　集	集	四庫全書	序、記、書、祝文、行狀、墓志銘、講義、跋、銘賦、詩及家記，所為文章，大抵言其師說。	
絜齋毛詩經筵講義	詩類	經	四庫全書 武英殿聚珍版書 叢書集成初編 榕園叢書	議論平和，有風人之旨。	
袁正獻公遺文鈔	別　集	集	※	記、書、帖、文、墓志銘、行狀。	
鼠璞	雜　家	子	四庫全書 百川學海 格致叢書 知不足齋叢書 學津討原	考證經史疑義、名物典故之異同，曰鼠璞乃取戰國策以鼠為璞之意。	

戴仲培先生詩文	別　集	集	※		
困學紀聞補注	雜　家	子	※	《困學紀聞》乃宋王應麟撰，為其劄記考證之文。凡說經八卷，天道地理諸子二卷，考史六卷，評詩文三卷，雜識一卷。	《困學紀聞》為子部雜家類。
丁鶴年集	別　集	集	四庫全書 琳琅秘室刊本	長於五七言近體，沈鬱頓挫，頗有古人之意。此集為古詩、律詩。	元色目人，元亡避地四明,後歸老武昌山。
醫閭先生集	別　集	集	四庫全書	有言行錄，文存稿，詩稿，其文字直樸，詩文信手而得，不重修辭。	
白齋詩集 （竹里集、文略）	別　集	集	四庫全書	絕句、律詩、古詩、排律。	
聞見漫錄	筆　記	集	※	分敘曆數、明聖製、續野史、警官箴、……廣修治、審義命等廿類。條例記載。	
拘虛集	別　集	集	※	由《拘虛集》、《拘虛後集》、《拘虛詩談》、《游名山錄》四部分所組成，前三者為詩作，後者為遊記與詩作之編。	
皇極經世觀物外篇釋義	雜　家	子	※	乃論皇極起數之原、致用之法，河洛圖易象之理，太極之本天象地理物數之原，論人事之數等。	
書訣	藝　術	子	四庫全書	談及筆墨紙硯並提筆運氣之法、書寫字體，鍾鼎銘彝款識等，又排比古今書法家品評之。	
陳后岡詩文集	別　集	集	四庫全書	由《陳后岡詩集》、《陳后岡文集》所組成。詩集以年代次，文集則以官居地別之。	四庫全書存目提要
碣石編	別　集	集	※	賦一、詩五十九為卷上，記二、傳一、序一、書六、疏一為卷下。	
銅馬編	別　集	集	四庫全書	以北征記一及古近體詩百四十七為卷上，南征記一、古近體詩百三十四為卷下。	四庫全書存目提要
夷困文編	別　集	集	※	告神、箋疏、束牘、啟、序引、論、辯枉、題跋、雜記。	
囊雲文集	別　集	集	※	論、疏、序、墓志銘、題跋、說、記、銘、引、傳、補遺。	

四明山志	地 理	史	四庫全書	介紹四明地區山名，並輯有相關之詩作相應。	四庫全書存目提要
深省堂詩集	別 集	集	※	律詩	以五律見長
歷代紀元彙考	史 表	史	※	上起唐下迄明，共分八卷，以年表爲之。	
石園文集	別 集	集	※	詩二卷、文六卷。	
分隸偶存	目 錄	史	四庫全書	論書法之書，卷上有〈作書法〉、〈作分隸書法〉、〈論分隸〉、〈論隸分楷所緣起〉、〈論漢唐分隸同異〉、〈漢魏碑考〉等，卷下爲〈古今分隸人姓氏〉始於程邈，終於馬如玉。	
審定風雅遺音	詩	經	畿輔叢書 叢書集成初編	以詩經風雅做音韻之審定。	四庫全書存目提要
玉几山房吟卷	別 集	集	四庫全書	凡三卷，有《鏽鋏集》一卷、有《玉几山房秋吟》、《玉几山房擬古詩》等。	四庫全書存目提要
讀易別錄	目 錄	史	知不足齋叢書 叢書集成初編	分上、中、下三卷，乃裒輯有圖緯卅四種，及易類卷帙三百九十種。	
月船居士詩稿	別 集	集	※	爲五、七言古詩，五、七言律詩及七言絕句等，共收詩三百五十七首。	
春雨樓初刪稿	別 集	集	※	共十卷，計有碑記、序、書、贈序、疏引、志銘、狀傳、祭文及雜著等。	
存悔集	別 集	集	※	爲多齋先生詩作。	
四明古蹟	地 理	史	※		大典本缺
瞻衮堂文集	別 集	集	※	十卷，計有文類：敘、書後、題跋、記、傳、墓文、行狀、行述、說、論、讚、箴、雜文、祭文等。	
襄陵詩草	別 集	集	※	詩作。另有襄陵詞草《種玉詞》一卷。	
世本集覽原起	目 錄	史	※	世本爲系本，乃論姓氏之原。分原起、提綱、條例、目錄、通論等五部分。	
補園賸稿	別 集	集	※	二卷，爲古文之作，有跋、敘、題後、贈言、家傳、書、墓誌銘、碑記等文類。	
古今文派略述	目 錄	史	※	論及周秦、兩漢三國、兩晉六朝、唐及五代、宋及金元、明、清時期之文人門派。	

第　五　集					
書　　　名	分　類	四部	收錄狀況	內　　　容	備　　　註
宋元學案補遺	傳　記	史	※		學案爲史部傳記類。

第　六　集					
書　　　名	分　類	四部	收錄狀況	內　　　容	備　　　註
穹天論	別　集	集	※	文一卷	
虞徵士遺書	子	子	※	遺書由《論語讚注》、《志林新書》一卷、《廣林》一卷、《釋滯》一卷、《通疑》一卷及《安天論》一卷所結集而成。	收錄不同類別者,《安天論》言讖緯之事,《論語讚注》、《志林新書》、《廣林》、《釋滯》、《通疑》皆談禮服,《叢書子目類編》別錄爲子部」。
鼎錄	譜　錄	史	續百川學海 漢魏叢書 說郛 四庫全書	爲一記載年代所屬之鼎,其形狀、容量、及鑄造花紋、名稱等。	
頤庵居士集	別　集	集	四庫全書	共兩卷。卷上爲五七言古詩、五言律詩;卷下爲七言律詩及絕句。	
勸忍百箴考註	別　集	集	※	分四卷,每卷有廿五條忍箴,皆爲日常生活養身、養心、待人、處事之座右銘。	
貞白五書	子	子	※	五書所指:《三極通》、《小學補》、《質言》、《迴瀾正論》、《求是編》。	五書之中,《三極通》言易,應屬「經部」,餘四種應屬讀書札記,爲語錄、文章之作。《叢書子目類編》別錄爲子部」。
林衣集	別　集	集	※	共六卷,賦、頌、贊、碑誌、傳、序、跋、贈序、雜記、雜著、詩等。	張壽鏞節選
留補堂文集選	別　集	集	※	四卷,有論、記、說、序、跋、墓誌銘、傳、贊、題後。	
小天集	別　集	集	※	文論	
純德彙編	雜　家	子	※	連卷首,共九卷,內容包含詔敕、圖像、本傳、志乘、祠廟、糧料、祀典、文移、古蹟、記序、題詠、聯區、世系等。	彙編,其內容不僅一類,體裁亦多,記序、題詠等乃匯集眾人之文而成。
甬東正氣集	總　集	集	※	紹介高斗樞、李棡、錢肅樂、林時對、董守諭、華夏、毛聚奎、林奕隆等廿一家,文五十二篇,分爲四卷。	

書　　名	分　類	四部	收錄狀況	內　　　容	備　　註
四明詩幹	總　集	集	※	收錄上起周代，下至唐朝之四明詩作。	計二十七人，其中卷下尙有女子、釋子、仙、神、鬼之作，甚爲新奇。
四明宋僧、元僧詩	總　集	集	※	宋僧廿八人、元僧十九人之詩作。	
全校水經酈注水道表	地　理	史	※		
明堂考（附射侯考）	禮	經	※	考據明堂之丈尺。	
明明子論語集解義疏	四　書	經	※		
切音啓蒙	小　學	經	※	爲音韻童蒙書。	
大衍集（附約仙遺稿）	別　集	集	※	文、詩。	
四明人鑑	傳　記	史	※	共計三卷，自漢初大里黃公迄明末諸忠孝節義之士，節女等計一百卅二人，並有圖像表之。	
養園賸稿	別　集	集	※	共計三卷，爲詩文之作。	

第　七　集					
書　　名	分　類	四部	收錄狀況	內　　　容	備　　註
會稽典錄	傳　記	史	※	言人物掌故。卷上有四十一人，存疑四人，卷下記載四十三人。	
魏文節遺書（附錄）	別　集	集	※	詩八首，文六篇，附錄有文：制誥、行狀、傳、神道碑、遺事、古蹟、著述等。	
絜齋家塾書鈔	書　類	經	四庫全書	其說源於陸九淵，旨在發明本心，此言書經之解釋、心得。	
洪範統一	書　類	經	四庫全書 藝海珠塵本 榕園叢書	是書以皇極爲九疇之統，故名之約統一。根據歐陽修五行志、蘇洵洪範圖論而來。	
西麓詩稿	別　集	集	※	古、近體詩共計八十六首。	
西麓繼周集	別　集	集	※	詞。	
日湖漁唱	別　集	集	※	詞。	
趙寶峰先生文集	別　集	集	四庫全書	有書、古詩、絕句、律詩、雜著及附錄等。	
符臺外集	別　集	集	※	卷上爲詩，有長短句、絕句；卷下爲雜著：有賦、贊、序、傳、跋、祭文等	

楊文懿集	別　集	集	※	皆爲雜著，銘、序、引、賦記等體裁之作，以晉庵、鏡川、東觀、桂坊、金坡、銓部稿別之。	
碧川文選	別　集	集	四庫全書	共八卷，卷一至四爲序；卷五、六爲記、贊、奏、書；卷七、八爲墓志銘、神道碑、誄辭等。	
養心亭集	別　集	集	※	有易說、書說、詩說、中庸傳、大學傳、春秋說各一卷，釋老子、釋國語、讀史各一卷，終卷爲論說辨。	
灼艾集（續、餘、別集）	筆　記	子	※		
玩鹿亭稿	別　集	集	四庫全書	卷一、二爲詩；卷三至卷八，分別有束、雜著、奏議、文移、贊言等。	
續騷堂集	別　集	集	※	詩作	
補歷代史表	史　表	史	四庫全書		
昌國典詠	地　理	史	※		
夏小正求是	禮　類	經	※		
漢書讀	史　評	史	※	共十一卷，有本紀、表志、地理志、溝洫志、藝文志及列傳等。	
漢書辨字	小　學	經	※	共二卷。卷一爲古字；卷二爲借讀字、疑字、方音、合韻。	
漢書常談	小　學	經	※	談吐酬應即俗諺非盡本訊，所來若於茫不知省耳，故於漢書中得什之四五，即爲常談二卷，世之循誦習傳者，勿以口頭語忽之。	
見山樓詩集	別　集	集	※	古近體詩共有六百九十四首。	
季仙先生遺稿（補遺）	別　集	集	※	古文作品，有論、說、解、辨、考、釋、述、議、讀、跋、書後、原等體裁作品。	
寸草廬奏稿	詔　令奏　議	史	※	奏疏	
小謨觴館文集註	別　集	集	※	共四卷，有賦、序、書、紀、碑、銘、雜文等作品。	
孔賈經疏異同評	經　類	經	※		
鶴巢文存、詩存	別　集	集	※	文存有論辨、序跋、傳記、雜著等。詩存爲伍、七言古近體詩。	

第 八 集					
書　　名	分　類	四部	收 錄 狀 況	內　　　容	備　　　註
虞預晉書	傳　記	史	※	爲三十九人之列傳	
舒嬾堂詩文存	別　集	集	※	有詩、詞、文三類作品。	
石魚偶記	別　集	集	※	論經書、論封建、論諸子、論治道等。	
安晚堂詩集	別　集	集	四庫全書	第一至五卷佚，刊行者爲六至十二卷。	
梅讀存稿	別　集	集	※	詩、文作品。	
徐徐集	別　集	集	※	爲詩、文作品，共二卷。	
攝生眾妙方	醫　家	子	四庫存目	計十一卷，統攝各科醫方。	
白嶽游稿	別　集	集	※	爲作者與友人同遊白嶽，詩興所至，吟詠成集，計詩四十八首。	
碑帖紀證	藝　術	子	※		
西漢節義傳論	傳　記	史	※	二卷，各十篇，共論六十四人。	
杲堂文續鈔	別　集	集	※	書序、贈序、序、書、記、墓誌銘、祭文、雜著等。	
甬上高僧詩	總　集	集	※	共二卷，計有唐、宋、元、明四代高僧廿一人作品。	
廟制圖考	政　書	史	※	統會經史考定廟制，由秦漢至元明，佐以宗廟區域示意圖。	
四明文徵	總　集	集	※	共有廿一類，十六卷，三百七十九篇文章。爲四明地區之文選之精要。	
徐偃王志	史　評	史	※	計有六卷，別爲記事上下、世系、地理、冢廟、論說等。	
味吾廬詩文存（外紀）	別　集	集	※	詩、文之作。	
容膝軒文集、詩草	別　集	集	※	文集有記、序、傳、志表、家傳等文章一百四十三篇；詩草四卷，計詩四百一十六首。	
峽源集	別　集	集	※	詩作	

第　九　、　十　集　擬　目					
書　　名	分　類	四部	收錄狀況	內　　容	備　　註
嚴氏詩緝補義	詩	經			
周官辨非	禮	經	四庫存目		
考工記圖記	禮	經			
篆法偏旁點畫辨	譜　錄	史			
釋篆法辨	譜　錄	史			
三音均部略	小　學	經			
詩音譜略	小　學	經			
音攝考略	小　學	經			
切音譜略	小　學	經			
六書辨要	小　學	經			
前漢書隨筆	筆　記	子			
刪定晉書校記	史　評	史			
明小記		史			
日本考略	地　理	史	四庫全書		
今古輿地圖	地　理	史			
浙東山水簿目	地　理	史			
尊行日記鈔	別　集	集			
四明經籍志	目　錄	史			
四明經籍提要甲集	目　錄	史			
子思子		子			
令貽堂家告	別　集	集			
南湖隨筆	別　集	集			

硯箋	譜　錄	史	四庫全書	是書第一卷爲端硯，卷二爲歙硯，卷三爲諸品硯，卷四則前人詩文之爲諸硯作者。	
宋本樓鑰玫瑰集校記	別　集	集			
崧泉文選	別　集	集			
湛園未刊稿	別　集	集	四庫全書		
鮚埼亭集札記	筆　記	子			
儆居雜著	別　集	集			
四明風雅	總　集	集			
歸田老人詩話	詩　話	集			

隸類之統計：

隸　類　　集　數	經	史	子	集	小　計
第一集	3	6	0	15	24
第二集	0	4	0	18	22
第三集	7	6	3	1	17
第四集	2	7	4	24	37
第五集	0	1	0	0	1
第六集	4	3	12	13	32
第七集	6	5	1	15	27
第八集	0	4	2	12	18
第九、十集擬目	5	10	3	9	27
總　　計	27	46	25	107	205

　　就所收書之時代分佈以及隸類、內容及收錄情況之表列，可以得知《四明叢書》收書之內容特色有下列幾項：

一、以清代作品居多

　　《四明叢書》各集所收書大抵以清代人物作品爲多，佔總量之百分之四十左右，其中有爲數不少之晚清至民國人物著作，如陳漢章、忻江明、夏啓瑜等。其次爲明、宋、魏晉六朝、民國、唐、漢。

　　於乾隆《四庫全書》之後，大型叢書之編纂罕見，而先生生於清光緒年間，故《四明叢書》大量收集於乾隆以後之當代人物作品，而其中更有鈔自國外者，如羅喦之《現成話》，對於保存清代文獻資料具有特殊之貢獻，且可以看出先生對於當朝人物以及當代作品之重視。再者，四明地方人文薈萃，藏書風氣盛，藏書樓多，先生收書所據之版本亦多以「抱經樓」、「煙嶼樓」「小萬卷樓」、「文則樓」、「粵雅堂」等清代名家所藏本或以此校對藏書，藉以更可突顯四明文人在有清時代所處之地位及其影響。

二、以集部作品居多

　　各集所收書經隸類後，可發現網羅四部，除第三集以經、史爲主，第五集專以學術史《宋元學案補遺》外，其餘各集均以集部爲主要刊刻內容，集部作品中又以別集居大宗，大抵爲時代人物之詩、文集；再者爲史、經部，其次爲子部作品。

　　所收書之經部著作，以史浩《尙書講義》、高閌《春秋集註》、楊簡《慈湖詩傳》等，爲清《四庫》輯《永樂大典》本最爲珍貴。史部著作以高似孫《史略》爲現存最早之歷史專類專科目錄，《子略》則爲專著古代諸子書，爲哲學類專科目錄，於研究歷史、哲學者之必備工具書。全祖望《漢書地理志稽疑》、萬斯同《補歷代史表》等，俾於史學之研究。於集部中，收有明末遺民作品於清代視爲禁燬書目者：如《春酒堂遺書》、《張蒼水集》等，又如《吞月子集》、《錢介忠公集》、《雪交亭正氣錄》、《海東逸史》等，不僅具有文學價值，對於南明政治、社會、歷史諸環境亦提供豐富之史料文獻。

　　先生又對「詩文評」、「詩文著作」之掇拾十分重視，一以先生藏書，初歲多以詩文集爲主有關，一以己身對於詩文之喜愛，故蒐羅豐富。然「戲曲」文獻，於《叢書》中並未見蒐綴。此一輯錄方式較一般叢書不同，《叢書》之收錄雖兼四部，且於四部細類概括可見，然集部之中獨闕戲曲，足見先生於作品甄選之態度〔註5〕。

〔註 5〕筆者於拜訪張芝聯教授時，嘗提及《叢書》未收戲曲文獻一事，張教授覆以家父不喜戲曲，不聽戲。故筆者自揣，以先生剛正之性格，恐覺戲曲爲靡靡之音，無振奮人心之用耳，故棄焉。

三、以四庫未收書居多

《叢書》所收二百零五種作品中，四庫全書收錄者僅有四分之一〔註6〕，先生嘗言：

> 第一集至第七集，凡一百六十種，都一千七七十卷，清《四庫》著錄者約十之三。未著錄而得諸馮君孟顒伏跗室者約十之二，其乞諸友朋者與夫子孫獻其先世遺述者約十之二，壽鏞積四十年之搜索而得者十之四焉〔註7〕。

《四明叢書》所收書不僅為《四庫》少有，且亦未見於其他叢書收錄，其中尚有為數不少之輯佚本出自先生及馮貞群之手，（筆者按：輯佚本部分已於藏書特色中說明，於此不再贅論。）可見所蒐羅之作品具有特殊之時代意義，於鼓勵著述及保存時人所著之鄉邦文獻具有積極作用。

第二節　《四明叢書》之時代意義

《四明叢書》自民國十九年（1930）始編，迄於民國廿九年（1940）。編輯時期，正逢中國內憂外患，艱苦應戰之際，為挽救狂瀾，力圖振作，先生於輯編此叢書時，以民族自覺、人民自尊為要，著重於民族意識之凝聚，百姓蒼生之團結。故此八集中每一集皆經先生精心審慎之評選，以反應時代精神、凸顯忠孝節義，弘揚民族思想、振奮愛國情操為主旨。

第一集所輯書，共計廿四種，《任子》為首，以《群經質》作結。於民國廿一年（1932）刊行。首集刊行前有「九一八事變」（1931），隨之「一二八事變」（1932），日軍侵華暴行，對於先生輯刊叢書有著極為深刻的影響。先生又感於當時道喪文敝極矣，人人逐末而不務本，亟欲匡捄缺失，用以圖存危亡。於是《任子序》即開宗明義言：

> 其（任奕）言曰：學所以治己，教所以治人。又曰：不知治亂之因者，凡民也。蕭何守文法、曹參務無奇，相繼作相，天下獲安。簡末復引桓譚言：「王者易輔，伯者難佐。」嗚呼！天下之亂於今已極矣！而知其亂因者，誰歟？蕭何之守文法，曹參之無奇，渺焉難追。所謂學以治

〔註6〕此二百五種，係《四明叢書》一至十集之種目，惟第八集中《安晚堂詩集》、《廟制圖考》及九、十集擬目中《日本考略》、《硯箋》等為《四庫》所收。然「四分之一」語仍與先生所言十之三者，相差無幾。

〔註7〕〈編輯《四明叢書》記〉，《約園雜著續編》卷八，頁10。

己，教以治人者，復兩失之。王道既泯泯矣！……吾讀《任子》，吾爲此懼，吾益慨然於生亂長亂，世之所以亂者，蓋有由也！爰錄《意林》所採《任子》爲一卷，冠於《四明叢書》之首，以見吾鄉學問淵源之所自，且寓亂極思治之意。願吾鄉人士水不奪濕、火不奪熱、金不奪重、石不奪堅，以守先生之教，推而治己治人焉〔註8〕。

此序正寫於民國廿一（1932）年一月，可見當時先生慷慨陳義，用以激憤人心之意，治國之心。又於〈管天筆記外編序〉中言：

（王右仲）曰：天下之亂極矣，然吾心不可使亂。《孟子》：邪世不能亂。……若夫以陽明爲霸儒，未免門戶之見，以李卓吾爲盜儒，則見其聞道之嚴矣。先生生當明末，感憤國事，以〈武王伐紂爲報父兄之讎〉諸篇首其意可知。臣盡愚也，天下治矣！尤太息於巧宦者之多也，更言有志忠君孝親，而嘗借助於朋友，朋友之倫與君父並列而無軒輊，則其望諸聲氣相應者又深也。嗚呼，今之世內憂外患之迭乘與明之季無異也，天理泯而人欲肆，儒學之墜，誰其拯之。余既刊先生《筆記外編》，因特採其言之尤粹者，以弁諸端爲邦人告。

要國人於亂世中要站穩步伐，才能發揮眾志成城之力。第一集中共收錄鄉哲廿人之作。漢任奕，爲四明先人，以學術彰顯，先生言其文可「發揮隱微，翼贊風教」，又敬重其「憫人之切，悲世之深」之胸懷，以爲《四明叢書》首集之首。虞世南以「五絕」顯，雖「容貌儒軟，若不勝衣，而志性抗烈，每論及帝王爲政得失，必存規諷，多有補益。太宗嘗謂：……群臣皆若世南，天下和憂不理〔註9〕？」賀知章，自號「四明狂客」，「器識夷淡，襟懷和雅，神清志逸，學富才雄〔註10〕」豐清敏，北宋名臣，「彈劾不必權要，神宗嘗謂：臺諫曰惟豐稷，論事最誠實。……節清德重，望達於天下〔註11〕。」「慈湖（楊簡）開宗明義曰物有大小，道無大小，德有優劣，要無優劣，其心通者，洞見天地，人物盡在吾性量之中，而天地人物之變化，皆吾性之變化……慈湖之意，利用厚生以正德爲先，而廣業以崇德爲本，……天地之間群分類聚各有所欲，其勢必至於爭，爭而不已必至於相傷，其甚者相殺相亂〔註12〕。」人心即天地，不明則亂生，先生輯之，欲明慈湖用心也。

〔註 8〕〈任子序〉，《約園雜著》卷三，頁 4。
〔註 9〕《舊唐書》卷七二，列傳二十二，頁 2565～2571。
〔註10〕《舊唐書》卷一九○，列傳一百四十，頁 5033～5035。
〔註11〕《乾道四明圖經・人物》（中國方志叢書，冊 573），頁 4971。
〔註12〕〈楊氏易傳序〉，《四明叢書》第一集。

更有宋遺民王應麟、黃震，明末抗清志士李杲堂、周容等堅守節操，具有民族氣
節士人之作。此編廿人不僅有學術大儒之風範，迭有無畏亂世而思治世之仁人。
故先生輯刻其作，旨意深遠，期盼甚殷！於第一集完成後，先生撰後序：

　　　《四明叢書》第一集……集古語以弁諸篇之二十人者，豈足以盡鄉
　　先哲哉，蓋道德文章湮沒於世者，久即有所已著而其所未著者不少也。
　　汲汲先之若將不及者非其人，必待其書以傳也，其書之有禆於世，世固
　　有待於其書也。天下之書夥矣，而書豈限於一鄉，一鄉之書又豈足供天
　　下。今之所述者，一鄉之士，而皆天下之士也，非惟天下士也，以俟百
　　世而不惑者。綜而論之，累世一聖，千里一賢，學之與教，審其所治，
　　在不使一日失業而已。世之亂也，貌儒謹者而中或餒風流自命者，狂亦
　　非眞。直節一挫，姦邪乘之，心之精神垂垂盡矣。史之所紀，諸子百家
　　之所論述，騷人詞客之所詠歌，時之所遭，情之所寄，皆其跡也。……
　　其或抱家國之痛，息機摧橦，碧血蒼燐，使人心惻。無益之書不讀，無
　　益之文不作，不爲孤峰峭壁之人，而予人以可受，蓋經生而所志者然也。
　　夫宋之義理、漢之訓詁皆有禆於教學，媚與徇則非矣〔註13〕。

　　將此集收錄之各家作品及其經歷、行誼等作言簡意賅之陳述，「或抱家國之
痛，息機摧橦，碧血蒼燐，使人心惻」，將悲憤心情寄寓於叢書之編輯，並以此激
發全民同仇敵愾之情。「無益之書不讀，無益之文不作，不爲孤峰峭壁之人，而予
人以可受，蓋經生而所志者然也。」誠以先生之讀書、藏書、著作，乃「上以壽
作者之精神，下以惠後來之沾溉」。

　　何剛德〈四明叢書第二集跋〉言：

　　　第二集則盡忠孝節義大文章也。全書凡二十二種，而明季死事諸賢
　　若陳忠貞、錢忠介、張蒼水、魏雪翁、鄆溪、篤安兩侍郎以及六狂生、
　　五君子之流遺著十居其七八，其間雖毫芒流落，亦必蒐求補綴，嶄盡發
　　潛德之幽光焉。噫！約園之用心茲苦矣！夫所貴乎臣之忠者，爲其能定
　　傾扶危，撥亂而反之正也。若徒捐軀殉國，殺身成仁抑亦中之次耳，然
　　此非所語於乾坤板蕩，天下事已不可爲之日也。明當甲申後玉步已移，
　　曆數既盡，雖有善者亦無如之何，而浙東諸君子猶於南都覆亡之後，奮
　　其義幟，崎嶇海隅，秉百折不回之氣，以冀人定之勝天，卒之天不可勝，
　　相率戕身斷脰而靡它，一代綱常名教之寄將於是乎在宜，約園景仰前徽

〔註13〕〈四明叢書第一集後序〉，《約園雜著》卷三，頁29～30。

而表彰恐後也，抑余更有盡者，責以約園纂次是集〔註14〕。

亂極思治之襟懷，尚須同志奮然一搏，先生將其思想推至極致，以歷代四明賢達，忠勇事蹟呈現在第二集中，其編輯之用意顯而可見，即爲喚起人民維護民族自尊，共同抵抗外侮之決心。其序言：

> （四明地區）忠臣義士孝子節婦不可勝數，石骨嶙嶙，鐵韻錚錚，猶滅沒於荒煙野莽，然綱常之理自有其不蔽者存。

又說：

> 朱溫纂唐，亂我綱紀，有孫拾遺，獨書甲子，雪窗不阿，著在《宋史》，小隱弁山，粹然之士，烈烈清溪，無愧生死，詩詠牡丹，懼混朱紫，對簿千言，義之與比，泣血琅江，文山可擬，息賢堂空，不爲擒恥，散盡黃金，結社於里，一笑蕨薇，青猿洞裏，非常之行，自負爾爾。一臂一肩，睢陽之齒，先平陰鳴，有萇弘俟，憑弔謝王，堪與鼎峙。交雪梅梨，留茲芳趾，史傳海東，軼其姓氏，憫宋忠義，石園奮起，猛虎一歌，曠野非兕，鯁直性成，躬遭其否，見父遺書，聲淚竭已，憫予小子，今云老矣！啟後承先，爲我祖妣，節義之鄉，連軫繼軌，二集方終，聊以述美〔註15〕。

該集中收錄明末抗清志士之文集即佔有二分之一強，而其餘各朝代亦以具堅忍卓絕，誠意正直之人物作品爲代表，足見先生對於當時紛亂之局勢憂心忡忡。

第二集中明末人物，包括華夏〔註16〕、錢肅樂〔註17〕、魏畊〔註18〕、宗誼〔註19〕、張煌言等，皆爲抗清之民族鬥士，對於節義之士，先生予以極高之評價，〈愚囊彙編序〉：

> 太史公曰：「古者富貴而名，磨滅不可勝記，唯俶儻非常之人稱焉。」

〔註14〕何德剛，〈四明叢書第二集跋〉，《四明叢書》第二集。（大典本，第二集第五冊）
〔註15〕〈四明叢書第三集後序〉，《約園雜著》卷五，頁28～29。
〔註16〕華夏（生卒不詳），字吉甫，一字默農。其生平事跡請參見〈四明叢書第二集序〉。
〔註17〕錢肅樂（1606～1648），自虞孫，一字希聲、止亭，鄞縣人。崇禎十年進士，授太倉知州。魯王時官東閣大學士，兵部尚書。順治二年，大兵進杭州，時諸生華夏、董志寧等皆以其首，從肅樂之義舉，士民應徵者數萬人。遣舉人張煌言奉表請魯王監國。順治三年，從魯王泛海，肅樂往舟山，後隱海壇山，採山薯爲食。明年，因鄭彩專柄，憂憤國事而卒於舟。年四十三，諡忠介，學者稱止亭先生。著有《四書尊古》、《正氣堂集》、《越中集》等。其事蹟詳《明史》列傳第一百六十四及《明人傳記資料索引》。
〔註18〕魏畊（生卒不詳），原名璧，字楚白。其生平事跡請參見〈四明叢書第二集序〉。
〔註19〕宗誼（生卒不詳），字在公，號正庵。其生平事跡請參見〈四明叢書第二集序〉。

正庵先生其非常人，與何見之也？當明之亡，貴戚藉藉，雖有季氏之富，曾不獲一日留其在下也。平居里巷相慕悅，財堪耦國，詡詡自號文人，利害及身，置君父於不顧，遑論友朋，眾怒既張，求生無路，乃分其餘瀝日助餉。正人君子偶為所惑而謗叢焉，是可痛也。……其短歌一章曰：黃金匣已充，白髮頭旋塞，胡不揮多金，買髮令常黑，千古無其人，蓄金毋乃惑，金既無補衰，漫為後裔德，子孫莫論愚，即賢亦受賊，何若散親故，小小稱達識。嗚呼！小小稱達識，天下有幾人，然則傳先生之詩，傳生生之達識也，富貴而名磨滅者多矣，豈惟磨滅，其污穢史策者，奚可勝道？聞先生之風亦可以少媿矣〔註20〕！

以太史公「俶儻之人」言身於富貴仍能以家國為重者稀矣，勉人當以置個人死生於度外，任重道遠，力挽狂瀾。又於〈雪交亭正氣錄序〉言：

有明之亡，將三百載諷誦斯錄，想志士仁人之艱難，百折蹈死如飴焉。節義之在天壤，斯正氣之長存也。今夫天下不可無氣節，氣節用事而天下衰，故氣節之用在於無形，至於有形而氣節衰矣，此名之所以亡也。校勘既竟，用著數言，以質夫有世道之憂者〔註21〕。

當讀史至宋明亡國之際，先生常廢書太息，以亡國之難，死事之重，讀之令人痛心疾首，對於忠義之士力挽頹危，殫精竭慮，先生於〈四明叢書第二集後序〉中言：

患難當前，生死不愧，豈好名哉？所爭者千秋不朽耳。太史公曰：聖人不朽，時變是守，時有變而心無變，心無變則腎腸肝膽皆吾同謀也。況華夷之辨嚴，則死生之念泯，故明之季與宋同，氣節之士其時尤多焉。禍至而不懲，患來而獨任，為臣為子不能兩全而取其重，百千膏血付諸長江而捨其輕，妻子滿獄而弗恤，田園奴婢而弗有，蘇武十九年，雪氈不怨，首陽一抔土，薇蕨靳終，肝腦塗地之餘，留得一臂一肩，使後之人憑弔於荒煙蔓草之間，低徊留之而不能去。更有生則疑於許遠，沒其成為萇弘，不效張儉之望門投止，而為謝翱之登臺慟哭者，亦足悲也。凡此舉舉卓著，古今豈獨一鄉之光哉〔註22〕？

「文章無關世道者，可以不作，有關世道，不可不作，即文采未極亦不妨作。」具積極用世之文，可以諷諫，可以淑善者，不可不作，不可不輯。以此為叢書第

〔註20〕〈愚囊彙編序〉，《約園雜著》卷四，頁19～20。
〔註21〕〈雪交亭正氣錄序〉，《約園雜著》卷四，頁28。
〔註22〕〈四明叢書第二集後序〉，《約園雜著》卷四，頁37。

二集之中心旨意，設心之極，青天可鑑。

第三集以經學為主，弘揚儒家思想，廓清荒謬之說。

> 三集則注重經學，所編宋高閌《春秋集註》、史浩《尚書講義》、楊簡《慈湖詩傳》、張虙《月令解》、袁甫蒙齋《中庸講義》、明董守諭《讀易一鈔易餘》等書，皆經籍之粹然可觀者。而最關典要，莫如慈湖所撰《先聖大訓》六卷。……約園嘗謂文人著述表前人之遺行，使前人借我而得以不朽者，我亦借前人而附以不朽，……則約園刊慈湖之書亦將附慈湖而不朽乎？然而約園未必任受也，但為數千年之文人破此聲聵，亦大快於心耳！其餘……雖不必盡與經學有關，而學以治己，教以治人，經國體野以為民極〔註23〕。

世道衰微之際，唯有正本清原之手段方能破解一切迷思。故先生於此網羅中國正統學術：經學，以表心志。於第三集後序中說：

> 客曰：「表彰忠烈，鮚埼多聞。泱泱《湖語》，揚厥苾芬。淳熙慶曆，卓爾不群，枕經胙史，百家流分。子其告我，以廣人文。」主人曰：「經者常也，史者事也。孔作《春秋》，定為中制。息齋釋之，竊取程意。太傅講書，傷平無志。攻媿景范，編年論記。元公說《詩》，〈無邪〉之誼。更輯聖言茫茫尋。折獄衰衿，〈棠陰〉流賜。布政按時，違天憂懼，六府穀終。治崇水利。見道《中庸》，蒙齋獨粹，舒六藝風。豈曰不試，《春草》文章。歸氏齊彎，志修南山，簡而咸備。推闡性天，海涵萬類。董氏《易餘》，經旨群萃，尊道重儒。稽合同異，志非家乘，不顧世忌。卓哉介園，水道是誌。學貴致用，吾鄉之懿。」客曰：「謹聞命矣！大哉鄉談！我欲知十，今已得三。垂藻絡繹，未越香含，加以時日，而勤討探。庶使鄉獻，勿飽於蟫。」主人曰：「唯！受命贈慚，勉榮鶩馬，未敢停驂。四集肇始，請賜指南〔註24〕。」

此段文字有第三集內容陳述，亦引導第四集之肇始。先生嘗言：編《四明叢書》是如蚊負山，但他始終甘之如飴，「僕雖不敏，願畢荷擔」其精神可佩！

第四集經史子集四部作品均為編刊之列，然以集部之詩文集為主軸。此集中以淳熙四先生〔註25〕作品為首四種，主要彰顯陸門四君子之行誼，傳正氣凜然、

〔註23〕何剛德，〈四明叢書第三集跋〉。

〔註24〕〈四明叢書第三集後序〉，《約園雜著》卷五，頁29。

〔註25〕淳熙四先生即陸門四君子，乃指楊簡（慈湖）、沈煥（定川）、袁燮（絜齋）、舒璘（元質），皆為宋乾道年間進士，從陸九齡學，四人皆以道義相切磨。人物事蹟可

光明俊偉之事跡，藉弘揚儒者以文載道之神髓。

先生對於四君子之評價極為懇切，「吾鄉自楊袁舒沈四大儒出，而象山之學傳〔註26〕。」又於第四集總序中提到：

> 淳熙四先生出，大昌聖學於句餘閒，其道會通朱子、張子、呂子而歸宿於陸子。四先生立身居官大節巋然。學問之源窒而復通者，四先生之功也。於是樸學之士各以心得著書立說，達而在上者，鼓吹休明，潤色鴻業，窮而在下者，亦獨抱遺經，藏之名山，傳之弟子。自顧庸淺何能發揮，然篤而論之，先民毅率備至，示之以言行規矩，必觀感於精神之妙〔註27〕。

儒學乃立國之本源，撥亂反正之大業必有賴於大儒。四位聖賢在當時紛亂世局中，具有振衰起弊之感召力，洵為國家之幸。舒元質，「袁燮謂璘篤實不欺，無毫髮矯偽；楊簡謂璘孝友忠實，道心融明；樓鑰謂璘於人如熙然之陽春〔註28〕。」此為友朋之讚語，而先生對此知行合一之實踐者，相當敬佩。其云：

> 夫為學難，為學而求其平實尤難，平而奇實而虛，則難之尤難者。當宋乾淳之際，文氣稍萎薾矣。自先生之以宏實而士氣為之一變。公朝拜爵，私門謝恩，上則挾富貴以臨下，下則冒廉恥以干上，雖名卿大夫亦終不免於流俗，先生大聲疾呼，謂薦舉之法乃國家所以求賢，非士大夫干祿之門，而士氣為之再變。世之言儒者必擯吏，習吏者必違儒，融偏採異以適於世用有幾人哉？先生論常平、論茶鹽，論保長、論義倉，一一合於時宜，不為高談，而天下後世咸取為法。……四先生為先生年事最長，亦惟先生最為平實，平實二字既可概其一生，而奇實而虛由足徵其神妙〔註29〕。

對於編輯《定川遺書》，先生嘗言：其書罕有存者，不惟其書不存，及其言行之可考者復誤。世咸稱定川為一莊肅嚴謹之人，潛心經籍，嘗曰：「晝觀諸妻子，夜卜諸夢寐，兩者無愧始可言學〔註30〕。」用心之至，此先生反覆刊校，為其揚名也。「雖病由不廢讀書，拳拳以母老為念，善類凋零為憂〔註31〕。」袁燮篤實，

見《宋史》、并《四明人鑑》之記載。

〔註26〕《畏齋集序》，《約園雜著》卷三，頁17。

〔註27〕〈四明叢書第四集總序〉，《約園雜著續編》卷二，頁1。

〔註28〕〈四明叢書第四集總序〉集《宋史》本傳，《約園雜著續編》卷二，頁2。

〔註29〕〈舒文靖類稿序〉，《約園雜著續編》卷二，頁16。

〔註30〕〈四明叢書第四集總序〉集《袁燮言行編》，《約園雜著續編》卷二，頁3。

〔註31〕《四明人鑑》卷一，編入《四明叢書》第六集，大典本第五冊，頁359。

「每延見諸生，必迪以反躬切己之學，常病世之學者，徒知襲先儒緒言，通遺經訓釋而未能自得於心，不足以爲學，吾心即道，不假外求〔註32〕。」其爲文亦純樸質直，眞氣流暢，自然率眞。

四明地區自乾淳間鴻儒輩出，而南宋四先生起，不僅學術彰顯光其枌榆，而江右陸學影響所及更是功垂萬代。

第五集僅收錄《宋元學案補遺》一種，先生對此輯十分重視，言：

> 鄉邦文獻中，如《宋元學案補遺》一書，爲中國哲學大部分所寄託，蓋宋明清學案固已詳盡，而《宋元學案補遺》是鄞縣王梓材先生臏軒所作者，搜羅更精，其所採之書，有今日罕見者，得此以存眞，有益於世教也〔註33〕。

《宋元學案》爲黃宗羲所撰，經全祖望補輯增訂而成。全謝山死後，手稿歸其門人盧鎬（盧月船）所保管，梨洲元孫大俞借去膽鈔，因爲謝山的手書多繩頭細草，而且零星件繫，不可識別，乃由其子平黼正其舛誤，補齊缺略，並其件繫，寫成別本，凡八十六卷。於道光十八年（1838），學案第一次付刻時，王梓材（臏軒同馮雲濠、何紹基等人）又多有校補。梨洲、謝山原表僅存數頁，其餘均由王臏軒仿補。元祐、慶元兩黨案也是由其編補者。此外尚有文集粹語；謝山原底未及採錄者；有事載史策，未及作傳而僅舉其名者；有再傳三傳之門人有傳，而其師友無傳者；有著稱於別學案，而本卷反失其傳者；臏軒皆爲之參補，王臏軒三校學案，終於刊成《宋元學案補遺》一百卷。稿成之後存於屠用錫家中，後經先生一再讎校，於民國廿六年（1937）年刊竣，完成此一艱鉅之使命。

中國有完整之學術史，來自於學案之紀錄。故《宋元學案補遺》乃紹繼《宋元學案》，廓清學術思想發展之脈絡，總結一代學術統紀，故其刊行必有其彰顯薪火相傳之用心。先生又言：「是書必須與《宋元學案》並看，精神乃顯。」足見《宋元學案補遺》之刊行乃沿流溯源、弘揚學術之盛事。

第五集之出版，不僅在於延續中國學術思想，更甚者在於在警惕國人勿以國故無用，禮教縛人而棄之；蓋歷史經驗徇爲國家延續之動脈，人人皆應以歷史爲生活之指導，方能披荊斬棘，突破逆境。先生在〈宋元學案補遺序二〉〔註34〕中，開宗明義道：「師道立則善人多，豈不信哉？」其設心良苦矣！他以孔子、孟子、曾子，一脈而至宋儒出義理彰，薪火綿延，至元明大道益著，明清絕續之交，黃

〔註32〕〈四明叢書第四集總序〉，《約園雜著續編》卷二，頁3。

〔註33〕〈六十年之回憶〉，《約園著作選輯·自述》，頁390。

〔註34〕〈宋元學案補遺序二〉，見《約園雜著續編》卷三，頁20～23。

梨洲慨然以道為己任，作《明儒學案》、《宋元學案》之精神，發揮道統傳承，藉以勉勵國人身處於當時困境，更當以「道統」為己任，淑身淑世！「斯世雖亂，吾心不亂，積一二月之心力，彙五百載之獻文，槍林彈雨之中，汗竹秋鐙之下，勉寫成篇，以報鄉先哲於萬一〔註35〕。」又以葉水心之語：「讀書不知接統，雖多無益；為文不能開教，雖工無益；篤行不合於大義，雖高無益；立志不存於憂世，雖仁無益。」道出讀書人為國家之中堅份子，倘其不能肩負道統，不能以身行則，則立志雖大，篤行雖高，仍無俾於世道人心，枉立身於天地間。

第六集出版於民國廿八年（1939），此時正值對日抗戰，狼煙漫天之際。《四明叢書》是否能夠繼續出版？先生著實憂心！他說：

> 壽鏞志學不早，中年消受風塵，及發憤編鄉書，其始尚牽於政務也。
> 自丁未（按：清光緒卅三年，1907，先生時年卅二歲）以後盡辭職守，
> 于時專心一力，今人與居者，在光華大學；古人與稽者，在《四明叢書》。
> 日計不足，歲計有餘，其或然乎？當五集之未定也，北遊幽燕，西攬匡
> 廬，往往攜稿相隨。及蘆溝橋釁興，蔓延海上，鎗林彈雨之下，序宋元
> 之際四明學術源流，弁諸五集之首，都萬數千言。所謂他鄉作客，垂老
> 收書者是也。無何，國軍西撤，蘇松太杭嘉湖相繼淪陷，吾叢書所已刻
> 者分寄於杭垣之彌陀寺，南潯之嘉業堂。夢寐驚駭，以為必歸灰燼，孰
> 意光華之校舍全毀，而叢書之版片獨存，斯非鄉先哲神靈陰來相之
> 哉？……夫書出有其時，人不能與時爭，轉為時所驅遣。壽鏞所為長太
> 息者也。自今以往益矢弘毅之志，以合貞固之道。天公後我，長容吾閱
> 亂離瘼矣。羹牆之望彌切於懷，將以此報鄉先生於萬一，且以消遣歲月，
> 取足終身焉耳〔註36〕。

誠如先生所言，是鄉先哲惜其苦心，不忍鄉獻之版片毀於戰火之中，極力保存之！此集以「集部」作品為多，其中有《勸忍百箴考註》，為日常生活養身、養心之座右銘，面對混亂時局，生死存亡之際，有著安定人心之作用。《甬東正氣集》、《四明詩幹》、《四明宋僧詩》、《四明元僧詩》、《四明人鑑》等，分別就四明人物及其作品以簡單之評介，尤以《四明人鑑》，即今日名人小傳，方便品評人物時，檢索之用。

> 人固亡而書存，世未遠而道邇，屯艱否閉，埋暖湛冥，吾當縣是以

〔註35〕〈四明叢書第五集序〉，《約園雜著續編》卷三，頁19。
〔註36〕〈四明叢書第六集後序〉，《約園雜著續編》卷四，頁24～25。

為天地之病，修身俟命，夫子不云乎，一致而百慮，其是之謂乎〔註37〕？

「道」即於生活周遭，於生活中求，「修身俟命」，即是於戰亂時代，吾等掌握方向之利器。「不做非分之想」，乃先生一貫立身治世之準則。

第六集刊印時，第七集亦次第鏤竣，民國廿九年（1940）出版。

夫天下一治一亂相循環，若歷數所遭為千載所未有，獨留未死一身圖挽末暉於下春之後，鬼神潛通於里中，諸君人風宛在，而更得盡觀其著書，淵源深厚，行其所謂傳者，是則余之幸也夫〔註38〕！

瞭解四明地區之淵源，彰顯先哲聖賢，為刊行《四明叢書》之初心本意。於第七集中，先生再次表達初始之願力。此集共搜羅著作廿三種，其中明清作品佔十七種，且以集部數量居多。

嗚呼！禍延於今日，其端實肇於甲午，而極於庚子，我先公適丁其厄，生平不以文章聲氣表襮當世，而卒以齟齬終，予小子尤痛之。……深念句踐困吳，會稽奮跡，五胡亂華，《典錄》斯作，下逮宋明，忠義彪炳。有清十世，君無涼德，中遭喪亂，而吾鄉先達猶得以其學顯，綿延迄於今。茲秦能焚詩書，而不能絕老師，宿儒、相將而傳於天下後世，然則立德、立功、立言又可少乎哉〔註39〕？

此為先生剖析日軍侵華之肇因，並且說明嘉祿公一再上疏之用意。同時以《典錄》刊行之背景與輯編《四明叢書》之用心及時代環境相擬，不也進一步確認《四明叢書》之輯刊是足以喚起人民自尊，效法先賢節行義舉，共渡時艱，共抵外侮，進而創造中興事業的最為直接的手段。

第八集於民國卅四年（1945）開始刊刻，然因先生捐館以及當時局勢所阻，未能於時出版。幸得先生後人致力奔走，第八集始於民國卅七年（1948）印行。

先生在世，《四明叢書》印行七集，總顧七集中，其中心思想即為救亡圖存！尤以第一、二集出版時正值抗戰烽火漫漶，先生仍不忘以「國家興亡、匹夫有責」與四明諸君子共勉，可見其寄望至重！

第一集出版於一九三二年，此年前日本帝國主義以佔領東北，因此反對一九一五年以來帝國主義侵略的民族主義潮流在全國各地和各階層人民中日益激烈。第一集的主導思想很自然地帶有教導人民的色彩，而這種教導是建立在研究當時巨大動亂情況的基礎上的。……第二集出版

〔註37〕〈四明叢書第六集序〉，《約園雜著續編》卷四，頁4。
〔註38〕〈四明叢書第七集序〉，《約園雜著續編》卷五，頁6。
〔註39〕〈四明叢書第七集後序〉，《約園雜著續編》卷五，頁33。

時，帝國主義已侵入華北，這又說明這集爲何特別強調忠、孝，但是這是一種對於人民生活在其土地上始終不渝的忠誠，也就是對於祖國群體的忠誠，……孝道則是維繫家庭所必不可少的聯繫，而家庭是構成上述國家的基本核心。眾所周知，學業的基礎是經書，正規教育的基礎是學生；經書從來就是學術研究的對象，一向是由北京、上海許多學者在官僚資本或外國資本幫助下印行的。一九三五年出版的《四明叢書》第四集引起我們的注意，因爲編者是在一個小地方，沒有任何資助情況下，堅韌不拔地從事研究的。張壽鏞對於學術的嚴謹態度使人精神振奮，他對當代經學研究的復興作出了貢獻。他激勵人們去反抗外國侵略。如果確是如此，我們能舉出什麼具體事例呢？一九三六年出版的《四明叢書》第四集就是明證。……緊接著蘆溝橋事件之後，張壽鏞毫不猶豫地在一篇長達一萬字的序言中公開表明態度，這就是一九三七年出版的《四明叢書》第五集的序言。在這篇序言中，他表達了一種嚴肅的哲學，可以用作反對帝國主義暴行和僞善的精神支柱。……第六集的序言寫於一九三六至一九四〇年之間，我們注意到張壽鏞的思想比以前五集的序言表現的更爲鎮靜，更堅定〔註40〕。

就山內正博之觀察所言，誠總貫先生編輯之旨意，亦確實點出於動亂之大時代中，先生有理性地教導人民從實際生活之中，發現問題，學習解決問題，此一觀點可由輯刊《四明叢書》之次第中貫穿起來。

我們可以說，由個人亂極思治牽引出民族自覺之警醒；從而喚起忠孝節義之良心良能，使人民感受國家自尊之重要性；再以儒家正本清源之思想導正，灌輸經學大要；大儒振臂疾呼，學術薪火傳承不斷，淳熙四君子出，具振衰起弊之效；《宋元學案補遺》刊行，在總結一代之學術道統，雖然當時抗戰已經開始，然先生秉念「世雖離亂，吾心不亂」，爲延續民族精神更加戮力爲之；除振奮人民戰鬥之精神外，先生仍對其寄予「修身俟命」之涵養，而後能彰顯先哲，傳永世基業。

以「天下雖亂，吾心不亂〔註41〕」，「在驚濤駭浪面前，張壽鏞對人民、對祖

〔註40〕日・山內正博撰，該文發表於第二十九屆國際東方學大會（1973 年 7 月在巴黎舉行），引文爲轉引自張芝聯教授譯成中文之「法文摘錄」。《約園著作選輯・紀念文選》（北京：中華書局，1995 年 4 月），頁 469～473，即印製「英文提要」、「法文摘錄」兩部分。

〔註41〕〈刊謬正俗跋〉，《約園雜著三編》卷一，頁 2。

國的未來懷有不可動搖的信心〔註 42〕。」此即為《四明叢書》何以能在時代洪流中，毅然出版了八集之主要原因，亦以此展現先生於動盪世局中，處變不驚之堅忍精神與恆常毅力。

第三節　《四明叢書》之出版情況

《四明叢書》刊行之時間，大抵第一集民國廿一年（1932）冬成，第二集於民國廿三年（1934）秋成，第三集於廿四年（1935）夏書成，第四集於廿五年（1936）春書成，第五集於廿六年（1937）書成，第六集於廿八年（1939）書成，第七集於廿九年（1940）完成，第八集為民國卅七（1948）年付梓。約略算來，至少二年左右即完成一集之刻印佈行。

先生於民國卅四年（1945）開始刊刻第八集，然礙於時勢，又因捐館，該集未能出版。誠如先生引萬季野〈與范筆山書〉所言：「顧其事非一人之所能，亦非數年之所能就，又自苦記誦不廣，觀覽無暇，非得高才者相與共識，亦安能以有成？」希望能以「合天下之智以為智，合眾人之功以為功，而不自專其功〔註 43〕。」果不負其望，於民國卅七年（1948），印行與世人見面。至於第九、十集擬目，版片在當時多以刻就，原庋藏於嘉業堂藏書樓，其後捐給國家，今藏於浙江省圖書館。

《四明叢書》之收書，據先生言：

> 第一集至第七集，凡一百六十種，都一千七十七卷，清四庫著錄者約十之三，未著錄而得諸馮君孟顒伏跗室者約十之二，其乞諸友朋者與夫子孫獻其先世遺述者約十之一，壽鏞積四十年之搜索而得者十之四焉〔註 44〕。

可知，先生致力網羅之鄉邦文獻為數不少，而友朋慷慨相助，得以使叢書在一、二年間即能完成一集的刊行，從未間斷。於戰亂時代當中，張壽鏞仍執意於光徽枌榆之舉，《四明叢書》之出刊，見證一位學者堅韌之民族意識與愛國情操。

《四明叢書》表彰四明學術文化，其版本由先生出版約園自刊本，此後因戰事更迭，政府遷台，於台灣並未能見到完整八集。爾後由國防研究院出版中華大典本，然僅刻印至第六集，並非完本。新文豐出版公司進而於民國七十七年（1988）

〔註 42〕　〈張壽鏞思想〉，《約園著作選輯・紀念文選》，頁 473。
〔註 43〕　〈與四明學舍諸君子書〉，《約園雜著續編》卷八，頁 45。
〔註 44〕　〈編輯四明叢書記〉，《約園雜著續編》卷八，頁 10。

匯集各版出版完整八集，共三十二冊。現就其流傳之版本〔註45〕，以其時代先後，次第排序之。

一、民國張氏約園刊本，目前版藏於浙江圖書館。

二、民國五十三至五十四年（1964～1965），楊州古舊書店、杭州古舊書店聯合用約園原版補刊本。（按：此次印行第一、二、三、四、五、八集，其中第五集為一部份。）

三、民國五十五年（1966），由國防研究院、中華大典編印會合作出版。共計六集，卅冊。（按：第七、八集闕如，且六集之中，第四集缺印《四明古蹟》，而其編排順序亦多有出入，其他則有漏葉之處。）

四、民國六十七至六十九年（1978～1980），江蘇廣陵古籍刻印社修補約園原版重印本。（按：此次印行五、六、七集，隨之並重印全書。）

五、民國七十一至七十二年（1982～1983），江蘇廣陵古籍刻印社用修補後的約園原版重印本。

六、民國七十七年（1988），新文豐出版公司出版。共計八集，卅二冊。（按：由於第八集刊刻於民國卅七年（1948），故於台灣並未有收藏者。新文豐版在《四明叢書敘錄》中說道：「特向中央研究院傅斯年圖書館借到第七集，又輾轉自海外購得第八集，並借補遺漏者，終成全璧，特以四合一，廿五開本精印問世。」）

七、京都大學人文科學研究院、九州大學圖書館館藏。

〔註45〕資料取自陽海清編撰，蔣孝達校訂《中國叢書綜錄補正》（江蘇廣陵古籍刻印社，1984 年 8 月）以及李銳清編著《日本見藏中國叢書書目初編》（行州大學出版社，1999 年 1 月）。

附錄：《四明叢書》收書序跋一覽表

第 一 集					
書 名	序	時 間	跋（後序）	時 間	備 註
任子	●	21.1	●	21.2	一、觀第一集中各書序的寫作時間來看，第一集序言爲廿年七月至廿一年十二月所寫，跋語則於廿年秋天至廿一冬天止。 二、第一集總序寫於廿一年十一月，後序爲廿一年十二月所撰。
虞秘監集	●	21.3	●	21.秋	
賀秘監遺書	●	21.4	馮貞群跋	22.3	
豐清敏公遺書	●	21.3	●	21.6	
楊氏易傳	●	21.2	●	20.12	
史略	●	21.2	●	20.4	
子略	●	20.12			
騷略	●	20.12			
夢窗四稿	●	21.10	●	21.秋	
四明文獻集	●	21.10	●	21.冬	
古今紀要逸編	●	21.2			
戊辰修史傳	●	21.12			
畏齋集	●	20.7			
積齋集	●	20.9			
剡源文鈔	●	20.10	●	20.秋	
管天筆記外編	●	21.7	●	21.5	
春酒堂遺書	●	21.4			
杲堂詩文鈔	●	20.8			
石經考	●	21.12			
漢書地理志稽疑	●	21.10	●	21.秋	
撝庵存稿	●	21.2			
東井文鈔	●	21.2			
詩誦	●	20.8			
群經質	●	20.8			

書　　名	序	時　　間	跋（後序）	時　　間	備　　註
第 二 集					
孫拾遺文纂、外紀	●	20.2	●	20.2	一、第二集序言之撰寫，時間之差距較大，有民國十二年所寫，較近者亦為民國十九年至廿三年間，相差四年之多，足見在編排次序上有其先後關係。
雪窗先生文集	●	23.1			
弁山小隱吟錄	●	22.9			
清溪遺稿	●	20.8			
陳忠貞公遺集	●	22.11			
過宜言	●	22.12			
錢忠介公集	●	22.8	●	23.秋	二、第二集總序寫於廿三年六月，後序寫於廿三年八月。
雪翁詩集	●	22.12	●	21.6	
愚囊彙稿	●	22.10			
張蒼水集	●	23.1	●	23.7	
馮侍郎遺書	●	22.9	馮貞群記	20.3	
王侍郎遺著	●	22.9			
馮王兩侍郎墓錄	●	23.3	馮貞群記	20.6	
六經堂遺事	●	23.1	●	22.冬	
吞月子集	●	19.12			
雪交亭正氣錄	●	23.6			
海東逸史	●	21.6			
宋季忠義錄	●	23.3			
現成話	●	22.9	●	22秋	
管村文鈔內編	●	19.11			
千之草堂編年文鈔	●	19.11			
寸草廬贈言	●	12.秋	●	23.8	

第　三　集					
書　　　名	序	時　間	跋（後序）	時　間	備　　　註
春秋集註	●	24.4			一、第三集序言之撰
尚書講義	●	23.9			寫，時間之差距較
范文正公（仲淹）年譜	●	24.4	●	24.春	大，有民國十九年
慈湖詩傳	●	23.9			所寫，較近者亦爲
先聖大訓	●	20.8			民國年廿四年五
棠陰比事	●	23.10	●	23.冬	月間，相差四年之
月令解	●	24.5			多，足見在編排次
四明他山水利備覽	●	23.10			序上有其先後關
蒙齋中庸講義	●	24.1			係。
六藝綱目	●	24.4			二、第三集總序寫於廿
春草齋集	●	24.4			四年四月，後序寫
寧波府簡要志	●	23.9	●	23.冬	於廿四年六月。
海涵萬象錄	●	22.5	陳槐跋		
讀易一鈔易餘	●	20.8			
儒林宗派	●	23.1	馬敘倫後序		
鄞志稿	●	19.10	●	23.9	
甬上水利志	●	23.10			

第　四　集					
書　　　名	序	時　間	跋（後序）	時　間	備　　　註
舒文靖公類稿	●	25.3			一、第四集序言之撰
定川遺書	●	25.1			寫，多集中於廿
慈湖遺書	●	23.10	馮可鏞識		四、廿五年間，然
絜齋毛詩經筵講義	●	25.1			亦有於廿、廿一間
袁正獻公遺文鈔	●	25.3			所寫。
鼠璞	●	20.8			二、第四集總序寫於廿
戴仲培先生詩文	●	21.10			五年三月，後序寫 於廿五年四月。

困學紀聞補注		陳漢章序	●	23.冬	
丁鶴年集	●	23.9			
醫閭先生集	●	25.2			
白齋詩集	●	23.9			
聞見漫錄	●	25.2	王廷幹後序		
拘虛集	●	23.3			
皇極經世觀物外篇釋義	●	23.10			
書訣	●	23.10			
陳后岡詩文集	●	23.3			
碬石編	●	25.1			
銅馬編	●	24.11			
夷困文編	●	24.2			
囊雲文集	●	25.2			
四明山志	●	25.1			
深省堂詩集	●	25.1			
歷代紀元彙考	●	25.2			
石園文集	●	24.8			
分隸偶存	●	20.8		●	22.冬
審定風雅遺音	●	25.1			
玉几山房吟卷	●	23.1			
讀易別錄	●	25.2			
月船居士詩稿	●	24.12			
春雨樓初刪稿	●	24.12			
存悔集	●	24.11			
四明古蹟	●	24.1			
瞻袞堂文集	●	25.2			
襄陵詩草	●	25.2			
世本集覽原起	●	25.4			
補園賸稿	●	25.2			
古今文派略述	●	25.2		●	

第　五　集					
書　　名	序	時　間	跋（後序）	時　間	備　　註
宋元學案補遺	●	26.4（序一） 26.6（序二）			第五集序寫於廿六年九月，跋則撰於廿六（丁丑）年夏天。

第　六　集					
書　　名	序	時　間	跋（後序）	時　間	備　　註
穹天論	●	21.3			一、第六集序言之撰寫，多集中於廿四、廿五年間，然亦有於廿一年間所寫。
虞徵士遺書	●	21.3			
鼎錄	●	26.4			
頤庵居士集	●	23.3			
勸忍百箴考註	●	29.1			二、第六集總序寫於廿九年一月，後序寫於己卯年除日。
貞白五書	●	26.10			
林衣集	●	29.1			
留補堂文集選	●	26.10			
小天集	●	28.7			
純德彙編	●	27.10			
甬東正氣集	●	26.6			
四明詩幹	●	27.10			
四明宋元僧詩	●	21.4			
全校水經酈注水道表	●	27.10			
明堂考（附射侯考）	●	29.1			
明明子論語集解義疏	●	25.9	●	25.9	
切音啓蒙	●	29.1			
大衍集（附約仙遺稿）	●	25.8			
四明人鑑	●	29.1			
養園賸稿	●	26.1			

第 七 集					
書　　名	序	時　間	跋（後序）	時　間	備　　註
會稽典錄	●	26.10			一、第七集中各書之序言之撰寫，多集中於廿七年及廿九年。
魏文節遺書（附錄）	●	29.9			
絜齋家塾書鈔	●	27.4			
洪範統一	●	29.9			二、第七集總序寫於廿九年九月，後序寫於庚辰重陽日。
西麓詩稿（西麓繼周集、日湖漁唱）	●	27.10			
趙寶峰先生文集	●	27.3			
符臺外集	●	27.10			
楊文懿公文集	●	27.4			
碧川文選	●	27.4			
養心亭集	●	27.4			
灼艾集（續、餘、別集）	●	27.4			
玩鹿亭稿	●	27.4			
續騷堂集	●	29.9			
補歷代史表	●	27.1			
昌國典詠	●	27.1			
夏小正求是	●	29.9			
漢書讀（漢書辨字、漢書常談）	●	27.3			
見山樓詩集	●	27.4			
季仙先生遺稿（補遺）	●	29.2			
寸草廬奏稿			●	庚辰.9	
小謨觴館文集註			●	戊寅.4	
孔賈經疏異同評	●	29.9			
鶴巢文存、詩存	●	29.9			

第 八 集					
書　　名	序	時　間	跋（後序）	時　間	備　　註
虞預晉書	●	34.1			
舒嬾堂詩文存	●	34.1			
石魚偶記	●	34.1			
安晚堂詩集	●	26.10			
梅讀存稿	●	34.1			
徐徐集	●	26.10 31.10			
攝生眾妙方	●	23.10			
白嶽游稿	●	26.11			
碑帖紀證	●	26.10			
西漢節義傳論					
杲堂文續鈔					
甬上高僧詩	●	26.10			
廟制圖考					
四明文徵	●	27.4			
徐偃王志	●	34.1			
味吾廬詩文存（外紀）	●	33.7			
容膝軒文集、詩草	●	34.5			
峽源集	●	34.4			

註：

一、先生於第八集中列有《放齋詩說》，其序寫於卅二年三月。《周季編略》
　　序寫於廿七年四月。《鄉諺證古》序寫於卅三年五月。

二、第八集所列書目摘自《約園雜著三編》卷六之中，然與刊印之第八集不
　　同，遂以刊印本爲主，佐以三編所列爲輔。《三編》所列各書序之編寫與
　　他集不同者，在於其他七集之序言皆以書名排序爲之，第八集中互有跳
　　脫，且與刊印者多有出入。

三、第九、十集僅有擬目，無法列出。

第七章　《四明叢書》之價值

　　叢書之編輯要注意所收之每一種書必須首尾完具、序跋兼備且不能割裂與刪節。《四明叢書》所收書內容完整，且多他種目錄未著錄者；凡於叢書刊刻之各本，乃經過先生精挑細酌，於蒐集、整理、編輯、刻印過程中，又幾經輯佚、校勘、考據、研究版本、纂其目錄，繕寫序跋等，於目錄、版本學上具有文獻學之價值，提供後學豐碩之研究資料。柯劭忞等《續修四庫全書提要》〔註1〕，即對《四明叢書》備加推崇。

　　　　是編所收，自漢唐以迄勝國。有關鄉邦利弊，足資身心學問，而坊肆無傳本，或傳而未廣者，皆為採輯，不為部居甲乙，而以作者時代次其先後。其非鄉邦著述，而有裨四明掌故者，亦皆甄錄。各書皆存原文，雖序跋歲月無關宏恉，亦不輕削。至有關鄉邦文獻，流俗毫芒，僅存一二者，亦為之編輯補綴，以資流傳。每書皆取善本參校，互異之處，擇善而從，無從校者仍之。每書首末，壽鏞或序或跋，於其編輯之由，刊刻之故，詳為敘述。

　　《四明叢書》以其收書時代之長遠，體制之巨帙，內容之精贍，推為歷來叢書之翹楚，洵非虛語。本章擬就保存鄉邦文獻以及壽鏞先生於在目錄、版本學上之成就，予以闡述。

第一節　鄉邦文獻之薪火相承

　　郡邑叢書之編排或以一省，或以一縣市為之，需廣泛蒐羅，並兼具深度，才

〔註1〕見《續修四庫全書·子部提要》（台北：台灣商務印書館，1986年），頁727。

能顯現出該地區之特色或編輯者所欲傳達之歷史使命。就規模言,《四明叢書》可謂歷來最爲龐大者,其他郡邑叢書難以望其項背。就《四明叢書》收錄各家著述特色論從下列:

一、肆力博收鄉邦文獻

先生於《四明叢書》凡例中說明編刊的動機,言:

> 吾浙各郡除衢嚴處外,若丁氏丙之《武林往哲遺著》、《武林掌故叢編》;孫氏福清之《檇李遺書》;陸氏心源之《湖州叢書》;劉氏承幹之《吳興叢書》;徐氏友蘭之《紹興先生遺書》;宋氏世犖、楊氏晨之《台州叢書》;胡氏鳳丹、宗楙之《金華叢書》及續編;孫氏詒讓之《永嘉叢書》;黃氏群之《敬鄉樓叢書》,近年平湖金氏蓉鏡、兆蕃續刻《檇李叢書》一二集,《先哲遺書》盡成叢刻,吾郡闃然,寧非憾事,爰輯鄉先生著作彙刊之,顏曰《四明叢書》。

誠因浙江各州郡多刻有其一州一郡之書,而四明蓋闕如也。「以始刱叢書之地反不如他州郡,鄉人士君子雖或有志焉而未逮之也。」是以先生視整理鄉邦文獻爲己任。陳漢章於〈叢書序〉言:

> 古鄮張君詠霓既刊其先君肖籜先生〈奏議〉及其祖母〈秋燈課讀圖題詠〉,曰《寸草廬贈言》以行世。復推敬恭桑梓之誼,而慨然以爲己任,採千載之遺韻,收百世之闕文,兼於聽政布教,閒爲各書作序及跋,如抱經堂與守山閣,則又他州郡叢書所未有者也。

不僅廣收地方文獻,並加以訂正、繕寫序跋,且《叢書》又多收有《四庫》未收書及其他書目未著錄者,誠爲保存四明學者著述之集大成。

二、網羅清廷禁燬之書籍

《四明叢書》多收明人著述,尤以南明時期「反清復明」愛國志士之作品,包括錢肅樂、張煌言等人。據吳哲夫先生撰《清代禁燬書目研究》之歸納,涉及南明史事、涉及鄭成功史實者,皆列爲禁燬書。而先生卻能蒐集禁書加以整理出版,使後人不僅瞭解南明史事,更每每彰顯四明人士之凜然氣節。

觀叢書收錄列名禁燬書目者,計有周容《春酒堂遺書》,錢肅樂《錢忠介公集》,張煌言《張蒼水集》等。前章所述《四明叢書》之時代意義,即已論及先生有感於世局動盪,道喪文敝,亟欲力挽狂瀾,故叢書第一、二集之輯編著重於振奮愛

國情操爲宗旨，故以明季死事諸賢作品爲纂輯之列。於〈春酒堂遺書序〉言：

　　……蓋其立志一編，既涕泗於忠孝節義之事，而飛蠅滿筆，一念不動，落魄貧困守此儒冠，發爲文章可歌可泣〔註2〕。

〈錢忠介公集序〉論及其著作被埋沒景況，言道：

　　清乾隆禁書，公集亦在其列，沈埋將三百年，今始得刊布於世。當明之亡也，内有阮馬奸邪之附，外無蚍蜉蟻子之援，胡馬渡江，難都旋覆，浙東西忠義士飆舉雲興，公方居憂，在丙舍喀血。……危苦之言見諸奏牘，忠愛之氣形爲歌詠，躬履諸艱極，人生之至悲，使數百年後可考而得者，非賢子弟保守之功歟〔註3〕。

〈張蒼水集序〉言：

　　昔歐陽公《五代史》不爲韓通立傳，君子病之，然天下後世莫不知周有韓曠目，清修《明史》號稱詳備，雖甬上四烈婦亦爲之列傳，而獨於蒼水先生遺之，史臣之不職也，然天下後世莫不知明有張蒼水。蒼水先生，書生也。當明亡時不過一舉子耳，乃膽薪彌屬，飥雪自甘，義憤縱橫，凡二十載。其言曰：「所爭者，天經地義；所圖者，國恤家仇；所期待者，豪傑事功、聖賢學問。」漢之武侯足以擬之。顧其行誼，雖不錄於《明史》，而見諸私家著述者美矣備矣〔註4〕！

　　三書名列禁燬書目，其訪求之艱可想而知。如《春酒堂遺書》即爲馮貞群所輯。《張蒼水集》係族丈張讓三所贈，而後更廣收有八種之多。先生於該集序中言：「得先生遺集於其族裔張世倫，所謂海濱遺老高允權本者，殆其侍卒史丙所藏者歟，爰依歲月重爲編次，更稽諸譜乘。」至於輯編《張蒼水集》過程，其於跋語中言之綦詳：

　　當文網嚴密之時，士大夫明知收藏其集爲不祥，而展轉傳鈔猶往往流布人間，……考其最初之本，當即所謂傳之防守卒史丙者也。海濱遺老高先生允權嘗得其稿，爲之跋云：「茲於其卒，幸購得公草而採薇，更幸爲公手稿，復於降弁得公遺文，因彙錄成集。」是高氏此本爲得之防守者，固確乎其可信焉。而謝山爲公神道碑，稱有宜興人徐堯章者從丙購其書，不與，且曰：「公之真跡，吾日夕焚香拜之，不可以付君。」堯章乃鈔以歸，是徐氏別有鈔本，必與高氏同出一源也。壽鏞蒐羅公集，

〔註2〕〈春酒堂遺書序〉，《約園雜著》卷三，頁21。
〔註3〕〈錢忠介公集序〉，《約園雜著》卷四，頁16～17。
〔註4〕〈張蒼水集序〉，《約園雜著》卷四，頁20。

歷廿餘年，先後所得不下十餘種，反復勘比，實以高本爲最勝，鄧本爲最詳，而致力搜校專且久者，厥惟張丈讓三〔註5〕。

於《錢忠介公集》之訪求經過，先生言道：

> 壽鏞既得謝山所編《錢忠介公集》於張君伯岸，蓋即其嗣子濬恭所手鈔者也。大喜過望，書面題云：「至親的友借觀拒絕。」其時文網綦密，深懼速禍如此。張丈讓三所謂孤本流傳，見者蓋罕，實由此也。慈谿葉君畬經獨能寶此殘編，轉贈伯岸，伯岸遂以借余錄副，更得孟顓一一校勘，證以往年所編輯者，完成趙璧，原有闕遺，閒補益之，旁注補字，年譜既佚，孟顓更爲補作，而公集得全亦幸矣。往年張丈讓三嘗詔壽鏞謂刻四明先哲遺書，宜以之弁首，惜乎不及見也。……壽鏞綜厥全編，反覆勘比，寒暑兩易，始得出書，公之精忠雖不在於文章，而因遺著而益爛，則孟顓蒐羅之功與伯岸訪求之力，尤足多也〔註6〕。

文網綦密，以致書籍視禁燬之列，不見天日。若無後人極力保存，則以張煌言等忠義事蹟，優秀之作品何以傳至後世。先生以蒐羅鄉獻爲己任，並爲其刊刻出版，以告鄉人，此舉不僅延續鄉邦文化之光輝，亦爲我中華文化保存傳世不朽之作。

三、保存史傳不見之人物事蹟

《四明叢書》所收書以明、清兩代作品居多，明人作品中又以明末抗清志士之作爲多。如陳忠貞、張煌言、華夏、宗誼、高宇泰、魏畊、毛聚奎等人，清初修《明史》時均擯除於史傳之列，故於正史無法得知其生平事跡。叢書收編此類著作，先生於人物小傳中對此等生平有較爲深入之描述，又於序跋之中多所弘揚闡發，碧血蒼燐，光耀枌榆，望後人得悉，以爲暮鼓晨鐘。其言：

> 古今豈獨一鄉之光哉，故遺事軼聞久付殘劫，蟲沙猿鶴豈僅東荒，有不見於正史者矣，有惡其害己而毀之者矣，不惟有明也，宋之際亦然。然則非一二抱殘守闕之書生，又孰從而傳之，夫歲寒常也，國有國之寒，家有家之寒，不幸而丁其厄焉，不忍其親而以身代，不忍其親爲直道而死代之而不得出，九死一生以赴之而卒如其願焉。天也，夫天不負人而人必有以承乎天，一陽初復而無忘乎冰雪之時，仁人孝子之用心，其趨一也，故不敢沒其親，必思傳其事，非惟傳其事而一時相與詠歌讚歎者，

〔註5〕〈張蒼水集跋〉，《約園雜著》卷四，頁21～22。

〔註6〕〈錢忠介公集跋〉，《約園雜著》卷三，頁17～18。

使子孫讀之，惕然於已往之艱難，而憤然於未來之刻勵，此亦魯之子孫無
負周公事業之意也……〔註7〕。

先生有如斯想法，感念昔先人之遺澤，以忠孝節烈事傳千秋大業，故叢書蒐
羅者，無地域種族之區隔，一以民族精神爲號召，務祈「片羽吉光，無遠弗屆，
斷圭殘璧，歷久彌彰，呵護於鬼神，收藏於孫裔，天人交應，自有其不敝者存。」
先生致力於殘編斷簡之補葺，所求爲永存先人精神。於〈陳忠貞公遺集跋〉云：

> 壽鏞之刻《四明叢書》也，求公之遺著不可得，於是以《續耆舊詩》、
> 《旌忠錄》所載，及族裔曾望所錄輯爲遺集三卷，附錄二卷，並述行誼
> 著於篇端。有明末造，吾鄉士大夫殉國，公實爲之倡，厥後張蒼水、王
> 篤庵、馮簞溪、六狂生、五君子之徒，聞風興起，百折不回，視死如歸，
> 故以公集弁於遺民之首，浩氣英光，萬古常新矣〔註8〕。

茲舉華夏等三人小傳敘述之：

> 華夏，字吉甫，一字默農。爲諸生，與王家勤齊名，同受業於倪元
> 璐，又同學於黃道周、劉宗周。已而同受知於新城黃端伯、陳子龍，浙
> 東所稱華王二子者也。生而穎異，稍長，讀書聞古忠孝節烈事，輒斂容
> 契其人。甲申難，作號慟絕地，取諸所爲文、詣文廟拜而火之。乙酉六
> 月，浙東兵起，首與董志寧倡大義，預於六狂生之目，與太僕陳潛夫出
> 戰牛頭灣。對簿一錄，殆先生自爲爰書也。先生常自況於周公之過，不
> 亦宜乎，因即名爲《過宜言》，有被先生指摘者，竊毀其二，今存八帙，
> 開卷泫然，如對先生焉〔註9〕。

> 魏畊，原名璧，字楚白，甲申後改名，又別名甦。所交皆當世賢豪
> 義俠，與於苕上起兵，之役事敗之江湖，妻子滿獄，弗恤也，事解乃與
> 歸安錢纘曾居苕溪，閉戶爲詩，酷嗜李，供奉長洲陳三島，尤心契之。
> 其里人朱士稚與先生論詩極傾倒，先生又因此與祁忠敏公子理孫、班孫
> 善，得盡讀淡生堂藏書，遣死士致書鄭成功，鄭如其言，已而軍退遮道，
> 留尚書張煌言請入焦湖以圖再舉，復不克方館，於祁氏被執至錢塘，與
> 纘曾俱不屈死，居苕上爲晉高士沈禎、沈聘故山，故有息賢堂，生平有
> 撰述，悉以名之，而詩其一也，先生惓惓忠孝，茶鐺藥灶閒物親如拂拭，

〔註7〕〈四明叢書第二集後序〉，《約園雜著》卷四，頁37。
〔註8〕〈陳忠貞公遺集跋〉，《約園雜著》卷四，頁15。
〔註9〕〈四明叢書第二集序〉，《約園雜著》卷四，頁3。

萇弘碧血不致溫爲冷風野馬，即此足扶宇宙一重元氣〔註10〕。

　　宗誼，字在公，號正庵。原籍徽州，其父遷鄞，豪於貲，而誼所好獨在詩，江東起事，義兵各食其地勸輸之餉，慨然發其家得十萬金，徑送督師錢肅樂營。江師航海，家已落猶貨其田園、奴婢之未盡者以應之，遂屏當一空。怡然與陸宇璟、董劍鍔、葉謙、陸崑、范兆芝、余霈結七子舍。至於幽異淡刻猶怪峰奇澗，不從人間則宗子而已。所著有內外草二編，今所傳者外草，周斯盛序之曰：「乙巳冬，余嘗選其南樓詩，己酉春又選其湖上草，丁卯夏復盡彙會其稿，屬余芟輯，明年始爲之序，蓋丙辰七月二十一日也〔註11〕。」

　　上述三則有許多共通點，皆爲忠烈之士，此其一。先生以集古語之方式，匯集先哲事跡，以簡短之文字概括其一生，然所輯者爲友朋或後人所撰文章，尤以全祖望爲文最多，此其二〔註12〕；收錄《四明人鑑》、《海東逸史》、《甬東正氣錄》、《雪交亭正氣錄》等書，尤以《雪交亭正氣錄》爲明末殉難之忠臣烈士立傳，《海東逸史》以紀傳體記載南明政權之興衰，十分珍貴，足以補史傳所缺，此其三。

　　筆者以《明史》、《明人傳記資料索引》、《明遺民傳記資料索引》等加以查照，均無法同時得知人物生平。而《四明叢書》搜收南明遺民作品甚多，且爲他書所不載，並佐以其著作匯集於一編，裨益於瞭解明末社會情況、抗清起義等情事。

四、廣收他書不見之年譜文獻

　　年譜乃編年以記載一人之生平事跡，爲研究某人學問之入門，欲瞭解其人，必先以其生卒年歲，經歷遭遇而後讀其文，俾能有所斬獲。故吾人從事張壽鏞先生之研究，必得匯收其資料，整序條理，依其年歲，列其事蹟，以暢爲文之脈絡。

　　《四明叢書》收錄數種罕見之年譜文獻，解學者搜尋之苦，供參照考校之便。此等年譜資料，經先生盡力蒐羅，並與其著作，彙爲一編，以先生收錄王應麟《四明文獻集》爲例，而旁及其年譜竟有三種之多，且多爲他書所未收。依王德毅於

〔註10〕〈四明叢書第二集序〉，《約園雜著》卷四，頁5。
〔註11〕〈四明叢書第二集序〉，《約園雜著》卷四，頁3。
〔註12〕全祖望，字紹衣，號謝山，浙江鄞縣人，學者稱謝山先生。生於康熙四十四年（1705），卒於乾隆二十年（1755），爲清代卓越之文學家、史學家。於文，善於碑傳文，鑽研史學，精於史料校正，著有《鮚埼亭集》、《鮚埼亭詩集》、《經史問答》、《句餘土音》等。全氏素負民族氣節，不畏強權，於雍正、乾隆年間，文網慕密之條件下，致力於宋末及南明志士之歷史，尤以《鮚埼亭集》內多碑銘傳記，頗多南明史料。

《中國歷代名人年譜總目》〔註13〕所記載，王深寧年譜計有六種，其中民國以後之論文附錄有二種，清朝人物編著者四種，而叢書即收有錢大昕、陳僅、張大昌所著等三種，惟陳僅與張大昌本亦僅《四明叢書》輯入，足見先生裒輯王應麟資料之用心〔註14〕。

又於明末遺民，尤以忠烈之士，其資料本難以搜求，然先生不僅收錄著作，並將其年譜一併收編，以完整保存之，充分掌握該人史料文獻，俾學者尋訪之苦，誠屬難得。全祖望所編之《張蒼水年譜》，以及《張忠烈公年譜》即附錄於《張蒼水集》內，馮貞群所輯之《錢忠介公年譜》、馮可鏞與葉意深所編之《慈湖先生年譜》，皆惟有叢書收錄，為年譜史料之精粹所在。

先生不獨收他人所編著之年譜，且親力親為，於〈定川言行彙考〉言：「淳熙四先生惟定川之書獨罕見。」故於輯編《定川遺書》〔註15〕外，更於蒐索各項資料之過程，條分屢析，分別綱目，進而將定川之行誼以編年大事紀之方式記錄之，此一作法亦當列為年譜，豐富史料，藉以彰顯其於宋四明地區之學術貢獻。

第二節　文獻學之成就

文獻典籍關乎國家文化之興衰，故先生留意於文獻之蒐羅訪求尤甚。而文獻之研究與整理，大抵不離目錄、版本、校勘學三項，葉德輝即言：

> 近人言藏書者，分目錄、版本為兩種學派；大約官家之書，自《崇文總目》以下至乾隆所修《四庫全書總目提要》是為目錄之學。私家之藏，自宋尤袤遂初堂、毛晉汲古閣及康雍乾嘉以來各藏書家，斷斷於宋元舊鈔，是為板本之學。然二者皆兼校讎，是又為校勘之學。本朝文治，超軼宋元，皆此三者為之根柢〔註16〕。

先生不僅用功於斯業，又與馮貞群、夏同甫、陳漢章等多有商議，對於闡述

〔註13〕王應麟年譜資料，見王德毅所編著《中國歷代名人年譜總目》（台北：新文豐出版股份有限公司，1999年1月，增訂一版），頁118。

〔註14〕張壽鏞先生先君子嘉祿公，嘗言：「深寧學問豈盡心於文字者，蓋將以明道也。《困學紀聞》一書於君子小人消長之幾，人心風俗維繫之故，言之最切，吾是以致力於斯，汝輩誌之。」先生以深寧學問為先君子一生精神之所在，即刊刻《困學紀聞補注》。筆者以此為先生致力於收羅王深寧年譜之主要原因。

〔註15〕已編入《四明叢書》第四集。

〔註16〕葉德輝，《書林清話》卷一（台北：文史哲出版社，1998年10月），「板本之名稱」條，頁24。（總頁70）

學術流變、評定版本優劣，廣收復本舊刊、考證典籍闕誤等多有發揮，本節擬以其序跋爲主，探究並闡發其文獻學之價值。

一、融目錄、版本、校勘之學爲一體

先生於整理古籍，蓋多撰序跋，寓有「辨章學術，考鏡源流」之作用。夫《四明叢書》每集必有總序、後序；一書必有一序，而後有跋，如已收錄《四庫全書》中，並有提要者，則冠於其首。所以明著書之本原意涵，撮其指要，其作法鉅細靡遺，於先賢學術淵源，思想傳承，抑或闡明該書之宗旨，表揚先人事蹟，甚至於對典籍之考證、斠讎之原委等，於序跋中隨處可見。《四明叢書》凡例：

> 每種卷首或題以序簡，末或附以跋或既序又跋，以闡作者立論之大凡，與夫昔賢訂證之苦心，並誌友朋贈遺之雅意。

《四明叢書》之序跋方式，爲歷來叢書所未見。各集總序中以「集古語」呈現，其意乃在蒐羅各家之品評，以此介紹所刊印之書籍、撰人，一來對於撰人之生平有客觀陳述，同時傳達作者考據之用心，而以「集句」方式以爲序，頗有孔子「述而不作」之意。茲以第一集總序爲例，以告讀者。

> 四明叢書第一集（原註：集古語）
>
> 四明按東漢地理志，乃越之鄮縣，地有句章城及古鄞城，皆漢廢城也。唐武德初，鄞復爲州，與嵊餘嚴婺並總於越。八年廢鄞爲鄮，開元二十六年析會稽之鄮，置明州，取四明山爲名。（原註：莫將《逸老堂記》）明士鄉也（原註：王應麟《四明七觀》），樂育名俊，思睹盛美有日矣。（原註：《會稽典錄》朱育對）其文章之士，則御史中丞任奕（原註：朱育對），學所以治己，教所以治人，治己審則可以治人，治人審則可以治天下，累世一聖是繼踵，千里一賢是比肩。（原註：《任子》）……（按：以下爲該集之人物介紹，故略之。）

各集之後序，先生即以明其心志爲主，述編纂用意、過程以及付梓後之期許。而其寫作之體裁，有古文、有賦體、有詩作，得見先生學文不限一格，及其內涵之闊廣。第三集之後序，先生以答客體爲之，尤具特色。

> 約園主人既輯《四明叢書》凡三集，歷四年。客進而言曰：子冠《任子》第一集曰：學以治己先也，書廿四種，人二十賢，金不奪重，石不奪堅，文章婉孌，逸老遊仙，古之遺直，觀留紫蓮，慈湖一老，易理宏詮……（略）薪火綿延，無鐙香炷，餘山殿焉，可謂旁搜遠紹，提要勾玄矣。雖然仲翔之言，英英崑玉，朱育好奇，亦見《典錄》，孝子連閭，忠臣接觸，下及賢女，昭然光燭，既聞其人，意何不屬，豈以文湮，斷簡難續，抑闕

蒐羅，而形褊促，請言其詳，慰我衷曲。主人曰：朱溫篡唐，亂我綱紀，

有孫拾遺，獨書甲子，雪窗不阿，著在《宋史》……〔註17〕。

　　各集中各典籍之前後序是《四明叢書》中最具特色之內容。此種為所裒收之每一種藏書撰寫序跋之編纂體例為一創始，況以《四庫全書》標榜「綜群書之淵海」、「集藝苑之大成」之綜合性大叢書，亦非書書有序跋。先生以序跋作為敘學術流變，考據典籍之篇卷，補葺闕誤，並言著錄之詳審，闡發「作者立論之大凡」，「昔賢訂證之苦心」，立意明確，誠與先哲同心，弘揚學術。

（一）考述作者，以知人論世

　　刊書宜考訂，誠著作乃據以知人論世，先生言《任子》校勘之經過，說道：

　　　　陳伯弢告余曰刊書宜辨訂。如《吳志》引《會稽典錄》，文章之士立言棻盛，則御史中丞任爽暉，若春榮是非，《魏志》注之樂安任嘏明甚。王十朋《會稽賦注》及《乾道圖經》引《會稽典錄》作任奕，與唐馬總《意林》合，餘如王阮《昌國志》、羅濬《四明志》及袁桷《四明志》載王尚書《七觀注》，並引作任奕，惟高似孫《子略》載梁庾仲容《子鈔》作任弁，弁與《吳志》注之爽字皆奕之誤，從無誤作任嘏者。而馬國翰《玉函山房輯佚》，子有《任子道論》，乃改題魏任嘏，謂《意林》任奕是任嘏之訛。洎定海黃徵季作《子敘》，始辨《任子》與《任子道論》為二書。《任子道論》，任嘏作，其言出道家，《任子》，任奕作，其言出儒術，實我鄉著述之冠冕。余因伯弢之說，既以《任子》冠《四明叢書》首，更據其所考訂者題於後，凡馬氏從《北堂書鈔》、《初學記》、《太平御覽》輯得者皆刪之，而錄其存於《意林》者，蓋碎玉斷圭，與其贗而多，毋寧真而少也〔註18〕。

　　惟有對作者及其著作詳加比對，方能芟蕪存菁，傳其善本。又於〈鼠璞序〉，辨析作者戴埴究為何處人士？言：

　　　　仲培戴先生學行世或尟知者，獨《鼠璞》一書著錄清《四庫》及《百川學海》、《格致叢書》，顧未知其為吾鄞人也。淵雅如錢竹汀修鄞縣經籍一門，亦漏脫焉。余讀陸氏《儀鄭堂題跋》，更證諸王伯厚《桃源世譜》，恍然於相傳為桃源人者，即吾鄞之桃源鄉人也〔註19〕。

〔註17〕〈四明叢書第三集後序〉，《約園雜著》卷五，頁29。
〔註18〕〈任子跋〉，《約園雜著》，卷三，頁4～5。
〔註19〕〈鼠璞序〉，《約園雜著續編》，卷二，頁21。

〈范文正公年譜序〉言：

　　……蓋寢玫媿先生爲公年譜頗詳密。公近呂夷簡事歐公，作墓志述記最眞，今傳本已逸，蓋出堯夫刪節。而此譜記之殊詳，則宋代黨禁之史實也。余既取此譜校刊之，復刺取公軼行載之篇端，以見事功必原於學術，學術必原於師承也。至《年譜補遺》稽諸清《四庫存目》謂不知何人所作，而元天曆戊辰，范氏歲寒堂刻本已著之，且有八世孫國攜識於《年譜補遺》之後，是爲天曆以前之作，可無疑也。明萬曆戊申毛一鷺刊范集竟題曰：「毛一鷺彙編」，其冒焉可知，且毛一鷺，魏閹黨也，張溥作〈五人墓碑記〉，所謂大中丞撫吳者，又曰吳之民方痛心焉，即斯人也，何得以其名污文正乎〔註20〕？

遇有缺者，即加以鈔補，求其完備。於〈搗庵存稿序〉云：

　　昔在燕也，有書賈來，雜攜吾鄞光緒間修志稿本，中有蕙江樓鈔本《鄞志稿》，前後無序跋及作者姓氏。考諸志乘，乃知及先生與志局不合所私著《鄞志稿》者是也。爲之欣快，然猶未得先生詩文稿爲憾。遂丙寅（按：民國十五年，1926）歸仲弟之喪，彳丁顧里東門街於三余書店故紙堆中又得先生存稿八卷。雖刻本而流傳不廣，得之益喜。即將與《鄞志稿》並看，詳爲排比：志稿闕列傳卷六至十。遍詢里人，無可補者。適奉化孫君鶴皋曰：「欣得先生手錄《鄞志稿》本。」壽鏞趨往觀之則先生親筆也，果有卷六至十。於是借歸補之，闕者始全。同付諸梓〔註21〕。

序跋之中除對作者之考訂外，亦往往流露出其誠於中而行乎外之仁者情懷。於〈續騷堂集序〉云：

　　壽鏞蒐輯鄉書，於吾鄞萬氏三致意焉。丙子（按：民國廿五年，1936）春，既瞻謁白雲莊，越歲，萬布衣祠成，集鄉人而落之。壽鏞先爲之記，更展拜其墓，時萬氏後裔有自杭來者二人焉，皆誠篤君子也。客更詢壽鏞所得萬氏書告以實群，嘆十世勳績與七代文章相輝映，異日倘彙合之爲萬氏家集，豈不偉哉？壽鏞唯唯考萬氏自鹿園先生承四忠、三節、一義之後，開文章、節義、理學、經學、史學之先，其子達甫字仲章，有《皆非集》；孫邦孚，字瑞巖，有《一支軒吟》，皆詩也。今更得《續騷堂集》，爲悔庵先生作，先生嗣音一枝，而啓牖八龍者也，亦越四世矣。

〔註20〕〈范文正公年譜序〉，《約園雜著》卷五，頁10。
〔註21〕〈雪交亭正氣錄序〉，《約園雜著》卷四，頁28。

益之以充宗、允誠、季野兄弟爲五世，管村授一爲六世，開遠爲七世，
此就著述流傳言之。若其人足爲世法而其書無可考者更多。即如斯集依
會稽孫氏德祖序言第一葉，截兩行當集名一行，作者名氏一行，楷則端
嚴隱秀，當是先生眞蹟。自序所云：手錄存之，不敢示人者，蓋隱晦聽
之天焉。然《續騷堂集》，李杲堂序之，履安先生詩，黃梨洲序之且曰：
「《續騷堂》、《寒松齋》、《粵草》皆遭亂以來之作也。」今徵全謝山《續
甬上耆舊詩》選萬戶部詩凡三百九十二首，始之以斯集，終之以《粵草》，
其中間則爲《寒松》可知也。嗚呼！……自甲申迄丁酉十四年中，先生
義聲震天下，所不可奪者大節耳，束身頹垣破壁之下，寄跡儒衣僧帽之
間，心病難醫，世亂誰恤？即景生情，呻吟澤畔，既哭亡友，更救良朋，
情之所至，縱蛇漢水釋狼中山，杲堂謂之曾不自悔者，而晚號悔庵，雖
悔之而人知先生之失於厚，故無損於君子人也〔註22〕。

對於萬氏一族，先生所敘言簡意賅，而於悔庵其人亦無溢美之詞，序言提供
可觀之史料，不僅掌握萬氏家族之脈絡，對於將來撰寫族譜亦有其採用之價值。

（二）敘述校讎原委，洞悉典籍本源

〈范文正公年譜跋〉記載年譜之版式行款，言鏤版以傳不朽之時代及版次，
條理清晰，助讀者知其脈絡。言：

（前略）……自乾道而淳熙而嘉定，實一刻而再修，天曆亦從此出，
故行款未變。《文正集》，宋刻傳世者，自《丹陽集》之外，蓋皆江西刻
矣。余於己巳冬得宋刻《范文正公集》，即第三次嘉定重修本也。其別集
四卷，取與張冷僧贈我影寫清宮舊藏宋刻本校對，斷板爛字一一符合，
殊可寶也。……（中略）毛一鷺於萬曆戊申爲松江府推官時曾編刊范集，
伏跗室所藏《年譜》及《年譜補遺》爲毛刻全集之零種。毛刻於《年譜》
第二行題重校而重校云者，既謬誤百出。於《年譜補遺》第一行竟題曰
彙編，且直冒他人著述爲己有。余刻文正公年譜，先見者爲毛刻本，嗣
取康熙歲寒堂本勘比之，錯訛甚多，一一校正，而《年譜補遺》一卷定
爲天曆以前人士所作抑或即爲玫瑰所補，未可知也。何物一鷺敢冒而取，
余因序文正年譜既發其覆，更就《范文正公集》刊刻之先後，及余得宋
刻之可寶，與夫邵亭所考者更詳言之，以見欺世盜名者，日久必敗，而

雛校之學不能不盡心焉〔註23〕。

於〈雪翁詩集跋〉言版本之由來，並論及勘校之過程：

余得《雪翁詩集》於張君冷僧，冷僧得之於魏君友枋。友枋，雪翁之後裔也。鈔本自序既題雪翁，而昔賢堂均作雪巖堂，與相傳作昔賢堂者異。然詩集中詠昔賢堂者亦屢見，今仍其名曰雪翁，《詩集》，惟昔賢堂作雪巖者爲之更正。取伏跗室鈔本更參以《甬上耆舊詩》校補之，而忻君紹如復得謝山選耆舊詩，採錄之原本五言古一卷，互相斠勘，益臻更審。紹如復告余曰：「謝山撰〈萬編修經神道碑〉有云：『雪竇山人之集爲人所得冒，以爲先人之作。』公購而正之，並訪其南屏埋骨之所，詳《鮚埼亭集》，然則是集之存，固由魏氏後裔珍藏弗失，而九沙當日鄭重鄉邦文獻，收拾先烈著述與遺骨並重，其功亦不可沒矣，因表之。」附錄一卷，馮君孟顓輯也。憶癸亥（按：民國十二年，1923）余在杭州既得斯鈔，即囑陸君鼎元謄寫副本，復倩譚君景綸細校，藏度幾十年矣〔註24〕。

先生於欣喜獲《雪交亭正氣錄》寫本時，即發現其錯簡既夥，即補正其闕誤，言之：

余既獲何氏樹崙寫本，讀而喜之，訛奪錯簡觸目即是。因與馮君孟顓共爲雛校，補目於首，亟刊布之。此本爲隱學未定之稿，即其書名復多不同，獨《續甬上耆舊詩》作《雪交亭正氣錄》十六卷。謝山曾見手稿，故今從之，佚卷脫簡均仍其舊。隱學自序題歲丁未，距其歿歷二十有四年，厥後滇中海上諸死事者亦當在甄錄之列。謝山原編十六卷者，今以闕其四，而所未必有續集者，更無從訪求〔註25〕。

又於〈石園文集序〉曰：

季野先生以史學名世，故求其詩，古文辭則不易得。客冬，馮君孟顓忽從邑中文獻會得先生遺稿二冊出，《群書疑辨校讀錄》入已過半，未刻者惟《卦變考》、《宋遺民廣錄訂誤》及書序、紀傳十五篇，詩亦並見。謝山《讀耆舊傳》未錄者祇五章，其載見全傳爲此本，所無者六章，因補入之〔註26〕。

〔註23〕〈范文正公年譜跋〉，《約園雜著》卷五，頁 12。
〔註24〕〈雪翁詩集跋〉，《約園雜著》卷四，頁 19。
〔註25〕〈雪交亭正氣錄序〉，《約園雜著》卷四，頁 28。
〔註26〕〈石園文集序〉，《約園雜著續編》卷二，頁 35。

　　先生堅持「言必有據」之治學態度，體現《叢書》編纂之宗旨，「每刻一書必取諸善本參校，互異之處，擇善而從。」無論於作者之考訂，或錯簡訛誤之辨證，或輯補資料之詳審，先生均苦心經營，爲求善本，爲求內容完整，多方奔走，訪求各種版本，經過精心比對、讎校，從中發現差異、損減，進而增補使其完璧，此爲辨章學術之基礎功夫。

（三）論述典籍流變，提供刊刻善本之來源

　　版本之學，自乾嘉以還之學者，「咸視爲身心性命之事〔註27〕。」又張之洞亦言：「讀書不知要領，勞而無功；知某書宜讀而不得精校精注本，事倍功半。」於孫玉仙先生手校《剡源集》言：

　　　　此書爲玉仙師依據各本一一題綴於上下方，鉅細無遺。而於何義門所校讀者述之尤詳，皆迻錄於郁氏宜稼堂本者也。郁刻全依萬曆辛巳本，而萬曆本，黃蕘圃曾以何氏本校過，亦有數字未校出，余用紫墨補校於此。黃蕘圃又見周漪塘藏本，諸爲玉師所未見。玉師棄世久矣，丁丑（按：民國廿六年，1937）夏，余有事於杭州，書估忽以此書來售，余見之悵然，遂以百二十番購得，他日有重刻《剡源集》者可此爲底本，更參以黃校，庶乎無憾矣〔註28〕。

〈補歷代史表序〉中即以歷史年表之撰述，述其流變及其異同者。

　　　　萬季野先生撰《歷代史表》，證諸李杲堂序憾《後漢書》無表之說，其初固自東漢始也，然亦謂之，凡六十篇。而黃梨洲則概括言之，曰：蓋二十一史多無表，乃悉從而補之，得六十卷。李序作於丙辰，黃序作於康熙壬申，相去十六年。李先黃後，朱竹垞之序與梨洲同年作，亦曰：取歷代正史之未著表一一補之，凡六十篇。益以《明史》表一十三篇，云：「《浙江書錄》曰：今本共五十六卷，與朱序未符。」蓋《明史》表從未出，而所云六十篇者，或分合，有異同耳，此說誤矣。壽鏞未見五十六卷本，清《四庫》所收五十三卷本，非完書也，豈獨五十三卷本非完書，即廣雅局刊五十九卷本，亦非完書也。考廣雅本五十三卷以前悉依初刻本，自五十卷起至五十九卷止，增吳將相大臣年表……凡六卷，

〔註27〕葉德輝，《書林清話》卷一（台北：文史哲出版社，1990），「古今藏書家紀版」條：「蓋自乾嘉至光宣百年以來，談此學（即版本學）者，咸視爲身心性命之事，斯起長恩有靈歟？何沉瀣相承，不絕如是也。」頁7～8。（總頁37）

〔註28〕〈孫玉仙師鏘手校《剡源集》〉，《約園雜著三編》，卷一，〈批校本藏書題跋〉，頁11。

與李黃朱三序僅少一卷，似若完書矣。今先生遺稿之藏於伏跗室主人馮孟顒者，更有前漢將大臣年表、……金將相大臣年表，衍慶宮功臣，皆廣雅本所未刊也。於是壽鏞恍然於黃朱二家之序言，所謂慨二十一史多無表，與取正史之未著一一補之者，既相符。而清《四庫》謂其南唐、南漢、北漢、閩、蜀不當關者，閩以外固未嘗關也。且如前漢，如唐，如宋遼金莫不補之，於是為完書，而諸疑可釋矣。至李序云云者，則先生著書有先後，其入手固自東漢始，杲棠之卒也在庚申，距作序纔四年耳，黃朱二序已不及見，遑論後出之書乎，其謂之六十篇，意其中如唐宋諸表或先成之未可知也。抑考先生康熙壬午四月歿於燕京，距壬申又復十年，其後出之書，雖黃朱作序之日，故猶未見，更不必強求六十卷之合矣。遺稿中如吳將相大臣表與廣雅本不同，南唐將相大臣表、後蜀將相大臣表稍有異同，蜀將相大臣年表及北漢將相大臣年表則一一相符，均不再刻而就未刻者詳為校勘，釐訂為十四卷刻之且辨證如之，此斯表原曰《補歷代史表》，後人刪補字，今仍昔之名，亦借以補前之關也，合五十九卷本，讀之可矣〔註29〕。

據案頭資料，以尋根究本，若非網羅多富，執諸本一一比對，則何以改正舊說以符史實。又於〈會稽典錄序〉言：

談會稽掌故者，莫古於《典錄》，顧其書不傳於今，而時時稱引於它書，裴松注《三國志》述之尤詳。壽鏞嘗以叔寧著《晉書》五十六卷既不可得，而湯氏求輯其殘佚得一卷，竊欲師其意，商諸馮君孟顒，則以原書體例茫然，未悉其緒，雖從事而猶未敢自信也。孟顒忽於浙江圖書館目見有輯本《會稽典錄》二卷，即馳書錄副以示壽鏞，且曰：「體例極善，勝於其自編者實多。」壽鏞因讀之，凡它書稱引者略備，尤重在人物體例，較湯氏輯《晉書》為精，與陶氏《說郛》所錄，竊全書之名，而寥寥數紙者相去遠矣。考乾隆《餘姚志》云：「《會稽典錄》二十四卷，明初尚有完書，今失傳。」夫以二十四卷之書納之於二卷之中，西爪東麟彙成一帙，若復其初者，然吾知其難矣。雖然此特人物之七十二人耳。叔寧之作其談山川景物、朝章國故，更有其粲然者在即，人物亦不止此，安得一一蒐集之以成完書乎？宋熙寧閒，孔郎中延之編《會稽掇英總集》，自漢迄宋，凡得銘志歌詩八百五篇，大都由搜巖別藪而來，於《典

〔註29〕〈補歷代史表序〉，《約園雜著續編》，卷五，頁21～22。

錄》僅錄采朱育之對，餘未及焉。豈《姚志》所云，《典錄》明初尚有完書，未可信也。或孔郎中好詩文而略於典故耶？學者宜求眞古書，而眞古書不可多得，得其一二矣，烏可以其少而忽諸〔註30〕。

又譚復堂手校《意林》云：

> 世行《意林》皆五卷本也，雖周勤園廣業注者亦五卷，此爲冷僧示我者。余壬戌（按：民國十一年，1922）重司浙計，張冷僧宗祥長浙教育，於圖書館最盡力。此書失而復得，復堂所校依據周勤園注者爲多，尚不足奇，最可貴者，即此六卷之本，凡《意林》缺目，賴此以全。復堂所謂：「然後爽然於戴叔倫裁成三軸之序言者是也。」余因將校文屬弟子湘人喻民可超錄於湖北局刻之上，而《意林》卷六照宋刻全本補者，並王晚聞宗炎記，楊調元識，李遇孫、汪遠孫、嚴可均、繆荃孫跋以及單丕識，冷僧識盡錄之，附於局刻本《意林》，宋本之源流可以考見矣〔註31〕！

或於作者之考訂、或詳校讎之原委、版本源流、或闡述典籍流變，先生皆翔實記錄，務求所言皆俾於學者之研讀，引導治學之方法。

二、啓發治學之途徑

先生之序跋內，有其讀書之心得，短短數十字內，循本溯源，引導治學之門徑與步驟，不致盲目摸索，浪費時間。於〈史略跋〉云：

> 《史略》六卷，宋高似孫撰。《古逸叢書》依宋槧原本刊，原本存日本博物館，不知地震後尚存在否？高氏《子略》，清代《四庫全書總目》載之而不言別有《史略》，賴日本文庫收藏而存，楊氏《經籍訪古志》既稱其文辭簡約，引據精核，多載逸書，實爲讀史家不可闕之書；而跋語則又謂此書遠不逮《子略》、《緯略》，且云據其自序成書於二十七日，宜多罅漏，然史家體例略見於此矣〔註32〕。

南宮靖一《小學史斷》跋，先生提到：

> ……余寶是書久矣，歲壬午（按：民國卅一年，1940）見適園張氏鈞衡所藏宋本爲黃蕘圃舊物，有嘉慶十年（1805）九月跋，又有道光丙戌（1826）秋，琴川張蓉鏡芙川氏誌，因以宋本一一與嘉靖張刻本對勘，

〔註30〕〈會稽典錄序〉，《約園雜著續編》，卷五，頁7。
〔註31〕〈譚復堂獻手校《意林》〉，《約園雜著三編》，卷一，〈批校本藏書題跋〉，頁8～9。
〔註32〕〈史略跋〉，《約園雜著》，卷三，頁11。

校於是書之上，然宋本雖有誤者，而實勝明刻遠矣。爲宋以後晏氏所續者則無可校耳。此書不獨爲初學讀史之津逮，及精於史者亦宜迴誦一過，庶得史學之正統，故余樂爲之手校焉〔註33〕。

《宋史記》，於該藏書題跋中得知：

> 余於庚辰（按：民國廿九年，1940）冬，因弟子王瑗仲、蓬常之介，謂王損仲《宋史記》稿本有人攜至唐蔚芝先生所，如欲購得非八百番不可，余爰以瑗仲商定分兩次付款，全書於是歸我矣。夫《宋史》繁蕪，昔人言修者屢矣。然天下幾遷，固雖以新舊《唐書》、新舊《五代》之比較尚不能無短長之辨，況非宋歐其人乎？顧有大志者挺身而出，得失是非自認之，成爲一家之言，則津逮後學，增益其見聞而參證其事蹟，斯其功烈又焉可沒哉。然則損仲之書斷宜公之於世，矧採拾於舊聞私史者極多，而凡例所言固有獨到之處也，謂宜由政府筋中央圖書館校刻之，庶不致久而使其稿飄零焉〔註34〕。

先生爲一史學家，對於史籍之擇選及考訂具有獨到之見地，於《史略》中，言其雖成書倉促，然史家體例可見，又其文句簡約，引據精核，誠史家不可或缺之典籍。而於《小學史斷》中，將其版本缺失一一校勘，讀後以「此書不獨爲初學讀史之津逮，及精於史者亦宜迴誦一過，庶得史學之正統。」勉讀史者不可不精讀之。而於儒學宗派，孔子論儒有君子、小人之分，萬氏言君子儒明道，小人儒矜名，先生明白萬氏之用心矣！於〈儒林宗派序〉云：

> 萬季野《儒林宗派》十六卷，上斷自春秋迄於明季，以孔子爲宗，詳其承傳，著其流別，顧乃旁及老莊申韓，論者或病不知學案宗傳，諸書之失正在此。……今觀所錄諸人，志在明道，致治一也。所詣有高下淺深，則各視乎其人，要其折中於夫子，皆可以無憾矣焉。至如師承宗派，其章章不可掩者也，門戶異同之見存斯，所謂陋矣。一貫之爲聖門之宗傳也，聞而悅之，風氣之會也，直接其傳，曰師承，慕而宗之，曰私淑，宗派之說實兼斯二者，於是萬氏此書該之矣，非是無以明聖學之有統，即非是無以見聖人教澤之廣，萬派千流歸宗於海也，覽此書者，

〔註33〕〈手校宋南宮靖一《小學史斷》〉，《約園雜著三編》，卷一，〈批校本藏書題跋〉，頁4。

〔註34〕〈《宋史記》二百五十卷〉，《約園雜著三編》，卷二，〈明鈔、精鈔本、稿本藏書題跋〉，頁6。

不當以讀學案宗傳諸書者讀之，庶幾其有得於作者之心焉〔註35〕。

讀書宜求作者心意，剖析立論重點，非人云亦云，爲一聲謷。先生於〈安晚堂詩集序〉云：

> 余曩讀《安晚集》，因頗究其立身行事本末，《宋史》極稱之，至有小元祐之目，甚矣！阿私之危害後世，史筆之難信也。當宋之世其苦外患久矣，僥倖而有偏安之局，亦久而後亡耳，故卒與外患相終始，是猶久病屢弱之軀，將養之不及外邪？時復侵之逐漸入於膏肓矣。試觀寧理之世，尚成何國家，又奚論寧理以後，種蘗芽於數十百年之前，一旦潰壞於今日，今之枋國者乃不幸而代前人盡受其過，此余於安晚猶有可原，書板幾燬，勿復存者也，近復取其詩讀之，頗怪漁洋竟施多禪語之論，或又謂其近似香山，其實皆未有得於安晚也。夫詩之爲學，《虞書》十二言盡之矣，然在後世久已析爲二派，顧讀其人之詩，即其人之志行，十可八九，得則不誣也。漁洋推近世詩宗，然其工力悉耗在詞中，依永和聲，黍米不失，即其思與志終不能不爲所屈矣。夫僅託於言志，固往往失其爲詩，徒耗工力於詞中，即亦失其所以爲詩之誼，然則如漁洋者，其弗能有得於安晚之詩也，固宜至如香山，其與安晚亦爲異曲，所遭之時與地固弗同也，雖然安晚亦嘗耗其工力於詞中焉。今其詩猶有約略可窺者，徒以雅善蘊藉勿使人已難窺，即其力身行事亦多用此術，觀其相業可知焉〔註36〕。

三、錄載近代學者之事蹟及著述成果

《四明叢書》收書多近代人物著作，先生於序跋中，除記載人物生平外，也記錄不少近代學者之事蹟。如〈吞月子集〉云：

> 顧謝山先生謂先生（毛聚奎）詩古文詞皆崛奇，其宗人不能爲之收拾，竭力求之卒未得，乃余小子竟得之，其喜何如！爰就舊鈔略微編訂，分爲三卷，益之以《續耆舊詩》所輯詩二首，《甬東正氣集》所載〈異獸傳〉，即〈孽狐傳〉也，凡文七十五篇，詩六首，忻君紹如、馮君孟顗爲校勘，付梓以傳吞月子之文，庶乎爭光日月矣〔註37〕！

所載爲彰顯忻紹如、馮孟顗等人之校勘成果。馮孟顗於輯編《叢書》，厥功甚

〔註35〕〈儒林宗派序〉，《約園雜著》，卷五，頁25。
〔註36〕〈安晚堂詩集序〉，《約園雜著三編》，卷六，頁3～4。
〔註37〕〈吞月子集序〉，《約園雜著》，卷四，頁27。

多，除協助先生校勘外，更提供其藏書、輯佚書等，充實《叢書》之內容。先生於序跋中經常流露出對馮孟顒盡心協助之感謝。如於〈楊氏易傳跋〉云：「余得之大喜，因命梓人一一重修，並刊其校勘語以誌孟顒讎校之勤且精焉〔註38〕。」

於陳漢章《孔賈經疏異同評》，先生於序云：

> 昔馮山公送萬季野之京師序云：經術之亡，不亡於厭薄者，而亡於緣飾者，然尚賴世有老師大儒，窮年樸學，心知古人之意，行己尺寸，而特惜其抱雌節而不鳴於世也。壽鏞於象山陳伯弢亦云：伯弢今世之老師也，不幸死矣，豈惟壽鏞有交游零落之感，而當風俗敗壞，士有市心，緣飾為工之日，失此宿儒，更安得不為斯世惜哉！伯弢著述甚富，他日輯學堂，鉅著風行天下，其學傳而其人不死，故不必為故人悲。獨念壽鏞自始輯鄉書，伯弢示我四端：一曰甄錄，二曰蒐輯，三曰彙編，四曰辨訂，累千數百言，俾遵而循之。洎後刻先公《困學紀聞補注》，馳書請讎校，伯弢一一勘比，使無毫釐之差，其意尤可感也。積年往返，遺墨俱存，所以策勵壽鏞者備至，風義在師友之間久矣。每有所得輒以相告，如象山《明應侍郎遺集》、《姜白巖生生遺著》是也，今皆未及見而遽死矣。嘗云：向年於學案校補頗多，如見王氏書可以無作。壽鏞刻王膁軒先生《宋元學案補遺》成而伯弢亦不及見，此則益為悵然者也。伯弢有子，而弟子著籍者尤眾，其遺書之流布自有任其責者，且非一鄉所得而私也，然往者嘗以輯學堂經部《孔賈經疏異同評》與史部稿《歷代車戰考》畀壽鏞矣，因取《孔賈經疏異同評》刻入《叢書》第七集，而以〈選刻鄉書商榷書〉附之，是區區者何足盡伯弢顧，其窮年樸學於此可見，且聊誌吾兩人夙昔相與之雅云爾〔註39〕。

陳漢章（1863～1938），浙江象山人。為歷史學家，於北京大學任歷史教授，達十六年。著有《中國通史》、《孔賈經疏異同評》等。於輯編《叢書》之始，即以〈編輯四明叢書商榷書〉與先生商討，先生本其言，收穫頗多。

〈容膝軒詩文集序〉云：

> 王友萊先生，父執也。壽鏞自弱冠時望見顏色，而以未能親炙其道德文章為憾。雖然嘗聞諸先君子矣，先君子曰：「吾儕好學，無有如友萊者，友萊能拒人之所不肯拒，能受人之所不能受，性好靜，豪華之地固

〔註38〕〈楊氏易傳跋〉，《約園雜著》，卷三，頁11。
〔註39〕〈孔賈經疏異同評序〉，《約園雜著續編》，卷五，頁29～30。

避之。若浼，即相得之師友同居一城。……」夫先生之所述悉中今日學者之弊，故先生之文典雅詳贍，而一歸於清正，且以文傳人，以人傳事，以爲文非虛作，則萬季野之用心也。乾道以後，慈谿鄭氏喬遷或可與匹，他無能及也。以其學言泛覽於經史，尤精於《漢書》，既補注之而心以爲未足，然已行世矣。其於鄉先生之書，尤拳拳思有以網羅之，即如《曹放齋詩說》，嘗先壽鏞而輯之矣；沈端《憲家集》五卷，嘗惜其書不傳，僅得其規，友人詩云：「爲學未能識向背，讀書萬卷終亡羊。」已大可見師門宗旨，而壽鏞幸輯有《定川遺書》，倘亦先生之志乎。嗚呼，聞道有早暮，壽鏞何人，何敢言聞道，而先生之聞道先於壽鏞者，乃得承其緒焉，不大幸乎哉。……壽鏞以斯文如星辰日月，宜常照耀於世，於是滌庵會合親朋，肩任傾資十萬以上，重刻之，是足慰先生於九原〔註40〕。

　　又於《叢書》收錄忻紹如《鶴巢文存》、趙萬里《宋本樓鑰玫媿集校記》等，皆足以表彰近代學者「學以載道」之爲學精神。

四、載風俗民情、地方掌故

　　地方掌故、風俗民情，最能表現地方特色，引人入勝。《四明叢書》中雖大抵以「見吾鄉世家忠義之盛」爲主要內容，以儒家傳統忠孝節義之事蹟爲收書之標準，然對於地方之特色，先生亦十分留心。於全謝山《句餘土音》言：

　　　　全謝山《句餘土音》序中述吾鄉詩社之源流，由宋元祐紹聖間以迄有清之初，既詳且備。而土音之作乃於同人，爲眞率之約，有感於鄉先輩之遺事多，標其節目以爲題，藉志枌榆之掌故也。

　　不僅保存四明地區詩社之源流，並有土音之作，裨益於瞭解當時四明地區語言發展之情況。又《會稽典錄》云：

　　　　談會稽掌故者，莫古於《典錄》。……叔寧之作其談山川景物、朝章國故，更有其粲然者在即，人物亦不止此。

　　劉知幾《史通》言：「郡國之記、譜諜之書，欲矜其州里，誇其士族，如江東五俊，始自《會稽典錄》。」足見《典錄》於記載當時州里、士族之詳細。其他如《寧波府簡要志》、《四明他山水利備覽》、《甬上水利志》、《四明山志》、《四明古蹟》等，均記載四明地區之地理形勢，對於瞭解該地區之各種景致有其脈絡可尋。〈昌國典詠序〉云：

〔註40〕〈容膝軒詩文集序〉，《約園雜著三編》，卷六，頁9～10。

道光中，上元朱氏述之撰《昌國典詠》十卷，凡山峰、巖洞、石塘、地城、鼉洋、礁港、潭浦門灣、池州閘……與夫短蓬、鼎漏、白鹿、鳥蝎、鶯醬、章舉……紫菜、瓦瓏、柱海扇之屬，以及亭堂、樓宅、山房、齋軒、舍處、祠廟、觀寺、墓處無所不詠，都爲七言，詩二百二十有一，嗚乎可爲詳贍典實也已。世或鄙歌詠小道，余覽此編爲喟然久之，古者學無不切於世用，故無無本之學，無無用之書，山川地理，《尚書》以之風俗習尚，《三百篇》以之物產土宜，《周官》以之人物臧否，《春秋》以之運其思以效於用，變化無方，唯適之宜者，尤大易之妙用也。此編雖小道，可以見大用焉〔註41〕。

先生對於讀書致用一事，於此小道可盡觀矣。雖言小道，必有可觀者。地理風俗，足以見一地之人物、物產，尤以地方掌故、風俗非親身經歷者難以翔實，所謂「讀萬卷書，行萬里路」，《叢書》所輯者，多足以瞭解該地區人文特色、地景風俗，爲後學研究當地之歷史、文化等沿革提供完整資料。

五、提供研究壽鏞先生學術思想與生平的資料

壽鏞先生爲一博聞強記之學者，其於歷史、經濟、朝章典故、版本、目錄等多種學問，都深有造詣。於《四明叢書》收書之序跋中，有其治學心得，不僅可藉此探討其治學態度與方法，亦爲將來作傳記、年譜或編年表、編學案等之重要資料。

先生治學不硜硜墨於一家，對學術問題力求獨立思考。於〈范文正公別集跋〉中曰：

《文正公集》二十卷，外有《別集》四卷，此爲吾友張冷僧印宋刻手抄以贈余者也。所謂宋刻，乃清廷天祿琳琅所儲之書。庚午（按：民國廿九年，1930）夏，余得《范文正公集》二十卷於鎮江，取以與冷僧所抄者勘此（比），雖殘缺之，花紋一一符合，以爲余所得者應爲宋本，而冷僧所依鈔者，即源於是，況有天祿之書可徵者乎？嘗邀冷僧縱論，喜而不寐。越十一年，辛巳（按：民國卅年，1941）爲公家訪書，見有元天曆戊辰歲守堂刻本《文正集》，因與余得諸鎮江者及冷僧手抄者互勘之，又無不合，疑怪者數日。及細檢所謂宋刻本者，蘇軾敘之後，而有挖改痕跡。蓋天曆本於蘇敘後有「天曆戊辰改元襃賢世家重刻于家塾歲

〔註41〕〈昌國典詠序〉，《約園雜著續編》卷五，頁 22～23。

寒堂」篆字木記，而冒宋刻者去之者也。以此知天祿所藏，冷僧所藏者并爲元本矣。甚矣，辨別校本之難也。然元刻初印，於今亦已難得，冷僧鈔寫之精尤爲可佩，而書賈作僞之巧，可惡亦可奇也〔註42〕。

雖欣喜於所得，然幾經考校，越十數年方定其眞僞，無怪乎先生感嘆於「書賈作僞之巧，可惡亦可奇。」縱使爲天祿琳琅所存，亦不免爲僞作，一經辨正，先生對於藏書年代之勘定，更爲謹愼。一如段玉裁嘗言：「校書之難，非照本改字，不訛不漏之難也，定其是非之難。」〔註43〕足以見識先生嚴謹之治學態度。又於〈寧波府簡要志跋〉中論及明代黃潤玉取楊實成化本《四明郡志》刪改而成，楊次莊未見其書而循戴說，先生取《楊志》與《黃志》對勘之，具有十證之誤，駁斥戴、楊二家對於《寧波府簡要志》乃節刪成化志而來之謬說，可見先生對於版本之用力甚深。先生言：

> 兩志相校獲此十證，雖其記載詳略之處互有異同，而《黃志》體例明皦，紀載謹嚴，自勝一籌，徒以意存簡要，遂不免有去取，且出書較後又經其孫存吾續有所纂，至後人疑其節刪《楊志》而成，試取兩志合觀，即可知此說之不碻，或爲兩志告成年月相距無幾，各不相謀，先後成書如服鄭之注，左傳其先例也〔註44〕。

又《四明叢書》深具振奮愛國情操之作用，誠先生以「國家興亡，匹夫有責」，故於序跋中多能窺見先生耿直之個性與其思想理念。〈宋季忠義錄序〉：

> 元有天下未及百年，朱明突起，除而去之，光復舊物，設無漢奸，明豈能亡於清哉？而明之亡，忠烈亦不減趙宋。余讀史至宋明亡國之際，未嘗不廢書太息，亡國之難，死事之眾，蓋未有如二代者也。然夷考事實，秦檜、賈似道之徒，誤國之罪誠已昭昭，及張世傑、陳宜中輩，國方多難，意見紛歧，所剩止一死耳，此亦文山所以不拜相，痛心疾首於無可如何者也。若夫關懷國族，遯隱終身，謝豹花開，戴勝芋熟，誼則高矣，志徒悲耳。故余讀萬氏《宋季忠義錄》，嗟歲寒之不幸，又未嘗不掩卷太息而發憤也。雖然宋亡矣，而留此忠義彪炳千秋，則宋爲不亡，吁其可敬也〔註45〕。

〔註42〕《范文正公別集》，《約園雜著三編》，卷二，〈明鈔、精鈔本、稿本藏書題跋〉，頁28。

〔註43〕段玉裁，〈與諸同志論校書之難〉，見《經韻樓集》卷十二。

〔註44〕〈寧波府簡要志跋〉，《約園雜著》，卷五，頁23。

〔註45〕〈宋季忠義錄序〉，《約園雜著》，卷四，頁30～31。

先生「言之有據」之治學態度，忠肝義膽之精神，讀者可由序跋中抽絲剝繭而得。先生爲《四明叢書》所收書所撰寫之序跋，除敍述校勘經過、版本源流等，其篇篇皆蘊含著無限哲理，不僅提供後學立身處世之準繩，亦爲探究先生學術思想閫奧之所在。

一般叢書之序跋，大抵有「無」、「偶有」、「大部分有」、「全有」等情況〔註46〕，然而鮮少有「全有」序跋之叢書。《四明叢書》著錄各書之序跋，可以「全有」稱之，誠以先生用心於鄉邦文獻之蒐集，貢獻全副精神於編刊《四明叢書》，而該書有「地方叢書翹楚」之美譽，絕非虛名。

綜言之，《四明叢書》收書涵蓋廣遠，網羅清廷禁燬之書籍、保存史傳不見之歷史人物、廣收他書不見之年譜文獻，不僅表彰先哲，且發揚鄉邦文獻之精神；而於各書之序跋中又可見先生對於目錄、版本及校勘學之專研，提出之心得及治學方法足資典範，又載錄近代學者之著作與事蹟等蔚然可觀，爲後學提供豐富之研究材料，更爲研究鄉邦政治、文化、歷史、風俗民情等最爲可貴之資產。

〔註46〕林照君，《郡邑叢書研究》（台灣大學中國文學研究所碩士論文，2001年）第四章〈郡邑叢書的特色與價值〉中提到：編者所寫的各書序跋可以讓我們瞭解編者之用心，一般而言，若附有《四庫全書總目》，編者的序跋往往簡略，甚或沒有序跋。台灣可見的五十五部郡邑叢書中，其編者序跋有「全無」、「偶而有」、「大部分有」和「全有」等情形，內容則有「編刊過程」、「該書簡介」、「版本源流」、「校正辨僞」、「作者生平事跡」、「所據版本」、「心得感想」等項目，尤其是書評、目錄版本、學術觀點、其他見聞等，都是其他本子未必能提供給讀者的東西。又說：所收書全部或大部分有序跋者，有《浦城遺書》、《臺州叢書》、《嶺南遺書》、《涇川叢書》、《金華叢書》、《永嘉叢書》、《檇李叢書》、《紹興先生遺書》、《常州先哲遺書》、《京口掌故叢書》、《橫山草堂叢書》、《吳興叢書》、《金陵叢書》、《雲南叢書》、《豫章叢書》、《虞山叢書》、《關隴叢書》、《黔南叢書》、《屛廬叢刊》、《續金華叢書》、《敬鄉樓叢書》、《四明叢書》、《關中叢書》、《廣東叢書》等。其中又以《嶺南叢書》、《永嘉叢書》、《紹興先生遺書》、《常州先哲遺書》、《吳興叢書》、《敬鄉樓叢書》、《四明叢書》、《關中叢書》等的序跋較爲突出，對讀者爲學的幫助較大。

第八章 結論：時代之見證、文獻之衛士

　　張壽鏞先生一生爲國家效力，少壯時，全副精神輔助國家財政，辭政之後，執著於辦理光華大學，講學、著述，畢生心血貢獻於大時代中。早歲躋身於仕途，掌理國家財政，於內憂外患之際，堅決以人民生計爲要，精心擘劃財政藍圖，步步爲營。其後專心教育，栽培人才，並以刊刻《四明叢書》爲己任，以凝聚地方人民之向心力，喚起民族意識，此等作爲皆務祈國家於動亂之中，仍能奮力向前，圖民族之延續。

　　時代巨人，見證歷史。

　　先生個性耿直，是非分明，服膺於陽明學說，以「知行合一」、「致良知」爲畢生奉行之圭臬，並言：「一生爲人不蹈小人一途，皆陽明先生之學之賜也。」於宦途以改革財政爲百務之根本，提出以「多闢源、輕賦稅」、「賢有司、懲貪污」、「重改革、莫急促」及「勤溝通、幹實務」等方法及觀念，期官吏潔身自愛，以革新舊習，期百姓樂於配合，以裨益國家政策，穩固邦本。於教育事業，其主張廢書院，興學堂，以「學傳身不死」爲教育理念，故於五卅慘案發生時，旋與王省三，捐地、籌款，創辦光華大學，誓言收回教育權，誠中國教育史爲民間辦學之模範。

　　注重精神教育，爲先生辦學之方向，除訓練合於時代要求之新青年，尤重於「成德教育」之養成，特以「知行合一」爲光華大學之校訓，期使學生貴於實踐篤行。運用史學致用之思想，培養學生，端詳歷史，印證生活；更以「科學全史」之態度，評析得失，實事求是，瞭解歷史經驗，解決問題，以掌握先機，用以駕馭未來。

　　抗戰期間，不忍文獻凌替，遂與蔣復璁、張元濟、鄭振鐸諸先生以「文獻保存同志會」之名，肆力搜訪，搶救文獻，爲我保存大量之珍貴古籍。

文獻巨帙，衛士鄉邦。

先生藏書豐富，於父親嘉祿公之基礎上，或購自書肆，或徵訪鈔錄，或得自友朋，經其搜討不倦，成績粲然可觀。而於藏書皆勤加校勘，並非徒充笥篋，且善用前人校書成果，延請學者或友朋協力勘校，而與馮貞群商討讎校尤多。以刊刻地方叢書爲職志，遂用意於鄉邦文獻之蒐羅，「採千載之遺韻，收百世之闕文。」〔註1〕，於友朋之協助下，輯爲《四明叢書》。

《四明叢書》，以其獨到之序跋、精審之校勘、規模之龐大，推爲郡邑叢書之翹楚。所收書計有計一百七十八種，一千一百七十三卷，倘以所編第九、十集擬目，合計二百五種，一千二百九十三卷。綜觀是書所收，以詩文集類著述尤多，並以明清人物著述比例爲重；其次爲史部、經部，子部著作最少。所收書之經部著作，以史浩《尚書講義》、高閌《春秋集註》、楊簡《慈湖詩傳》等，爲清《四庫》輯《永樂大典》本最爲珍貴，史部著作以高似孫《史略》、《子略》、全祖望《漢書地理志稽疑》、萬斯同《補歷代史表》等，裨益於史學之研究。再者，所收書多爲《四明叢書》所獨錄，且爲《四庫》未收書。《四明叢書》以著錄翔實，校勘嚴謹爲著，不僅網羅清代禁燬書目，如《張蒼水集》、《春酒堂遺書》等；並裒輯明末之未見史傳人物，高宇泰、宗誼、華夏等之著作，佐以《四明人鑑》、《海東逸史》、《雪交亭正氣錄》等書，表彰明末抗清之民族鬥士事蹟；廣收它書不見之年譜文獻，如《王深寧先生年譜》即有三種之多，而於《張蒼水年譜》、《錢忠介公年譜》、《慈湖先生年譜》、《南山著述考》等，更唯有《叢書》所著錄，對於地方文獻之保存與傳承學術文化，居功厥偉。

而於文獻學之成就，以《四明叢書》爲本，所撰寫之序跋即有一百七十二篇以上。序跋寓有「辨章學術、考鏡源流」之作用，先生以「集古語」之方式，於作者立論之大意及其考證之苦心多所闡發。讀書宜求善本，先生以版本之源流，辨其眞僞，定其優劣，《四明叢書》所刊者，其版本具有多鈔本、多稿本、多輯佚本等特色，爲一般叢書所不及，尤以輯佚本，如虞世南《虞秘監集》、賀知章《賀秘監遺書》、豐稷《豐清敏公遺書》、沈煥《定川遺書》等，又得馮貞群輯佚之馮京第《馮侍郎遺書》、王翊《王侍郎遺書等》，使《四明叢書》除具郡邑叢書之特色外，更彰顯四明地區文獻淵藪之美名；此亦先生自詡，而又樂於流通之處。故言：

> 人而好藏書家者所得皆中駟耳。人曰佞宋，我曰避宋，購一宋而非宋者，百部、千部甚或萬部去矣！獨可誇者鈔本也！歷年之所蓄都二百

〔註1〕陳漢章，《四明叢書‧序》。

餘種，有批校本焉、有精鈔本焉、有稿本焉、有普通寫本焉。余既幸而
得此，若不為之闡揚幽紗，苟一零落，後人安知更有此書存者乎〔註2〕？

　　除此，先生更能廣錄副本，補苴罅漏，博考精校，究其根柢，為使文獻不為
惡本訛文所誤。又積極於《宋元學案補遺》之整理，以「原稿紙薄如蟬翼，字細
如牛毛」之艱難條件下，完成校刊出版工作，使《四明叢書》不僅具有圖書文獻
之價值，更彰顯其學術研究資料之豐富。

　　先生之目錄、版本、校讎之學，雖止以論述《四明叢書》所選各書為主，
然以其用功之勤，實足以窺其堂奧。尤以其序跋，敘學術流變、言校書原委、
考典籍篇卷，載錄近代學者之事蹟及著述成果，指引治學之途徑等，足茲後學
起而效之。

　　「事繁則見其識見，時艱則見其忠貞」，夫以張壽鏞先生對於國家之盡心用
意，《四明叢書》之津逮來學，而專論者鮮矣，顧感念先生之高風亮節、以其於國
家之財政、教育之奉獻，地方文獻之刊布流傳為論，撰為此編，希冀於先生之事
功有所啓發，俾逮後學之研究。

〔註 2〕《約園雜著三編・序》。

參考書目

　　本書目分專書、期刊論文兩部分。專書以張壽鏞著述爲先，次以史部、集部，且各依性質及其出版時代次其先後。

專　書

1 ：張壽鏞輯，《四明叢書》一至六集，（台北：國防研究院，中華大典編印會合作出版，1966 年）。

2 ：張壽鏞輯，《四明叢書》一至八集，（台北：新文豐出版公司，1988 年 1 月）。

3 ：張壽鏞等，《皇朝掌故彙編》，近代中國史料叢刊三編。

4 ：張壽鏞著，魏頌唐輯，《約園理財牘稿》，（1919 年）。

5 ：張壽鏞，《遊蜀草》，約園自刊本，（1938 年）。

6 ：張壽鏞，《約園演講集》，約園自刊本，（1941 年）。

7 ：張壽鏞，《詩史初稿》，約園自刊本，（1942 年 5 月）。

8 ：張壽鏞，《史學大綱》，約園自刊本，（1943 年）。

9 ：張壽鏞，《諸子大綱》，約園自刊本，（1944 年）。

10：張壽鏞，《約園雜著》，（上海：上海書店出版，國民叢書編輯委員會，1992 年）。

11：張壽鏞，《約園雜著續編》，（上海：上海書店出版，國民叢書編輯委員會，1992 年）。

12：張壽鏞，《約園雜著三編》，（上海：上海書店出版，國民叢書編輯委員會，1992 年）。

13：張壽鏞著，張芝聯輯，《約園著作選輯》，（北京：中華書局，1995 年 4 月）。

14：（清）王鳴盛，《十七史商榷》，（台北：廣文書局，1960 年）。

15：（後晉）劉昫等撰，《舊唐書》，（台北：鼎文書局，1973 年）。

16：（元）脫脫奉敕撰，《宋史》，（台北：鼎文書局，1973 年）。

17：（清）張廷玉等奉敕撰，《明史》，（台北：鼎文書局，1973 年）。

18：（清）董沛等撰，《鄞縣志》，清光緒三年刊本。

19：（宋）張津等撰，《乾道四明圖經》，《中國方志叢書》（台北：成文出版社，1983 年）。

20：葉德輝，《藏書十約》，（台北：成文出版社，1978 年）。

21：（清）祁承㸁，《澹生堂藏書約》，《叢書集成新編》，（台北：新文豐出版公司，1985 年）。

22：（清）孫從添，《藏書紀要》，《叢書集成新編》，（台北：新文豐出版公司，1985 年）。

23：（清）曹溶，《流通古書約》，《叢書集成新編》，（台北：新文豐出版公司，1985 年）。

24：吳哲夫，《清代禁燬書目研究》，（台北：嘉新水泥公司文化基金會出版，1969 年 8 月）。

25：鄭振鐸，《劫中得書記》，（台北：木鐸出版社，1969 年 11 月）。

26：陳登原，《古今典籍聚散考》，（台北：河洛出版社，1979 年 5 月）。

27：王雲五主持，《續修四庫全書提要》，（台北：台灣商務印書館，1986 年）。

28：張之洞，《書目答問》，（台北：台灣商務印書館，1986 年 2 月）。

29：屈萬里、昌彼得合著、潘美月增訂，《圖書版本學要略》，（台北：中國文化大學出版部，1986 年 10 月）。

30：劉尚恆，《古籍叢書概說》，（上海古籍出版社，1989 年 12 月）。

31：程千帆、徐有富，《校讎廣義——版本篇》，（濟南：齊魯書社，1991 年 7 月）。

32：程千帆、徐有富，《校讎廣義——校勘篇》，（濟南：齊魯書社，1991 年 7 月）。

33：李春光，《古籍叢書述論》，（瀋陽：遼寧書社，1991 年 10 月）。

34：昌彼得、潘美月，《中國目錄學》，（台北：文史哲出版社，1991 年 10 月）。

35：王欣夫，《文獻學講義》，（台北：台灣商務印書館，1992 年 1 月）。

36：曹之，《中國古籍版本學》，（台北：洪葉文化事業有限公司，1994 年 11 月）。

37：劉兆祐，《認識古籍版刻與藏書家》，（台北：台灣書店，1997 年 6 月）。

38：吳曉鈴整理，《西諦書跋》，（河北：文物出版社，1998 年 3 月）。

39：葉德輝，《書林清話》，（台北：文史哲出版社，1998 年 10 月）。

40：李雪梅，《中國近代藏書文化》，（北京：現代出版社，1999 年 1 月）。

41：王德毅，《中國歷代名人年譜總目》，（台北：新文豐出版股份有限公司，1999 年 1 月）。

42：李銳清編著，《日本見藏中國叢書書目初編》，（杭州大學出版社，1999 年 4 月）。

43：周少川，《藏書與文化》，（北京：北京師範大學出版社，1999 年 4 月）。

44：鄭偉章，《中國文獻家通考》，（北京：中華書局，1999 年 6 月）。

45：黃建國、高躍新，《中國古代藏書樓研究》，（北京：中華書局，1999 年 7 月）。

46：汪辟疆，《目錄學研究》，（上海：華東師範大學出版社，2000 年 11 月）。

47：鄭鶴聲、鄭鶴春，《中國文獻學概要》，（上海古籍出版社，2001 年 1 月）。

48：任繼愈主編，《中國藏書樓》，（遼寧：人民出版社，2001 年 1 月）。

49：范鳳書，《中國私家藏書史》，（河南：大象出版社，2001 年 7 月）。

50：杜澤遜，《文獻學概要》，（北京：中華書局，2001 年 9 月）。

51：徐有富、徐昕，《文獻學研究》，（南京：江蘇古籍出版社，2002 年 3 月）。

52：蘇精，《近代藏書三十家》，（台北：傳記文學出版社，1983 年 9 月）。

53：俞信芳，《張壽鏞先生傳》，（北京：北京圖書館出版社，2003 年 4 月）。

54：杜維運，《史學方法論》，（台北：華世出版社，1979 年 10 月）。

55：伍振鷟，《中國教育思想史》，（台北：師大書苑有限公司，1992 年 11 月）。

56：陳祖武，《中國學案史》，（台北：文津出版社，1994 年 4 月）。

57：光華校友會，《光華的足跡》，《光華大學暨附中建校七十週年紀念集》，（1995 年 3 月）。

58：劉英民、李豔明編，《鄭振鐸全集》，（河北：花山文藝出版社，1998 年 11 月）。

58：朱鑄禹彙校集註，《全祖望集彙校集註》，（上海古籍出版社，2000 年 12 月）。

60：劉德權點校，《洪亮吉集》，（北京：中華書局，2001 年 10 月）。

期刊論文

1 ：劉兆祐，〈論「叢書」〉，《應用語文學報》第 1 期，（1999 年 6 月）。

2 ：潘彝銘，〈宋代私家藏書考〉，《華國》第六期，（1971 年 7 月）。

3 ：盧秀菊，〈清代私家藏書簡史〉，《蔣慰堂先生九秩榮慶論文集》，（台北：商務印書館，1987 年）。

4 ：（日）山內正博，〈張壽鏞思想〉。

5 ：丁良敏，〈《四明叢書》考評〉，《圖書館研究與工作》第二、三期，（1991 年）。

6 ：瞿嘉福，〈張壽鏞及其《四明叢書》〉，《東南文化》第一期，（1992 年）。

7 ：駱兆平、洪可堯，〈盧址與抱經樓〉，《圖書館雜誌》第六期。

8 ：張注洪，〈《張壽鏞先生傳》評介〉，《歷史檔案》，（2003 年 4 月）。

9 ：洪廷彥，〈致良知兮愛我中華--讀《張壽鏞先生傳》〉，《京聯通訊》，（2003 年 5 月）。

10：周有光，〈懷念敬愛的張校長——讀俞信芳《張壽鏞先生傳》〉，《群言》，（2003 年 6 月）。

11：張小林，社會科學院〈關於張壽鏞及《張壽鏞先生傳》〉，《近代史資料》。

北京紀行——拜訪張芝聯教授

　　學生於〈張壽鏞先生及其《四明叢書》研究〉一論文之撰寫，得指導教授丁原基博士極力支持，始下定決心，為搜求壽鏞先生著作始，然於訪搜之過程中，挫敗連連，誠台灣所見之先生資料少矣，不足以架構本文。

　　沮喪之餘，遂與丁師商量，得悉母校王紹堉董事長與壽鏞先生有姻親關係，且與其哲嗣北京大學張芝聯教授互有聯繫，即以此專程拜訪王董事長，由其推介與張教授認識：芝聯教授得知學生願以張壽鏞先生及其《四明叢書》為研究主題，十分欣喜。

　　此後學生便與張教授書信往返，或利用 E-Mail 傳遞尋求資料遭遇之困境，表達前往拜訪之心意。與芝聯教授約定於九十二年（2003）農曆過年前夕晤面，然因年關所需，一票難求，後因 SARS 流行，旅行受阻，可謂一波三折，無以成行。吾於此，寫作意願頗受影響。

　　幾經波折，終於九十三年（2004）二月四日，於北京大學朗潤園，與芝聯教授相見歡。

　　芝聯教授為一和藹可親之長者，年逾八十，老當益壯，與其行步於寒冬之北大校園中，較其健步如飛，學生著實汗顏，不僅直打哆嗦，喊著冷，且有舉步維艱之歎。

　　回到芝聯教授所居屋室，窗明几淨，十分清幽。陽光輕輕灑落，與芝聯教授啜飲著他親自準備之茶點，言談之間如沐浴於和煦冬陽中，享受著難得之清閒。芝聯教授涉獵甚廣，舉凡文學、歷史、外文、建築等，皆與余與同行之舍弟與學棣相談甚歡。

　　余將論文大綱及部分章節內容，請芝聯教授過目，並說明寫作之主軸，及希冀彰顯壽鏞先生沾溉來學之用心，芝聯教授甚為歡喜，以壽鏞先生之事功得於顯於世人，且於《四明叢書》得以發揚表示欣慰。

　　芝聯教授與學生閒話家常，聊及壽鏞先生及《四明叢書》，於余寄望慕深，學生一則以喜，一則以懼。喜者，乃以此主題，發前人所未發，受師長肯定；懼者，誠以資料搜尋之困難，又恐力有不逮，無以表彰壽鏞先生之懿行典範。

芝聯教授洞察學生苦處，傾囊相授，尋出家中之照片，藏書，由學生自行翻拍，影印；並親由北京大學圖書館借出《約園理財贖稿》影送學生，一時，壽鏞先生著作大抵備矣，又贈學生以《光華的足跡》（按：此書為紀念光華大學暨附中建校七十週年紀念集，於 1995 年刊行），藉以瞭解光華之沿革、人物及校友等相關資料。

芝聯教授於父親之印象，除以「財政」著，即致力於辦理光華大學、刊刻《四明叢書》二事，言：「父親不喜他人稱其為財政專家，雖然他對中國財政多有貢獻。而光華大學則為其畢生致力之教育事業，光華畢業的學生頗多，在台灣者亦為數不少，如沈昌煥、周聯華等先生，我自己也是從光華畢業的。至於《四明叢書》，父親用力極多，不僅多方徵訪，並於藏書精心審校，於大時代中十分難得。」

學生嘗提及《叢書》未收戲曲文獻一事，張教授笑而答之：家父不喜戲曲，不聽戲。故筆者自揣，以先生剛正之性格，恐以戲曲為靡靡之音耳，於振奮人心無所取，故棄焉。又再次說明先生最不喜與人談論「理財」一事，尤不喜人稱其為「理財專家」乙事，足見「理財專家」頭銜，壽鏞先生極不願意領受。而於《四明叢書》，亦得芝聯教授證實寧波市已將第九、十集擬目找出，並計畫出版，此舉不僅完成壽鏞先生遺志，更為鄉邦文化之傳承挹注新力量。

此次旅途，收穫良多，不僅得見芝聯教授，且困惑一一得解，足以啟發我繼續寫作之泉思。臨行前，芝聯教授仍諄諄教誨，期望學生日後尚能為光華大學作校史。

「只怕學生能力不足」，我們相視而笑。

二〇〇四年二月二日至七日，北京紀行

張芝聯教授小傳：

張芝聯（1918～　　），浙江鄞縣人。1940 年畢業於光華大學，主修英文及歷史，一九四一年重入燕京大學研究院攻讀歷史，其後又至美國耶魯大學、英國牛津大學進修，為研究歐洲歷史之專家，先後任教於光華大學及燕京大學，一直至 1988 年退休。對法國歷史之研究不遺餘力，1979 年於中國成立「中國法國史研究會」，擔任會長，並主編中國第一部《法國通史》，「以翔實的資料，獨到的見解與新穎的體系，贏得了諸多專家的讚譽。」（薄潔萍，〈世界史學家張芝聯〉，《光明日報》，2000 年 7 月 21 日），於 1985 年獲法國政府頒贈「法蘭西共和國榮譽軍團騎士勳章」，表揚其於推動中法關係及在中國推廣法國歷史研究之貢獻；1997 至台北東吳大學歷史學系擔任客座教授。著有《國際人權縱橫》、《從《通鑑》到人權研究》、《張芝聯演講精選》等書。

东风又送好韶华
柳眄眉长芳草渐芽
照水莫愁双鬓雪
笑人犹看刀朝花
光阴一寸皆为福
乐事三春未有涯
寄到只从帘外落
笑声多处是吾家
小双
壬午元旦录妻校诗赠
芝联

張芝聯教授墨寶

九十三年（2004）二月四日拜訪張芝聯教授與其翻閱日常生活照片

九十三年（2004）二月六日再次拜訪張芝聯教授。

張教授說此張照片照得不好，謹此留念！

照片人物：（左起）徐小燕、張芝聯教授、柯香君、中者為張教授之外孫女

芝聯教授道席：

　　學生徐小燕，係東吳大學中國文學系一九九三級畢業，在母校物理學系擔任秘書，並考入中文系碩士班進修。學生對「文獻學」頗有興趣，擬以「張壽鏞先生在文獻學上的貢獻」為主題，進行資料蒐集及研究，不知此一研究主題，是否妥當？

　　學生於蒐羅資料時，頗有蹇阻難行之喟，目前僅能就台灣方面資料了解先生行誼。前時，曾拜望董事長王紹堉先生，幸蒙先生慨允協助，將為學生與　教授聯繫，學生不揣冒昧，將相關問題臚列清單乙份，懇請教授不吝指導。肅此

　　　敬頌

時祺

　　　　　　　　　　　　　　　　　　　　　　　學生

　　　　　　　　　　　　　　　　　　　　　　　　　　2002.11.15

第一次與張芝聯教授聯繫

小燕女士，　很高興知道你有志于研究先父張壽鏞先生。

我在1995年編刊《約園著作選輯》由中華書局出版，这本書不知看到否？我想台北商務書館，特別是东吳大学圖書館之後文藏國也我曾送给歷史系多種我的著作。这本書里除約園著作以還有他的自定年譜、回信、以及他的照片、学生寫的紀念文章。

最近宁波俞信芳先生收集了更多材料，写了一本張壽鏞先生传，交給北京圖書館出版社，估計今年底、明年初出版。你需要的資料，这本傳記里面基本上都有了。出版後我到時寄给你和东吳大学圖書館。至于照片等資料不好複製郵寄，最好设法到寧波去找。

我已给王紹齡先生通電话。有什么问题请來信。祝　成功！

張芝聯 2002. 11. 22

張芝聯教授之回信

張教授您好：

　　恭讀　大札，獲益匪淺，謝謝　您的指導。
　　目前學生已有《約園雜著》、《約園雜著續編》、《約園雜著三編》、《詩史初稿》、《史學大綱》等書的影印本，正努力地研讀上列著述。
　　來函提及《約園雜著選輯》一書，立即向歷史系商借，書中「紀念文選」部分正是亟於尋找而不得的，另外壽鏞先生的自訂年譜也令我欣喜不已，此間除《四明叢書》一至六集外，其餘皆罕見，而今能有各種影本研讀，已甚感滿足。並盼　您能導引研讀方向，俾能充分領會壽鏞先生的學養脈絡，確實發揚前賢治學治事的精義。
　　礙於工作關係，必須俟學校放寒假之後才能成行（預計是 2003 年 1 月 25 日前往），預計停留四、五日左右（因舍弟適在北京工作，可暫住他處），不知屆時，您是否在北京？學生熱切地希望能與您會面，並且也想到寧波去看看！懇請　不吝賜告適合的時間，讓學生及早安排旅程。冒瀆之處，敬請　鑒諒。肅此　即頌
時綏

學生 徐小燕 敬上
91/12/16

第二次書信

張壽鏞先生像

此張照片爲置於《約園理財牘稿》扉頁，約莫爲民國八年（1919）所攝。

此「約藏」，乃先生營生礦於杭州時所留下。

藏既竣工，爰自銘曰：乾父坤母，賦我形神。呱呱墜地，大患有身。
寄焉寓焉，役於勞塵。寒暑往來，陰陽屈伸。天道如此，人事何嘆。
散於太虛，曰了緣因。退藏於密，返璞歸真。天地一瞬，萬古常新。

張壽鏞先生與夫人蔡瑛女士

先生與夫人之合照

張壽鏞約藏碑記，趙樸初先生題。

張壽鏞先生（1876—1945），字詠霓，號約園，浙江鄞縣人。愛國教育家，藏書家，文獻學家。光緒癸卯舉人，歷任浙江、江蘇、湖北財政廳長，財政部次長，1925 年，五卅慘案發生，先生適任滬海道尹，與租界當局嚴詞折衝，對人民權利多所維護，同年與社會賢達王豐鎬等創辦光華大學，被選任為校長，以收納脫離美國教會學校聖約翰之五百餘愛國師生，從帝國主義者手中收回教育權。先生為蒐集整理鄉邦文獻，編刻《四明叢書》八集，一千餘卷，厥功尤偉。抗日戰爭期間，與著名藏書家張元濟、鄭振鐸等為祖國搶救珍貴古籍萬餘種，易簣前諄諄以「復興中華」、「復興光華」二語勖勉後人，著有《約園雜著》、《詩史初稿》等多種。1952 年，其夫人蔡瑛將約園藏書四萬餘冊，全部奉獻國家，獲中央人民政府褒獎。1997 年 2 月門弟子張令杭拜撰并書。

大西路前之光華大學暨附中校門

「光華大學」四字，爲校董會主席王省三先生手跡。經過抗日戰爭，其他校舍悉被日本侵略軍所焚燬，校門巍然獨存。其地現爲中國紡織大學，地址爲：上海延安西路1822號。

光華大學校舍

六十二翁甘驥伏一千八輩已龍驤

光華畢業者丙子級止此滑二千八

雨餘竹里新生筍天際

雲孫又織裳往日談經慚汾水今

朝鳴笛在山陽安危事業誰肩任

欣喜吾門有杜房

炳煌賢弟屬　光　張壽鏞題

錄贈別丁丑光華畢業同學七律一首

張壽鏞先生墨寶，贈丁丑年之光華畢業同學

張壽鏞先生著作：《約園雜著》、《約園雜著續編》、《約園雜著三編》
及《詩史初稿》、《四明叢書》等。